一番よくわかる
身近な人が亡くなったときの
届け出・手続き・生活設計

【監修】
●税理士法人TOTAL
●グラディアトル法律事務所
●豊田眞弓（ファイナンシャルプランナー）

西東社

一番よくわかる
身近な人が亡くなったときの届け出・手続き・生活設計

目次

第1章 死亡後の届け出と手続き

第2章 保険・年金の手続き

第3章 遺産相続の手続き

第4章　相続税の支払い

第5章 身近な人が亡くなった後の生活設計

※本書は特に明記しない限り、2024年4月1日現在の情報に基づいています。

知りたいことが
すぐにわかる

本書の特長

死後の手続きでわからないことがあるときや、残された人がどう生活していったらよいか悩むときなどに本書を見れば、知りたいことがすぐにわかります。

1 手続き、届け出などの事務手続きがすっきりわかる！

実際の手続きはやることも多く、時期もばらばらなので迷う人も多いと思います。本書では必要な手続きを過不足なく行えるよう、いつまでに、どのように行えばよいのかを順序立てて整理して解説しています。

1
相続人を確定する（▼P106）
・故人の戸籍調査
・財産放棄者の有無を確認
2
相続財産目録を作成し、遺産の内容と評価額を確定する（▼P112）
3
遺産分割協議を行う
・参加できない相続人がいる場合、代理人を選任
4
協議が成立する
産分割協議書を作成する

2 残された家族がどう生活していくか？「生活設計」にまで踏み込んだ内容！

身近な人が亡くなるということは、これまでの生活の形が変わってしまうということです。残されたお金と自身の環境でどうやって生きていくか、生活環境のタイプ別にお金や生活についてのライフプランの立て方を解説します。

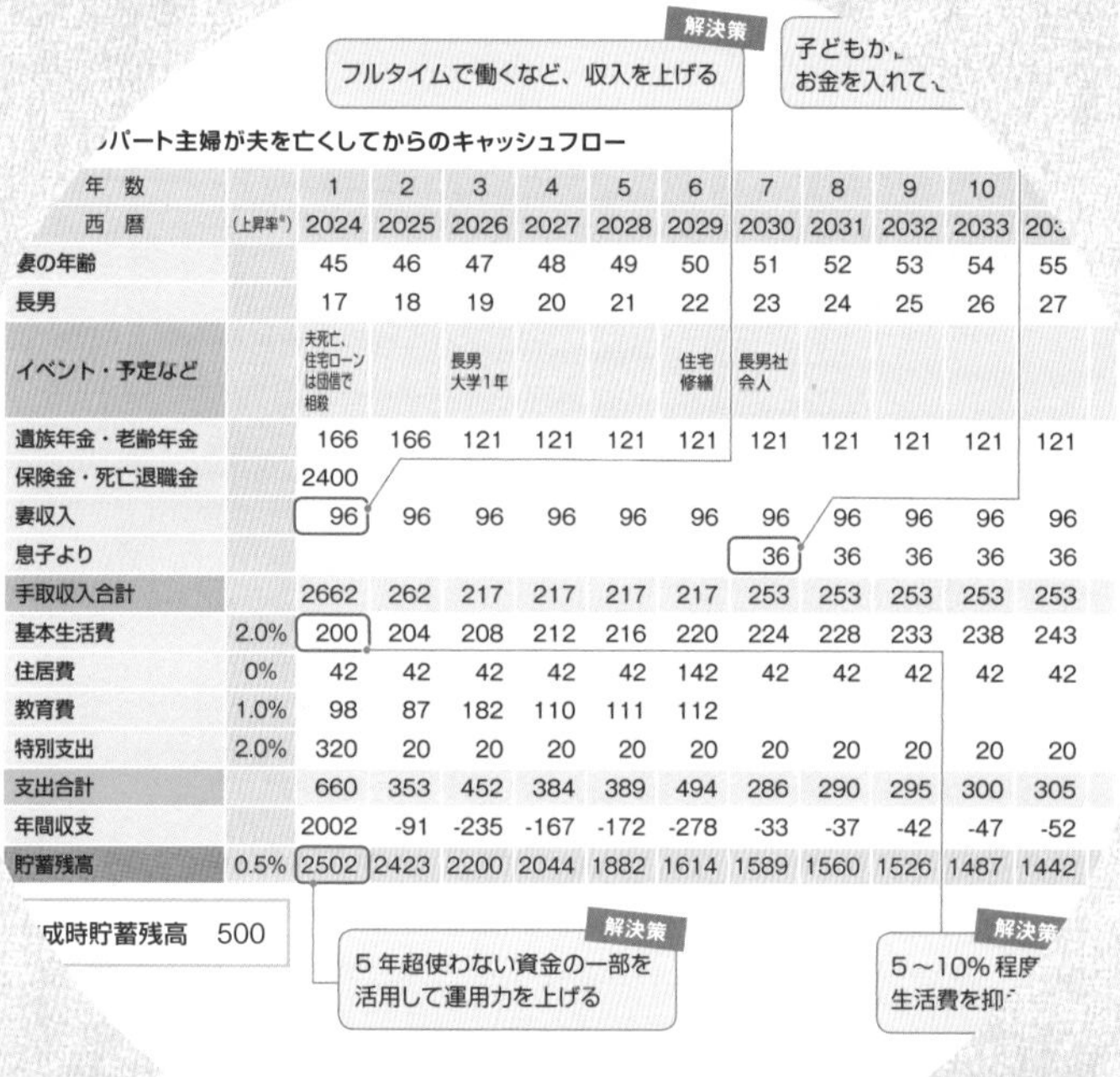
解決策
フルタイムで働くなど、収入を上げる
子どもか
お金を入れて
解決策
5年超使わない資金の一部を活用して運用力を上げる
解決策
5～10%程度
生活費を抑

パート主婦が夫を亡くしてからのキャッシュフロー

年数		1	2	3	4	5	6	7	8	9	10	
西暦	(上昇率*)	2024	2025	2026	2027	2028	2029	2030	2031	2032	2033	203
妻の年齢		45	46	47	48	49	50	51	52	53	54	55
長男		17	18	19	20	21	22	23	24	25	26	27
イベント・予定など		夫死亡、住宅ローンは団信で相殺		長男大学1年			住宅修繕	長男社会人				
遺族年金・老齢年金		166	166	121	121	121	121	121	121	121	121	121
保険金・死亡退職金		2400										
妻収入		96	96	96	96	96	96	96	96	96	96	96
息子より								36	36	36	36	36
手取収入合計		2662	262	217	217	217	217	253	253	253	253	253
基本生活費	2.0%	200	204	208	212	216	220	224	228	233	238	243
住居費	0%	42	42	42	42	42	142	42	42	42	42	42
教育費	1.0%	98	87	182	110	111	112					
特別支出	2.0%	320	20	20	20	20	20	20	20	20	20	20
支出合計		660	353	452	384	389	494	286	290	295	300	305
年間収支		2002	-91	-235	-167	-172	-278	-33	-37	-42	-47	-52
貯蓄残高	0.5%	2502	2423	2200	2044	1882	1614	1589	1560	1526	1487	1442

成時貯蓄残高　500

3 ファイナンシャルプランナー、税理士、弁護士などの各種専門家がそれぞれの視点から監修！

ファイシャルプランナー
わたしたちが
わかりやすく解説します
弁護士
税理士

身近な人が亡くなったときの手続きは、さまざまな種類の制度やしくみを理解して手続きを行う必要があります。本書では、数多くの届け出や手続きを実際に経験した専門家が、それぞれの分野の流れやしくみをはじめての人にもわかりやすく解説しています。

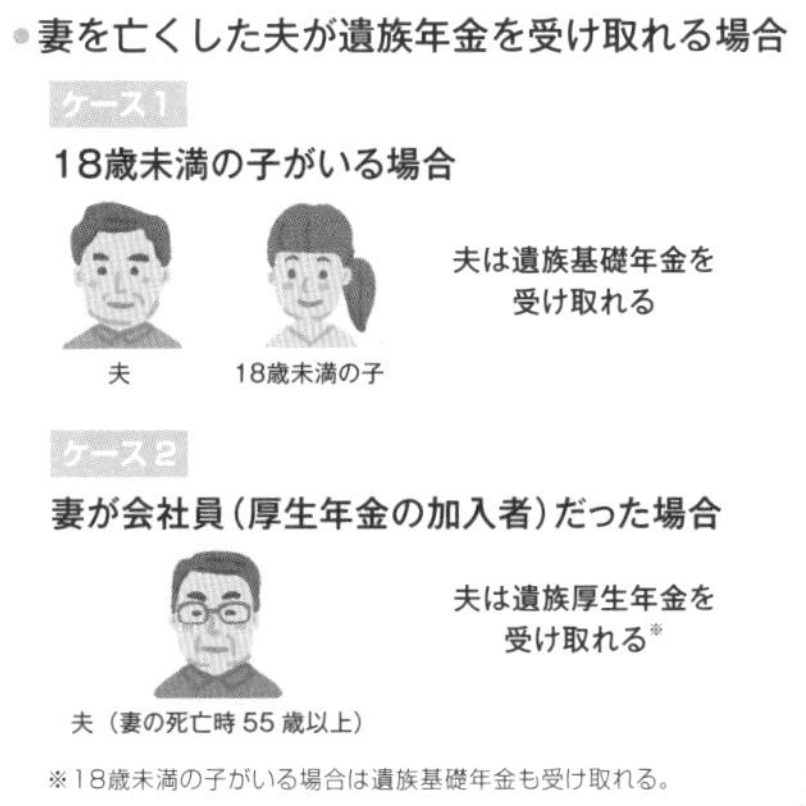
●妻を亡くした夫が遺族年金を受け取れる場合
ケース1
18歳未満の子がいる場合
夫は遺族基礎年金を受け取れる
夫
18歳未満の子
ケース2
妻が会社員（厚生年金の加入者）だった場合
夫は遺族厚生年金を受け取れる※
夫（妻の死亡時55歳以上）
※18歳未満の子がいる場合は遺族基礎年金も受け取れる。

4 カラーの図解・イラストでわかりやすい！

手続きのしくみや方法は複雑なものも多いです。本書では、できるだけわかりやすく制度をカラーで図解化し、ポイントをまとめています。

5 各種記入例が大きくて見やすい！

手続きには多くの書類の提出が必要になりますが、項目欄が多く、難しい言葉が使用されていることもあるので、戸惑うこともあるでしょう。本書では、実際に提出する書類の記入例を豊富に掲載しているので、参考にしてみてください。ダウンロードして活用できる書式も用意しています（▶P11）。

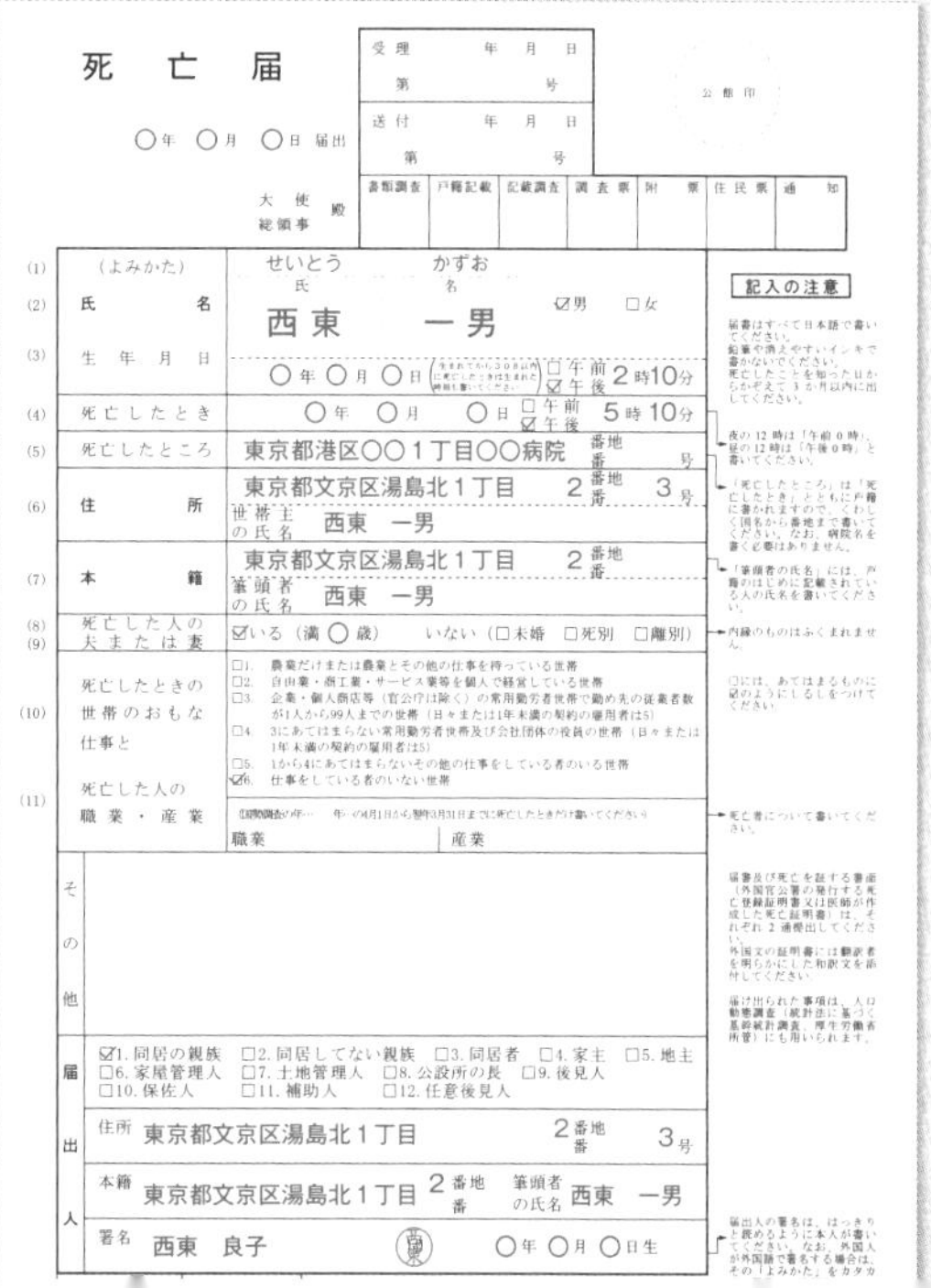

死亡届

○年 ○月 ○日 届出

大使 総領事 殿

受理 年 月 日 第 号
送付 年 月 日 第 号
書類調査 戸籍記載 記載調査 調査票 附票 住民票 通知
公館印

(1) （よみかた） せいとう（氏） かずお（名）
(2) 氏名 西東 一男 ☑男 □女
(3) 生年月日 ○年 ○月 ○日 （生まれてから30日以内に死亡したときは生まれた時刻も書いてください） □午前 ☑午後 2時10分
(4) 死亡したとき ○年 ○月 ○日 □午前 ☑午後 5時10分
(5) 死亡したところ 東京都港区○○1丁目○○病院 番地 番 号
(6) 住所 東京都文京区湯島北1丁目 2番地 3号 世帯主の氏名 西東 一男
(7) 本籍 東京都文京区湯島北1丁目 2番地 筆頭者の氏名 西東 一男
(8)(9) 死亡した人の夫または妻 ☑いる（満○歳） いない（□未婚 □死別 □離別）
(10) 死亡したときの世帯のおもな仕事と
□1. 農業だけまたは農業とその他の仕事を持っている世帯
□2. 自由業・商工業・サービス業等を個人で経営している世帯
□3. 企業・個人商店等（官公庁は除く）の常用勤労者世帯で勤め先の従業者数が1人から99人までの世帯（日々または1年未満の契約の雇用者は5）
□4. 3にあてはまらない常用勤労者世帯及び会社団体の役員の世帯（日々または1年未満の契約の雇用者は5）
□5. 1から4にあてはまらないその他の仕事をしている者のいる世帯
☑6. 仕事をしている者のいない世帯
(11) 死亡した人の職業・産業 職業 産業
その他
届出人 ☑1. 同居の親族 □2. 同居してない親族 □3. 同居者 □4. 家主 □5. 地主 □6. 家屋管理人 □7. 土地管理人 □8. 公設所の長 □9. 後見人 □10. 保佐人 □11. 補助人 □12. 任意後見人
住所 東京都文京区湯島北1丁目 2番地 3号
本籍 東京都文京区湯島北1丁目 2番地 筆頭者の氏名 西東 一男
署名 西東 良子 ○年 ○月 ○日生

記入の注意
届書はすべて日本語で書いてください。

鉛筆や消えやすいインキで書かないでください。

死亡したことを知った日からかぞえて3か月以内に出してください。

夜の12時は「午前0時」、昼の12時は「午後0時」と書いてください。

「死亡したところ」は「死亡したとき」とともに戸籍に書かれますので、くわしく国名から番地まで書いてください。なお、病院名を書く必要はありません。

「筆頭者の氏名」には、戸籍のはじめに記載されている人の氏名を書いてください。

内縁のものはふくまれません。
□には、あてはまるものに☑のようにしるしをつけてください。
死亡者について書いてください。

届書及び死亡を証する書面（外国官公署の発行する死亡登録証明書又は医師が作成した死亡証明書）は、それぞれ2通提出してください。

外国文の証明書には翻訳者を明らかにした和訳文を添付してください。

届け出られた事項は、人口動態調査（統計法に基づく基幹統計調査、厚生労働省所管）にも用いられます。

届出人の署名は、はっきりと読めるように本人が書いてください。なお、外国人が外国語で署名する場合は、その「よみかた」をカタカ

内容がより
わかりやすくなる

本書の使い方

身近な人が亡くなった後に必要な、数多くの届け出や手続きをわかりやすく解説しています。
本書を活用することで、慣れない手続きにもしっかり対応することができます。

1-2 死亡届

死亡届はいつ提出する？

【死亡届・死亡診断書の提出】

時期 7日以内

費用 5千円～1万円

専門家のひと言

- 死亡届は病院・市町村役場で入手します。
- 7日以内の届け出が必要です。
- 届け出前に、火葬場の手配をしましょう。

【市区町村役場に7日以内に提出する】

死亡を知った日から**7日以内に届出義務者（親族など）**
が死亡届を提出します（▼左ページ）。死亡届は「死亡診
は「死体検案書」と1枚になっており、病
られています。市区町村役場にも用意され、
からダウンロードできるところもあります。
書は、病気などで自然に亡くなった場合、担
かかりつけ医が死亡を確認して作成しま
りますが、**5千～1万円程度の費用**がかか
故死、変死の場合は警察に届け出ることが必
医が検死を行い、死体検案書を作成します。
検案書作成費用は2～10万円程度です。
親者が死亡届に必要事項を記入し、届出人と
して署名・捺印のうえ、**①死亡地の市区町村役場　②故**
人の本籍地の市区町村役場　③届出人の現住所地の市区
町村役場のいずれかに届け出ます。

ポイント 死亡届の提出

期限	死亡を知った日から7日以内(国外で死亡時は3か月以内)
提出先	①死亡地の市区町村役場 ②故人の本籍地の市区町村役場 ③届出人の現住所地の市町村役場
必要なもの	届出人の印鑑(スタンプ印は不可)
届出人	近親者等。代理人の場合は委任状が必要(葬儀社の代行が多い)

知っておこう!

死亡届・死亡診断書は複数枚用意

死亡届・死亡診断書は国民年金・厚生年金や生命保険の手続きでも必要になります。提出書類は戻ってこないので、多めにコピーをとっておきましょう。コピーを取り忘れた場合、後で市区町村役場や法務局に「写し」の公布を申請できますが、民間の保険会社の手続きのためという理由では公布してもらえません。

38

基本的な解説

いつ、どこへ行き、どのような手続きをしたらよいのかをていねいに解説。時期や必要な書類など、ポイントとなる箇所を強調してわかりやすく表示しています。

テーマとなるタイトル

「どうしたらいいの？」と疑問に思うことをタイトルにして、テーマに沿った内容をページ全体で解説しています。

時期と費用

手続きの期限が決められているものは、亡くなった日から「何日以内」か「何か月以内」かがわかるように示し、費用がかかるものは、金額の目安を示しています。なお、戸籍謄本《とうほん》代や郵便代がかかる場合がありますが、その金額はここには示していませんのでご注意ください。

専門家のひと言

ファイナンシャルプランナー、税理士、弁護士などが、手続きや届け出の際に注意すべき点やポイントを、専門家の視点でアドバイスしています。

知っておこう!

慣れない手続きは、わからないことばかり。知っておくと役立つ情報をまとめているコラムです。

チェック!

必要な手続きや用意すべき書類、確認事項などをリストアップしています。該当するものにチェックを入れるなどして、活用してください。

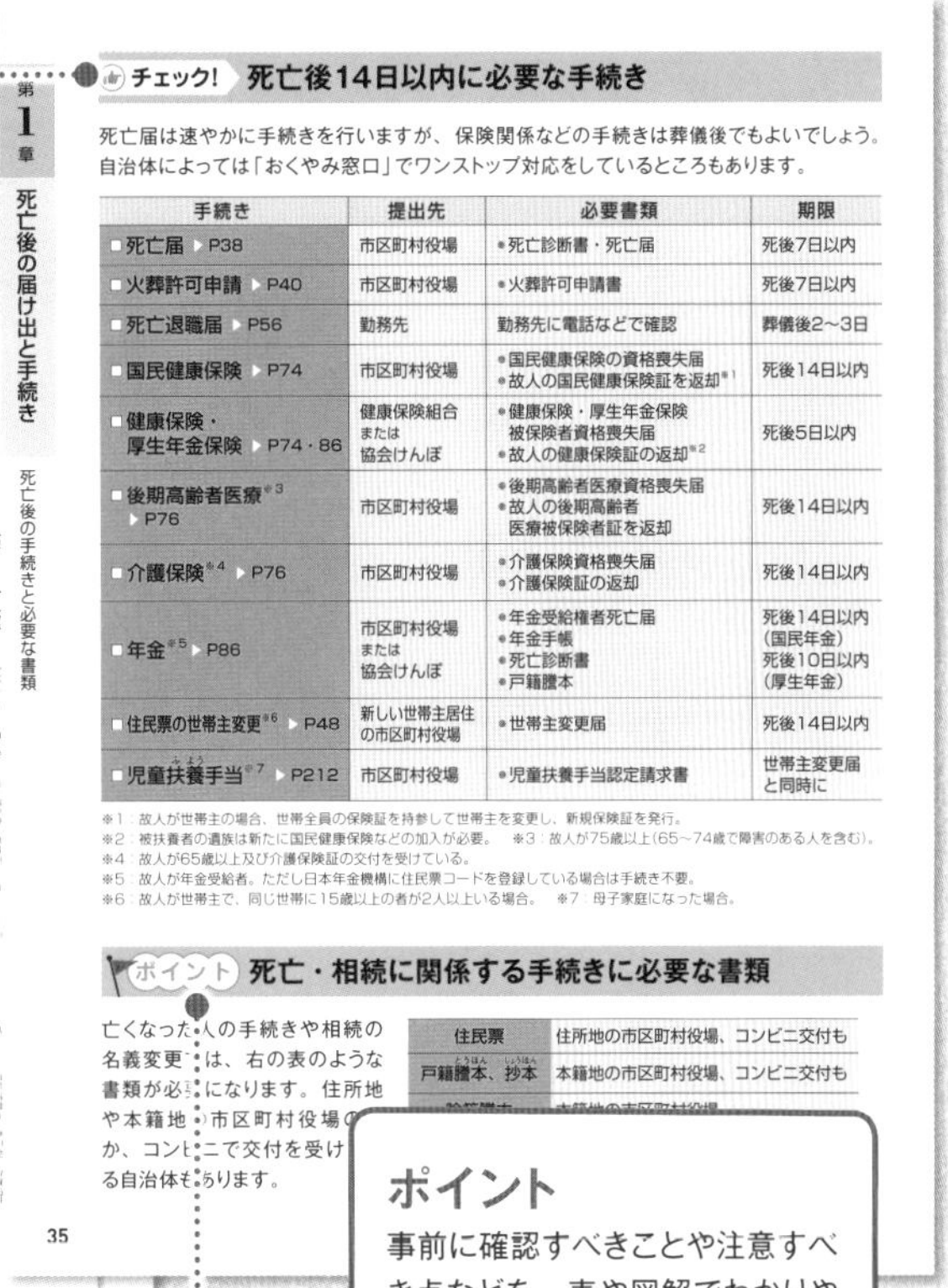

第1章 死亡後の届け出と手続き

死亡後の手続きと必要な書類

チェック! 死亡後14日以内に必要な手続き

死亡届は速やかに手続きを行いますが、保険関係などの手続きは葬儀後でもよいでしょう。自治体によっては「おくやみ窓口」でワンストップ対応をしているところもあります。

手続き	提出先	必要書類	期限
□死亡届 ▶P38	市区町村役場	●死亡診断書・死亡届	死後7日以内
□火葬許可申請 ▶P40	市区町村役場	●火葬許可申請書	死後7日以内
□死亡退職届 ▶P56	勤務先	勤務先に電話などで確認	葬儀後2～3日
□国民健康保険 ▶P74	市区町村役場	●国民健康保険の資格喪失届 ●故人の国民健康保険証を返却※1	死後14日以内
□健康保険・厚生年金保険 ▶P74・86	健康保険組合または協会けんぽ	●健康保険・厚生年金保険被保険者資格喪失届 ●故人の健康保険証の返却※2	死後5日以内
□後期高齢者医療※3 ▶P76	市区町村役場	●後期高齢者医療資格喪失届 ●故人の後期高齢者医療被保険者証を返却	死後14日以内
□介護保険※4 ▶P76	市区町村役場	●介護保険資格喪失届 ●介護保険証の返却	死後14日以内
□年金※5 ▶P86	市区町村役場または協会けんぽ	●年金受給権者死亡届 ●年金手帳 ●死亡診断書 ●戸籍謄本	死後14日以内(国民年金) 死後10日以内(厚生年金)
□住民票の世帯主変更※6 ▶P48	新しい世帯主居住の市区町村役場	●世帯主変更届	死後14日以内
□児童扶養《ふよう》手当※7 ▶P212	市区町村役場	●児童扶養手当認定請求書	世帯主変更届と同時に

※1：故人が世帯主の場合、世帯全員の保険証を持参して世帯主を変更し、新規保険証を発行。
※2：被扶養者の遺族は新たに国民健康保険などの加入が必要。　※3：故人が75歳以上(65～74歳で障害のある人を含む)。
※4：故人が65歳以上及び介護保険証の交付を受けている。
※5：故人が年金受給者。ただし日本年金機構に住民票コードを登録している場合は手続き不要。
※6：故人が世帯主で、同じ世帯に15歳以上の者が2人以上いる場合。　※7：母子家庭になった場合。

ポイント 死亡・相続に関係する手続きに必要な書類

亡くなった人の手続きや相続の名義変更には、右の表のような書類が必要になります。住所地や本籍地の市区町村役場のほか、コンビニで交付を受けられる自治体もあります。

住民票	住所地の市区町村役場、コンビニ交付も
戸籍謄本《とうほん》、抄本《しょうほん》	本籍地の市区町村役場、コンビニ交付も

35

ポイント

事前に確認すべきことや注意すべき点などを、表や図解でわかりやすくまとめています。

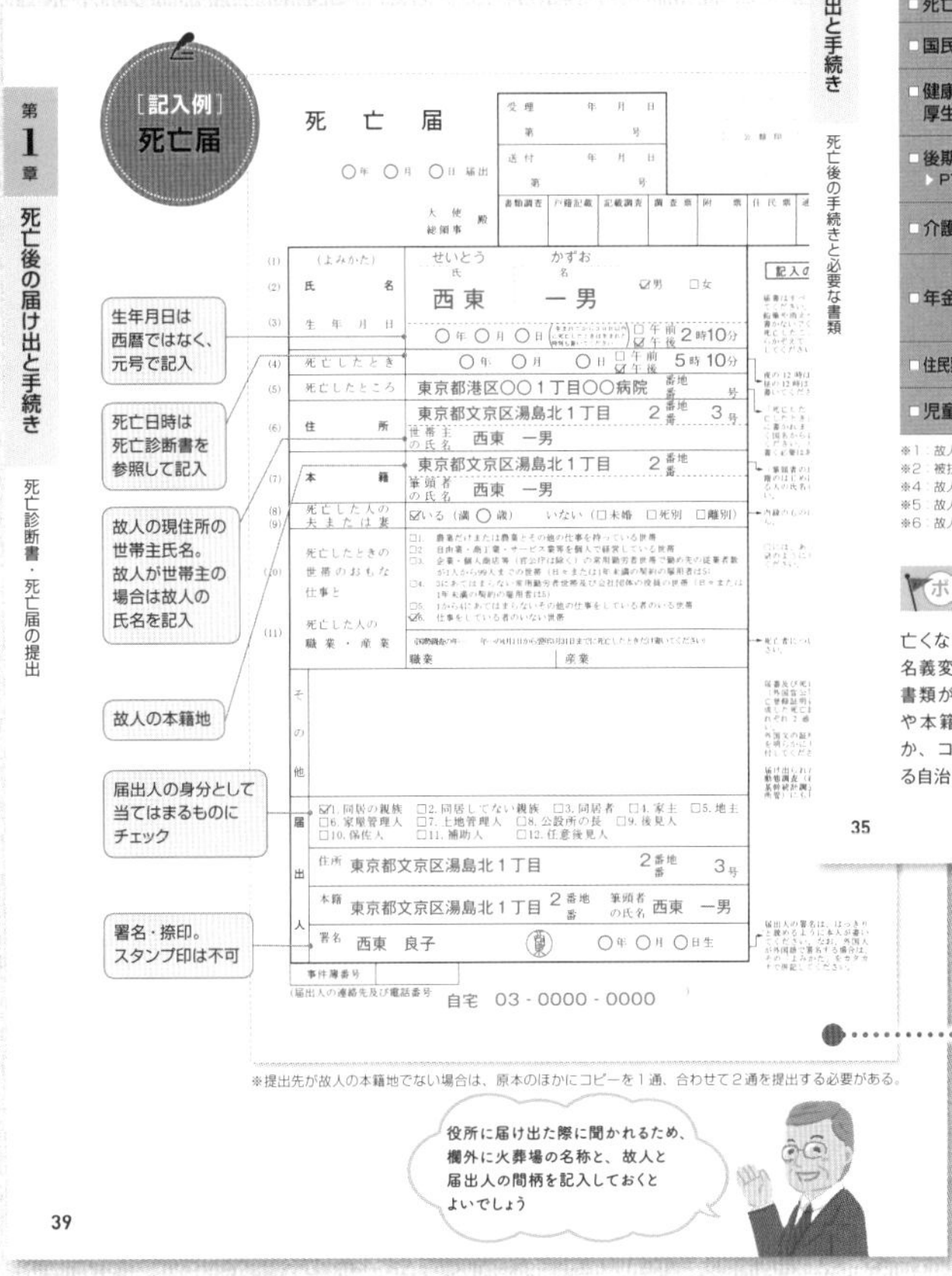
第1章 死亡後の届け出と手続き
死亡診断書・死亡届の提出
［記入例］死亡届
死亡届
生年月日は西暦ではなく、元号で記入
死亡日時は死亡診断書を参照して記入
故人の現住所の世帯主氏名。故人が世帯主の場合は故人の氏名を記入
故人の本籍地
届出人の身分として当てはまるものにチェック
署名・捺印。スタンプ印は不可
西東 一男
東京都文京区湯島北１丁目
西東 良子
自宅 03-0000-0000
※提出先が故人の本籍地でない場合は、原本のほかにコピーを１通、合わせて２通を提出する必要がある。
役所に届け出た際に聞かれるため、欄外に火葬場の名称と、故人と届出人の間柄を記入しておくとよいでしょう
39

記入例

実際に提出する書類の記入例を掲載。不備や間違いを防ぐための注意点を吹き出しにして解説しています。

無料ダウンロード書式サービス

右記の書式を無料でダウンロードして利用できます。右のQRコードを読み込むか、下記のURLにアクセスしてください。また、検索サイトで「西東社」で検索して、当社ホームページで本書を検索すると、ダウンロードページへの案内があります。

※ダウンロードできるのは、圧縮されたファイルです。ダウンロード後、解凍してご利用ください。
※ファイルはWord、Excel、PDF形式です。
※ご利用の機器やインターネット環境等によっては、ダウンロードができない場合があります。
※本特典は、告知なく配布を中止する場合があります。

書式の種類

- 財産目録
- 遺留分侵害額請求書
- 遺産分割協議書
- 登記申請書
- ライフプラン表
- バランスシート
- 長い目でみた収入表
- 長い目でみた支出表
- キャッシュフロー表

ダウンロードURL ▶ https://www.seitosha.co.jp/mijika/todokede.html

届け出・手続きの疑問

身近な人が亡くなったときに必要な届け出・手続きはたくさんあります。慣れない手続きの疑問をQ&Aで確認しましょう。

Q1 身近な人が亡くなったら、まず何をすべき?

A 役所に死亡届を提出

病院で亡くなった場合は、**医師に死亡診断書を書いてもらい、役所に死亡届を提出**します。死亡届の提出は葬儀社に任せることもできます。また、親族や故人の職場、知人などに、逝去《せいきょ》した事実を電話などで知らせます。自宅で亡くなった場合は、かかりつけ医に来てもらって死亡を確認、やはり死亡診断書を書いてもらいます。事故死や変死の場合は警察に連絡します(▶P38)。

役所への死亡届の提出は、葬儀社に任せることもできる。

Q2 葬儀社にはどのタイミングで連絡するもの?

A 死亡日の当日に連絡

その日のうちに連絡します。**病院で亡くなった場合は、遺体の搬送のため病院が指定の葬儀社に連絡することもあります**。その場合でも、すべてをその業者に頼まなければならないということはありません。**通夜や葬儀については、自分で選んだ葬儀社に依頼**することができます。インターネットなどで探し、実際に電話で話してみて、感じのよいところを選ぶとよいでしょう(▶P44)。

インターネットで葬儀社の条件やサービス内容を比較して、連絡をするとよい。

気になる疑問

専門家が解決 Q&A相談室

身近な人が亡くなった後の気になる疑問を、税理士、弁護士、ファイナンシャルプランナーの3名の専門家が解決します。

Q3 葬儀が終わってまずやることは？

A 職場へのあいさつと役所への各種手続き

故人の職場へあいさつに出向き、身の回り品の引き取りや死亡退職金の受け取りを行います。また、世帯主の変更や保険証の返却、書き換えといった、市区町村役場での手続きも必要です。公共料金をはじめ、**故人が契約していたサービスの名義変更や停止も忘れず**行うようにしてください（▶P56～61）。

葬儀後の手続きチェックリスト

- □ 健康保険の資格喪失届の提出
- □ 後期高齢者医療制度・介護保険の資格喪失届の提出
- □ 健康保険への葬祭費（埋葬料）の申請
- □ 高額療養費の申請
- □ 世帯主変更届の提出
- □ 年金受給権者死亡届の提出
- □ 未支給年金の請求
- □ 遺族年金等の請求
- □ 公共料金等の名義変更　など

Q4 火葬はいつまでにする？火葬しなくてもよい？

A 期限はないが、火葬しなければ埋葬できない

遺体は死後24時間を経過しないと火葬できない決まりがありますが、火葬の期限は定められていません。しかし火葬をしなければ、埋葬の許可証は発行されません。通常、火葬の日取りにあわせて葬儀を行うため、葬儀もできないことになります。**死後７日以内に火葬許可申請書を提出**し、葬儀後速やかに火葬、という流れが一般的です（▶P40）。

Q5 届け出の期限を過ぎたらどうなる？

A 罰金が発生したり罪に問われたりすることも

たとえば年金受給権者死亡届の提出が遅れた場合は、本人が亡くなっているのに、年金がいつまでも支払われることになり、後で返金手続きをしなければならなくなります。違法に年金を詐取《さしゅ》しているとして、詐欺罪に問われる可能性もあります。また、所得税・相続税などの税金は、**期限内に手続きと納税を行わなければ延滞税**を課されます（▶P52）。

Q6 手続きでわからないことがあったとき、誰に相談したらいい？

A 役場にたずねれば相談にのってもらえる

市区町村役場の担当者に聞けばていねいに教えてもらえます。自治体によっては「おくやみ窓口」を設け、ワンストップで手続きができるところも。今はどこの自治体もホームページを設置し、生活にまつわるさまざまな手続きについて解説しています。**よくある質問については、Q&Aページでも説明**されています。自分が聞きたいことが説明されていないか、調べてみてもよいでしょう（▶P34）。

手続きについてわからないときは、市区町村役場の窓口に相談を。

保険・年金の疑問

保険・年金に関する届け出・手続きでは、保険料の精算や払いすぎた医療費などの請求も行います。保険・年金の疑問をQ&Aで確認しましょう。

Q1 亡くなってすぐやらなくてはならない手続きは?

A 年金受給者死亡届やその他必要書類の提出

故人が公的年金を受け取っていた場合は、速やかに年金受給権者死亡届を提出しましょう。また、遺族が受け取れる遺族年金や死亡一時金、民間の死亡保険金(保険会社によって必要な書類は異なる)については、2～5年以内と期限に猶予があるものの、**手続きをしなかったとしても関係機関からの催促などはなく、期限を過ぎると自動的に受給資格を失ってしまいます**。忘れないうちに手続きしておきましょう。

Q2 亡くなった人の年金はどうなる?

A まだ受け取っていない年金は家族が受け取る

死亡したときに受け取れていなかった年金、つまり**未支給年金があれば、いっしょに暮らしていた家族が受け取ることができます**。年金の受給停止手続きのときに、未支給年金の請求も行っておきましょう。なお、**未支給年金は相続には含まれません**が、一時所得扱いとなり、課税対象となります。一時所得が合計50万円以上となる場合には、確定申告をしなければなりません(▶P86・88)。

Q3 何の保険に入っていたか、どうやって調べればいい?

A 保険証券や支払いの明細をチェック

まずは保険証券を探しましょう。紙の保険証券が見つからない場合は、通帳やクレジットカードの明細を調べて、保険料の支払い記録からたどります。また、保険会社では年末調整や確定申告の手続きのために**保険料控除証明書を発行**しています。**10月から翌年の1月頃までにはがきなどで届く**ので、注意しておきましょう(▶P142)。また、対象者の生命保険契約の有無を照会してくれる生命保険契約照会制度も利用できます。

通帳やクレジットカードの明細、保険会社から届く保険料控除証明書などをチェックする。

Q4 生命保険に入っていなくても もらえる公的な年金などはある？

A 年金や社会保険などの制度で支給されるお金がある

故人が国民年金や社会保険、後期高齢者医療制度に加入していたら、葬祭費や埋葬料が支給されます。また、社会保険や国民年金の加入者に生計を維持されていた家族には、一定の条件のもと、遺族年金が支払われます。そのほか、故人が働いていた職場から死亡退職金や弔《ちょう》慰《い》金が支払われる場合もあります。ただし、**いずれも期限内に手続きをしなければ受給できません**（▶P78・90）。

もらえるお金のチェックリスト

公的医療保険・介護制度

- □ 葬祭費（埋葬料）
- □ 健康保険料の過払いの還付
- □ 介護保険料の過払いの還付
- □ 高額療養費の払い戻し

公的年金

- □ 未支給年金の受給
- □ 遺族年金･寡婦年金･死亡一時金

Q5 忘れがちな手続きは？

A 身分証明書類の返納は忘れがち

年金受給権者死亡届、国民健康保険や後期高齢者医療制度、介護保険などの**資格喪失届を忘れると、後でトラブルになる可能性**があるので、必ず行っておきましょう。また、パスポートや運転免許証といった**身分証明書になる書類の返納も意外に忘れがち**です。放置しておいて盗まれると、第三者に悪用されることにもなりかねないので注意しましょう（▶P58）。

パスポートや運転免許証など身分証明書になるものは、悪用されないように紛失に注意！

Q6 亡くなった人が世帯主だった場合にすべきことは？

A 世帯主変更届を提出し新たな健康保険証を発行

配偶者のほか、15歳以上の子どもがいる場合は**世帯主変更届を提出**する必要があります。また、国民健康保険や社会保険の加入者である**世帯主が亡くなると、その家族も保険証が使えなくなります**。古い保険証を資格喪失届とともに提出し、新たな世帯主に書き換えた健康保険証を発行してもらいましょう（▶P48）。

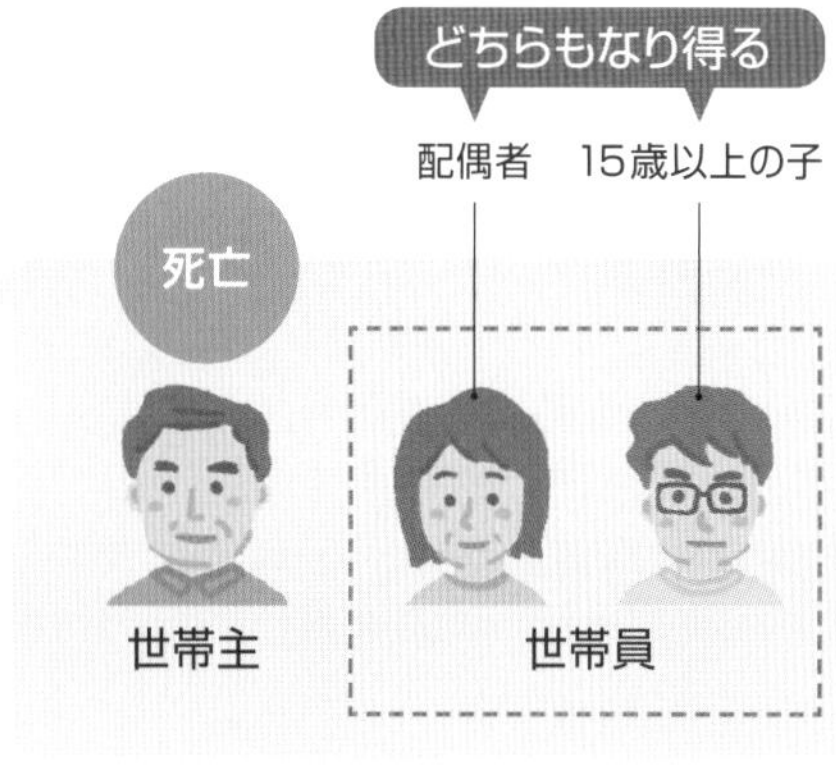

この場合、どちらも世帯主になり得るので届け出が必要。

遺産相続の疑問

亡くなった人の財産は、その多い少ないにかかわらず相続人で分けることになります。相続に関する疑問をQ&Aで確認しましょう。

Q1 遺言書を見つけたらどうすればいい？

A 開封せずに家庭裁判所に提出。ボイスメモや動画は無効

遺言書を見つけたときには、公正証書遺言以外の遺言書は**開封せずそのままの状態で家庭裁判所に提出し、検認してもらう必要があります**。また、**ボイスメモや動画の遺言は法的な効力をもちません**（▶P104）。2020年7月10日より、管轄の法務局が遺言書を預かってくれる自筆証書遺言書保管制度が始まっていますが、この制度を利用した場合は、検認の必要はありません。

Q2 遺言書がない場合、遺産はどうやって分配される？

A 法律で定められた割合で分配する

「法定相続」といって、財産を分ける割合や、優先順位が法によって定められています。遺言書がない場合は、この法定相続によって財産を分け合います。ただし、相続人が話し合って同意すれば、自由に分配することができます。話し合いがまとまらない場合は調停や裁判になりますが、そのときには法定相続分が目安になります（▶P108）。

Q3 遺産分割協議は、誰とどう行えばいい？

A 相続人全員が出席し、書類を作成して押印が必要

故人の相続人が**全員**で話し合います。未成年者がいる場合は、親権者が法定代理人となりますが、その親権者が相続人である場合は、相続人ではない親族などを特別代理人に立てます（家庭裁判所に申し立てが必要）。**決まった内容を「遺産分割協議書」に記し、全員が実印を押して保管**します。この遺産分割協議書にもとづいて、登記の変更や預金名義の変更、相続税申告書の作成などが行われます（▶P130）。

遺産分割協議が成立したら協議書を作成して、全員が実印で押印する。

Q4 故人の預貯金や所有する不動産、借金の額はどうやって調べる？

A 郵便物をチェックし、各機関へ連絡する

通帳や証券、郵便物なども含め、書類を念入りに見返しましょう。証券会社からの報告書や、カード会社からの請求書、督促《とくそく》状などから**取引のある会社を調べ、電話などで問い合わせる**のがよいでしょう。不動産を所有していれば、法務局で、不動産登記簿謄本《とうほん》を取得します。また負債については、KSC（全国銀行個人信用情報センター）、CIC（株式会社シー・アイ・シー）、JICC（株式会社日本信用情報機構）などに電話をすると調査してもらうことができます。連帯保証人としての債務も、故人のマイナスの財産として、相続人が引き継ぐことになってしまいます。相続放棄のできる３か月以内に、書類のチェックを徹底的に行っておく必要があります（▶P112）。

KSC

一般社団法人全国銀行協会が運営する個人信用情報機関。ローン等に関する個人信用情報の登録・提供を行う。

CIC

クレジット会社の共同出資により設立された、指定信用情報機関。クレジットやローンに関する個人信用情報が確認できる。

JICC

消費者のローン等に関する信用情報の収集・登録・管理・提供を行う、貸金業法に基づく指定信用情報機関。

Q5 借金も相続しなくてはいけないもの？

A 必ず借金を引き継がなくてはいけないというわけではない

借金が多く、**相続しても損をしてしまうという場合は、相続放棄を行う**ことができます。また財産と借金のどちらが多いかわからない場合は、**限定承認といって、相続財産で支払える範囲という条件で借金を相続するという取り決めも可能**です（▶P126）。

Q6 相続人の誰かが協議の前に動産や不動産を売ってしまったらどうなる？

A 処分された財産を含めて遺産分割

ほかの相続人全員の同意により、処分された財産を含めて遺産分割を行うことで公平性を保ちます。ただし、財産を勝手に処分することは、ほかの相続人の権利を侵害することになり、相続人同士の関係が悪くなるだけでなく、損害賠償等の法的な責任を負うこともあり得ます。

相続税の疑問

相続税は、相続開始から10か月以内に納めないとペナルティが課されます。相続税に関する疑問をQ&Aで確認しましょう。

Q1 相続税は必ずかかるもの？

A 実際に相続税を支払う人はごくわずか

基礎控除があるため、相続税を支払うまでには至らないことのほうがほとんどです。**実際に相続税を支払う必要が生じるのは、亡くなった人（被相続人数）の１割程度**といわれています。とはいえ、自分の相続財産をざっと計算し、支払う必要があるのかどうかをチェックしておいたほうがよいでしょう（▶P150）。

Q2 相続税がかからない財産や、非課税枠もある？

A 数字が現金に変わるだけで相続税はかかる

お墓や仏壇など、祭祀《さいし》財産とよばれるものや、寄付、また故人が障害がある被保護者のために積み立てていた基金などは課税対象となりません。そのほか、死亡保険金や死亡退職金のうち、**法定相続人１人あたり各500万円（合計1,000万円）は非課税枠**として認められています（▶P151）。

Q3 これも相続税がかかるの？　というものは？

A 目に見えない財産にも相続税はかかる

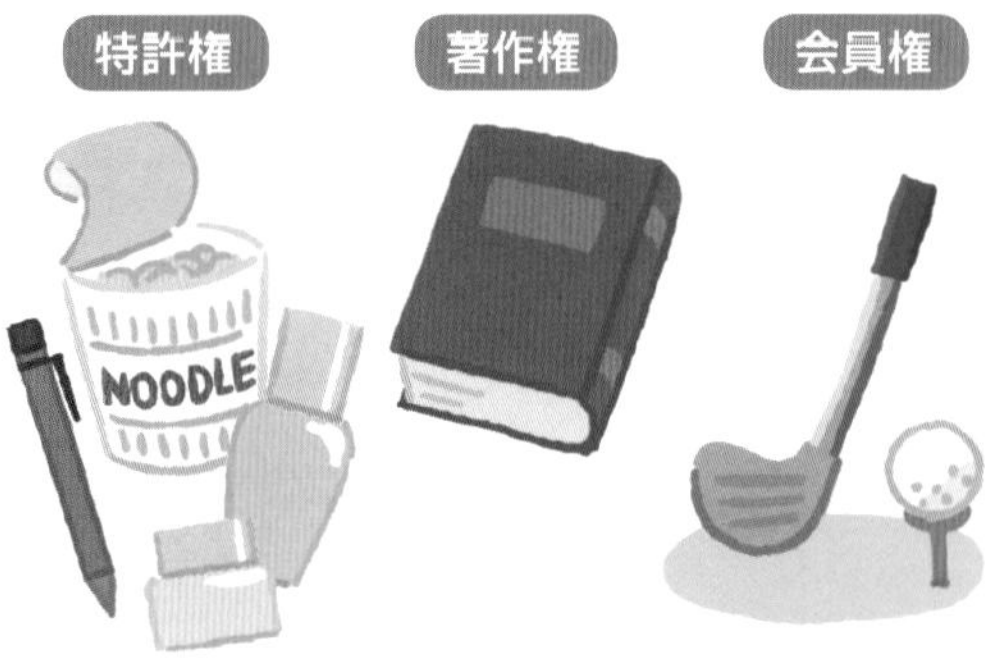

特許権や著作権などの、目にみえない財産についても相続税がかかります。また、故人が所有していた自動車も相続財産に含まれるので、相続の手続きを忘れず行いましょう。そのほか、ゴルフ会員権・リゾート会員権なども相続税の対象になります（▶P151）。

Q4 財産はどのように評価すればいい？

A 「財産評価基準通達」に基づいて評価する

相続税を支払う必要があるかどうかを確認するには、**すべての相続財産の価額を見積もる（評価する）**必要があります。おもな財産の評価の仕方は、右の表のようになります（▶P154）。

財産の種類	評価の仕方
土地	路線価方式または倍率方式（▶P155）
預貯金	元本 ＋ 解約利子の手取額
上場株式	相続開始日の最終価格などを基に評価
ゴルフ会員権	取引価格の7割
宝石・貴金属	実際の取引価額または専門家による鑑定額

Q5 相続税申告の手続きは、いつまでにしなくてはならない？

A 故人が死亡して10か月以内

相続税の申告と納税の期限は、**相続発生から10か月以内**と定められています。そのため、この期間内に遺産分割協議をまとめ、手続きを終えることが望ましいといえます。ただし、遺産分割協議がまとまらないケースも往々にしてあります。その場合は、未分割の状態で申告しますが、配偶者控除などの特例は認められません。ただし、「申告期限後３年以内の分割見込み書」を提出しておくと、遺産分割が確定した後に更正の請求等をすれば特例が適用されます（▶P166）。

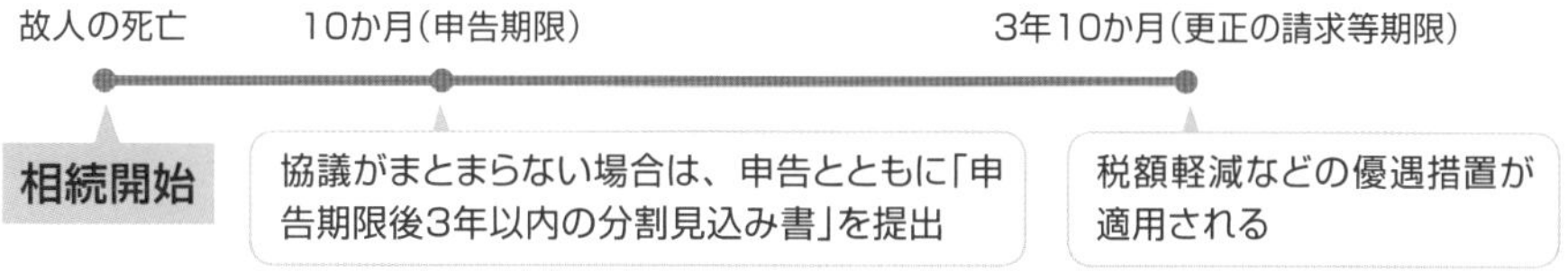

Q6 葬式後にお墓と仏壇を買った費用も相続税の対象になる？

A 故人の死後購入した場合は祭祀財産にならない

お墓や仏壇は祭祀財産の扱いになり、**故人が生前に購入していた場合は非課税財産**になります。しかし、故人の死後に購入した場合は、その費用を財産から差し引くことはできません。相続税の課税対象となります（▶P111）。

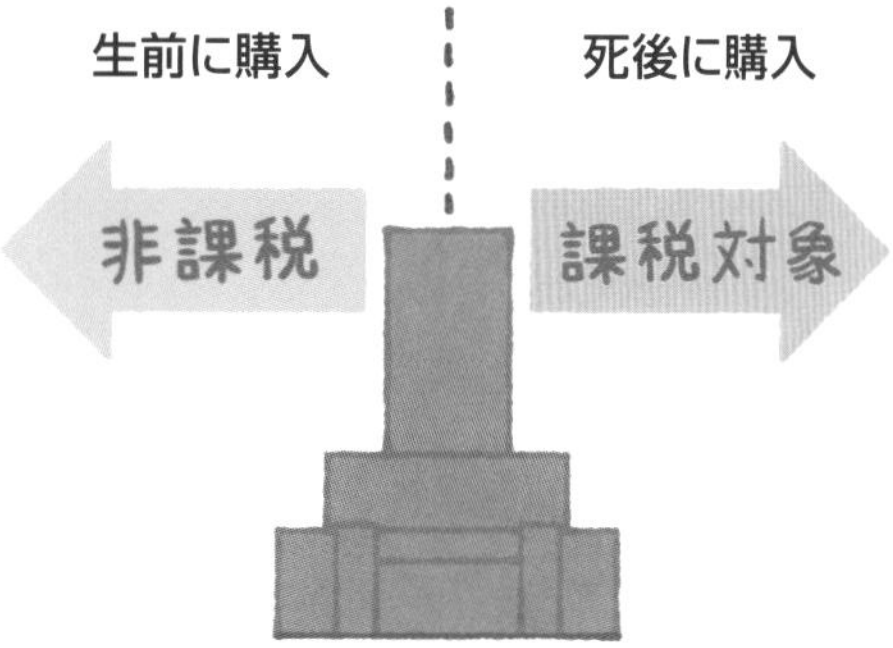

Q7 お寺へのお布施は葬儀費用になる？

A 法要・葬式の費用は葬儀費用になる

お寺への支払いのうち、お布施などの法要の費用、戒名《かいみょう》料など葬式の際に支払ったものは葬儀費用として認められます。**領収証がない場合には、支払った金額をメモして残しておきましょう**。そのメモにもとづいて相続税の申告を行うことができます。

Q8 葬儀費用には、法事の費用も含めていい？

A 法事の費用は含まれない

葬儀費用として相続財産から引けるのは、**お通夜と葬式にかかった費用と、その前後に生じた出費で葬式にともなうもの**になります。ただし、香典返しなど費用に含めることができないものもあります。法事など葬儀の後に行われた費用も、葬式費用には含まれません（▶P110）。

Q9 相続税の計算や申告は自分でできるもの？

A 自分で行うことは可能、難しい場合は専門家に

財産が預貯金のみなど簡単な場合には、専門知識がなくても自分で申告作業を行うことができます。決まりに則って計算し、書類に必要事項を記入して提出します。ただし**相続税がかかるようなケースの場合、財産評価などが難しく**なります。専門家の税理士に依頼したほうが、相続税を抑えられるということも考えられます（▶P156）。

財産評価が難しい場合は税理士に依頼を。

Q10 申告書の作成を専門家に頼むといくらぐらいかかるもの？

A 基本報酬は遺産総額の１％が目安

税理士によって異なりますが、**相続の金額に応じた基本報酬**と、相続人の数や相続財産の内容、**サービスによって異なる加算報酬**という２つの項目から構成されることが多いようです。基本報酬は、遺産総額のだいたい１％が目安になるようですが、加算報酬については一概にいくらとはいえません。

税理士に依頼したときの報酬

基本報酬
遺産総額の１%が目安

＋

加算報酬
相続人の数、相続財産の内容により決定する

Q11 相続税が払えないときはどうしたらいい？

A 分割で支払うことや、モノで納めることも可能

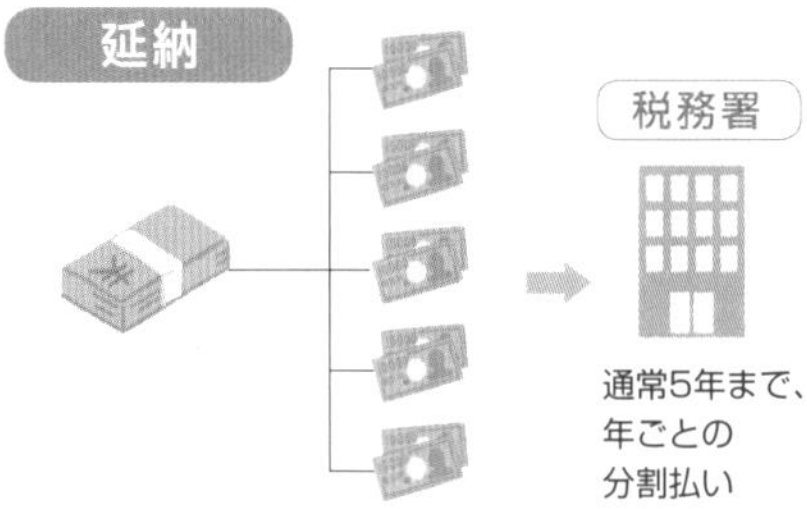

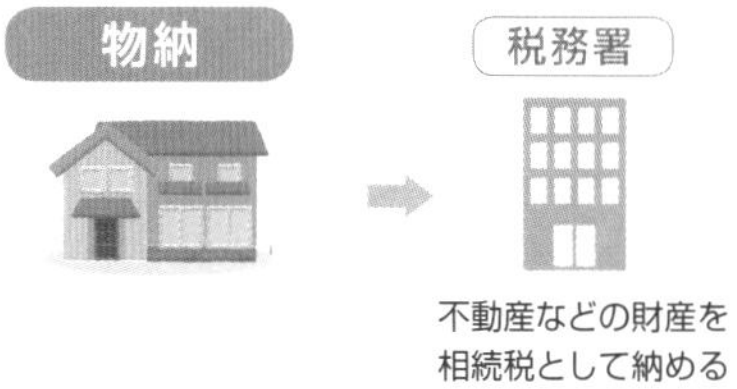

相続税を分割して支払う延納や、お金の代わりにモノで収める物納で支払うことができます。ただし、それぞれ条件が定められています。**所轄税務署に延納・物納申請書を提出**すると、条件にかなっているか審査が行われます。審査の結果、延納や物納が却下されるケースもあり、その場合は審査期間中の利子税も加算されます（▶P170）。

Q12 死亡後に振り込まれた未支給年金は相続財産になる？

A 相続税の対象にはならないが、受取人の一時所得に

公的年金のうち、故人の死亡後に支払われたものについては、相続税の対象にはなりませんが、受け取った人の一時所得の扱いになり、確定申告が必要です。ただし、**一時所得には50万円の特別控除がある**ので、ほかに一時所得がなく50万円以下である場合には、税金はかかりません（▶P88）。

Q13 死亡日当日に引き出したお金にも相続税はかかる？

A 数字が現金にかわるだけで相続税はかかる

記帳されていた数字が現金に形を変えただけなので、当然、相続財産としてみなされます。よって、相続税はかかります。故人の死亡後にお金を引き出すことは、後で相続人間のトラブルを招きかねません。後で誰が見てもわかるように「葬儀代のため○円」など、通帳にメモしておきましょう（▶P60）。

Q14 申告期限までに遺産分割が決まらなかった場合はどうなる？

A 法定相続割合で相続した形とし、3年以内に分割を決定する

相続税の申告は、遺産分割が未済でも、亡くなったことを知った日から10か月以内に行う必要があります。いったん、法定相続割合に則って相続した形として申告書を作成し、「申告期限後３年以内の分割見込み書」という書類とともに提出します。**遺産分割終了後、３年以内に分割協議を終えて４か月以内に更正の請求を行う**ことで、払いすぎた税金があれば還付してもらえます。なお、分割協議が３年以内に終わらないやむを得ない事情があるときは、期限の延長の制度もあります（▶P167）。

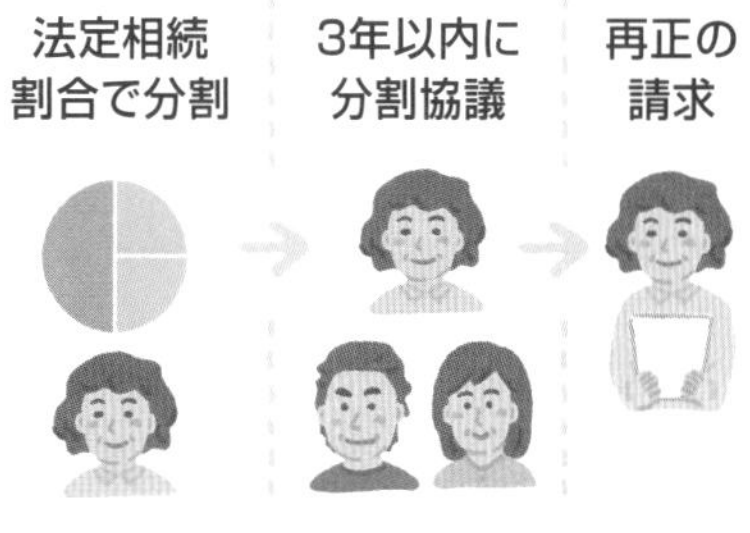

生活設計の疑問

今後の生活設計を組み立てるには、生活にかかるお金と入ってくるお金をしっかり把握する必要があります。生活設計に関する疑問をQ&Aで確認しましょう。

Q1 今後の生活のために、まずは何を考えたらいい？

A 生きていくためにいくら必要なのか把握する

生活をしていくためにはお金が必要です。まずはこの先を見据えて、生きていくのにどれだけのお金がかかるのかを、ざっと計算してみましょう。次に、これまでの**貯金や相続財産など、手元にあるお金、現在の収入や年金などでどれだけまかなえるのか**を考えてみましょう（▶P194）。

Q2 一生に必要なお金をどうやって予測すればいい？

A ライフイベントを予測し、それにともなう費用を考える

自分や家族のライフイベントとともに、大きなお金が必要になる時期や回数、だいたいの金額を書き出してみましょう。**自分と家族の年齢も書き込める、ライフプラン表（▶P189）を使うと便利**です。さらに、現時点の資産を書き出して、一生分の収支表（キャッシュフロー表）も作成します。

● 75歳の主婦が夫を亡くしてからのキャッシュフロー

年数		1	2	3	4	5	6	7	8	9	10
西暦	（上昇率※）	2024	2025	2026	2027	2028	2029	2030	2031	2032	2033
妻の年齢		75	76	77	78	79	80	81	82	83	84
長女（別居）		48	49	50	51	52	53	54	55	56	57
イベント・予定など		夫死亡									
遺族年金・老齢年金		163	163	163	163	163	163	163	163	163	163
保険金		200									
手取収入合計		363	163	163	163	163	163	163	163	163	163
基本生活費	2.0%	150	153	156	159	162	165	168	171	174	177
住居費（家賃）	0%	72	78	72	78	72	78	72	78	72	78
医療費・介護関係費		30	30	30	30	30	40	40	40	40	40
特別支出	2.0%	210	10	10	10	10	10	10	10	10	10
支出合計		462	271	268	277	274	293	290	299	296	305
年間収支		-99	-108	-105	-114	-111	-130	-127	-136	-133	-142
貯蓄残高	0.5%	1001	897	796	686	578	450	325	190	58	-84

キャッシュフロー表 現在の収支状況と、今後のライフプランをもとに将来の収支を予想して書き込む。

Q3 今の家に住み続けるべき？　住み替えるべき？

A 維持できるかどうか、子どもが将来どうしたいかがポイント

住まいは、一生のうち大部分を過ごす大切な場所です。自分や家族がどのように暮らしていくかに深く関わるので、早急に結論を出さずにじっくり考えましょう。自分の資産で維持できるのか、また、**自分の老後や介護、子どもが将来どうしたいかも視野**に入れる必要があります。残されたほかの家族と話し合うことが大切です（▶P188）。

住まいをどうするかは、引き継ぐ子が将来住む可能性があるかどうかも含めて話し合う。

Q4 子どもがいる場合、特別な制度や補助はある？

A 児童扶養手当や授業料減免などさまざまな制度がある

ひとり親家庭の生活と子どもの教育のため、さまざまな公的な制度が設けられています。代表的なものに**児童扶養手当**や医療費の助成、無利子・低利子の融資があげられます。2020年4月からは、**住民税非課税世帯等に対して、入学金や授業料を減免し、学生生活費などを支給する制度**も開始されています（▶P212）。

入学金や授業料が減免される修学の支援制度の開始。

ひとり親家庭が利用できる医療費の助成制度など。

Q5 老後資金に不安がある場合はどうしたらいい？

A NISAやiDeCoでリスクを抑えた資金運用を考える

今は超低金利時代のため、貯蓄だけでは老後の資金を貯めることはできません。少しでも運用することを考えましょう。公的年金だけでは老後を支えていけないため、**NISAやiDeCoのような個人で備えられる積立投資の制度**も整備され、国も推奨しています。これらの金融商品では、リスクを抑えた投資が可能です（▶P210）。

NISA つみたて投資枠	NISAは投資で得られた運用益や配当・分配金が非課税になる制度。つみたて投資枠は金融庁の基準を満たす投資信託の積立のみ可能で、初心者には始めやすい。
iDeCo	毎月一定の金額を積み立て、一定の定期預金・保険・投資信託などの金融商品で自ら運用し、原則60歳以降に年金または一時金で受け取る個人型確定拠出年金。

ひと目でわかる！

届け出・手続きスケジュール

生前

生前贈与・遺言・エンディングノートなどの終活

生前にできる節税対策として、生前贈与（▼P216）を検討したり、遺された家族が困らないように、遺言書やエンディングノート（▼P178）を準備しておくのもよいでしょう。

死亡日

身近な人の死亡

第1章 届け出と手続き

身近な人が亡くなると、葬儀の手配やさまざまな届け出・手続きを進めなくてはなりません。必要な手続きなどを確認しましょう。

- □ 死亡届の提出 ▼P38
- □ 火葬許可申請書の提出と火葬許可証の入手 ▼P40
- □ 近親者などに死亡の連絡
- □ 通夜・葬儀の手配 ▼P44

第2章 保険・年金

葬儀を終えたらすぐに、健康保険や介護保険、公的年金の手続きを行います。それぞれに期限が決められているので、確認しながら進めましょう。

- □ 健康保険の資格喪失手続きと新規加入手続き ▼P74
- □ 葬祭費・埋葬料の申請（2年以内）▼P78

資格喪失届の提出の期限は、国民健康保険の場合は死亡後14日以内、会社員（健康保険）の場合は5日以内です。

第3・4章 相続・相続税

人が亡くなると相続が発生し、相続財産が一定の額を超える場合は相続税を納める必要があります。相続に必要な手続きや相続の流れを確認しましょう。

- □ 法定上の相続開始（死亡後翌日から）▼P102

遺言書がある場合は、家庭裁判所で検認を受けることが必要な場合もあるので、勝手に開封しないこと。

7日

14日

□ 世帯主変更の手続き ▼P48

□ 児童扶《ふ》養《よう》手当認定申請 ▼P212

世帯主が亡くなった場合は、14日以内に世帯主変更の手続きを行います。ただし、残された世帯員が妻だけの場合と、ほかの世帯員が15歳未満の場合には手続きは不要です。手続きには、次の書類が必要です。

- 届出人の写真付きの身分証明書
- 印鑑

□ 後期高齢者医療保険・介護保険の資格喪失手続き ▼P76

□ 国民年金・厚生年金受給権者死亡届の提出 ▼P86

受給停止の手続き期限は、国民年金は死亡後14日以内、厚生年金は死亡後10日以内ですが、マイナンバーを収録していた場合は手続きの必要はありません。

3か月

□ 遺言書の確認と検認 ▼P104

□ 相続人の調査 ▼P106

□ 相続財産の調査 ▼P112

□ 相続放棄・限定承認の決定 ▼P126

相続には単純相続、相続放棄、限定承認があり、相続放棄、限定承認を選ぶ場合は3か月以内に手続きを行います。

14日

3か月

第1章 届け出と手続き

- □ 職場へのあいさつと死亡退職届の提出 ▼P56
- □ 公共料金、住居の賃貸契約、住宅ローン等の手続き ▼P58
- □ 故人の個人事業の廃業・承継の手続き ▼P54
- □ お墓の手続き ▼P62
- □ 四十九日法要と納骨

- □ 故人の準確定申告と納税 ▼P50

第2章 保険・年金

- □ 未支給年金・保険給付の請求 ▼P88
- □ 遺族年金（遺族基礎年金・寡婦《かふ》年金・死亡一時金・遺族厚生年金等）の受給申請（5年以内）▼P90
- □ 高額医療費の申請（2年以内）▼P82

死亡一時金のみ受給申請は2年以内に行い、故人と生計を同じくしていた遺族が受け取れます。優先順位は、①配偶者、②子、③父母、④孫、⑤祖父母、⑥兄弟姉妹となります。

故人が国民年金に加入していたら遺族基礎年金、もしくは寡婦年金か一時金、厚生年金に加入していたら遺族基礎年金と遺族厚生年金が支給されます。

3か月

第3・4章 相続・相続税

- □ 遺産分割協議を行う ▼P130
- □ 遺産分割協議書の作成 ▼P132
- □ 相続した財産の名義変更の手続き ▼P136
- □ 死亡保険金の受け取り ▼P142

相続人が複数いる場合は、遺産の分け方を決める遺産分割協議を行います。

4か月

1年

2年

故人が個人事業主だった場合は、準確定申告を行う必要があります。

□ 一周忌

□ 三回忌

期限なし

□ 復氏届の提出 ▼ P68

□ 姻《いん》族《ぞく》関係終了届の提出 ▼ P70

故人の親族と縁を切りたい場合は、姻族関係終了届を提出します。姻族関係が終了しても戸籍はそのままで、亡くなった配偶者の遺産を相続できます。

10か月

1年

□ 相続税の計算 ▼ P156

□ 相続税の申告と納付 ▼ P162・P168

□ 遺留分侵害額の請求 ▼ P116

遺言で指定された遺産の分け方が不当である場合、1年以内であれば遺留分侵害額の請求を行うことができます。

困る前に知っておきたい

よくある失敗例

見落とし注意！

届け出や手続きにありがちな失敗例から、注意すべきポイントや対策などを解説していきます。

届け出・手続きの失敗例

ケース1

世帯主の変更手続きを後回しにして過料を科されてしまった

世帯主の変更は、必ずしもすべての人に必要な手続きではないこともあり、葬儀前後のあわただしさのなか、つい後回しにして忘れがちです。ただし、**14日以内**の期限を過ぎてしまうと、場合によっては「過料」という**5万円以下の金銭的負担**を科されてしまうことも。もし遅れてしまった場合は、理由を添えて、速やかに手続きを行いましょう（▶P48）。

ケース2

お墓の改葬の際、現状のお寺への連絡をないがしろにしてトラブルになってしまった

改葬は家族にとっては仕方がないこととはいっても、お寺の立場になってみれば、檀家《だんか》が離れ、収入が減ってしまうことを意味します。相手の気分を害してしまうと、法外なお金を請求されたり、必要な書類に印を押してくれないなどのトラブルにも。電話などで済ませず、**直接会って誠意をもって事情を説明**しましょう（▶P66）。

ケース3

姻族関係を終了したことにより、いざというとき子どもの世話を頼れなかった

配偶者が亡くなったことをきっかけに、「姻族《いんぞく》関係終了届」を提出して、相手方の親族との関係を断つことも可能です。ただし特別な事情がない限り、姻族関係は残しておくほうがよいでしょう。病気や失業など、**万が一のとき、子どもを預けたり援助をお願いしたりすることが難しく**なってしまいます（▶P70）。

姻族関係終了のデメリット

いざというとき、子どもを預けられない。

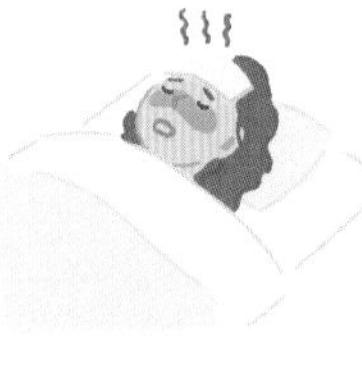

病気になったときに看病をお願いできない。

大きな出費のときに相談できない。

保険・年金の失敗例

ケース1

社会保険から国民健康保険への切り替えをおこたり医療費が高額になってしまった

健康保険証がないと、医療費が全額負担となってしまう。

故人が社会保険に入っていた場合、扶養《ふよう》されている家族は加入者の死亡とともに、被保険者ではなくなります。忘れずに世帯主の変更を行い、**新しい世帯主の名前で国民健康保険へ加入**しましょう。この手続きを忘れると、いざ病院にかかったときに健康保険証を使うことができず、医療費の全額を支払うことになります。

ケース2

年金の受給停止手続きを行わず、不正受給と判断されてしまった

故人が年金を受給していたら、**14日以内**に必ず手続きを行いましょう。故人がマイナンバーを登録していない場合、年金が振り込まれ続けることになります。間違って受け取ったのですから、後で**返金の手続きが必要**です。さらに、**不正受給と判断されると、3年以下の懲役または100万円以下の罰金**が科されることもあります(▶P86)。

ケース3

未支給年金があったのに、もらいそびれてしまった

年金の支給日は2か月に1回のため、亡くなったタイミングによっては、本来受け取れるはずだった年金をもらえずに受給がストップすることになります。これが未支給年金です。遺族に受け取る権利があるので、年金の受給停止をする際に、忘れずに**未支給年金請求手続き**も行いましょう。期限は**5年以内**です(▶P88)。

ケース4

寡婦年金ではなく、死亡一時金を選んでおけばよかった

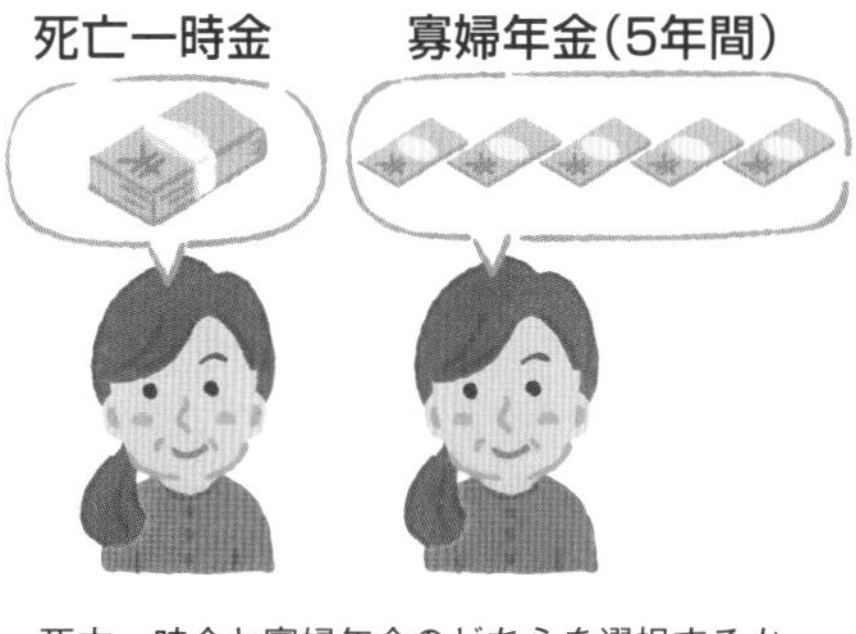

死亡一時金と寡婦年金のどちらを選択するか、今後の人生設計を含めて考える。

最大でも32万円の死亡一時金よりも、60歳からの5年間、定期的に受け取れる寡婦《かふ》年金のほうがお得と考える人は多いでしょう。ただ、それまでの間に**再婚してしまうと、寡婦年金は受け取れなくなります**。長い人生、何があるかわかりません。確実にもらえる一時金のほうを選び、運用にあてるというのもひとつの考え方です(▶P96)。

遺産相続の失敗例

ケース1

見つかった遺言書を勝手に開封して過料を科されてしまった

正式な遺言書は法的な効力をもった書類です。そのため、扱いについては厳正な決まりがあります。**開封した場合、5万円以下の過料**を科されてしまうこともあります。また、開封したことで、勝手にすりかえたのではないかと疑われ、相続人の間でトラブルに発展することもあり得るので注意を（▶P104）。

遺言書を勝手に開封しないように注意する。

ケース2

遺産分割協議書を作成せず、後でトラブルになってしまった

人間の記憶はあてにならないもの。話し合いで決めたことも、頭の中で勝手に作り替えられてしまうことも大いにあり得ます。**後で「言った、言わない」の水掛け論になり、トラブルのもと**になりかねません。話し合いでしっかりと意見を共有したら、忘れないうちに書面に起こします。「確かに納得しました」という合意を確認するためにも大切です（▶P132）。

「言った」「言わない」のトラブルにならないよう書面に残しておく。

ケース3

遺産分割協議のやり直しが必要になってしまった

相続人の間で十分に理解が得られないままに分割を実施すると、後から分割案の蒸し返しが起こることがあります。こうした場合には、税法上、遺産分割協議のやり直しではなく、新たな行為とみなされます。**当初より財産を多く取得した相続人には、贈与税がかかる**場合があるため、注意が必要です（▶P130）。

ケース4

親が亡くなり3か月が過ぎ、相続放棄をし忘れて負債を抱えてしまった

相続は、被相続人の死亡を知った日から発生します。**手続きをしなくても3か月の期限が過ぎれば、自動的に相続**したものとみなされます。お金や土地など、自分の利益になる財産ならよいですが、**借金などのマイナスの財産も引き継ぐ**ことになるので、相続放棄の申し立てをする場合は期限を守るようにしましょう（▶P126）。

相続税の失敗例

ケース1

相続人のなかに期限までに相続税を支払えない人がいて、代わりに自分が納めることになった

納税に支障がないように、相続人の状況に合わせて現金や不動産の分け方を考える。

きちんと納税したのに、ほかの相続人の分まで納税しなければならないのは理不尽ですが、法律では連帯納付義務が定められています。**納税できそうにない相続人には、不動産などではなく、納税にあてられる現金を相続させる**など、工夫しましょう。また本人が延納や物納の手続きをしていれば、連帯納付義務が課されることはありません（▶P170）。

ケース2

自分で申告しようとしたが、計画性と知識不足で結局できなかった

相続税の申告は手続きとして難しいものではありませんが、財産の種類によっては、評価が難しかったり、手続きが煩雑になることもあります。また、**多くの書類を取り寄せたり、記入したりする作業に時間がかかります。**時間に余裕があるならよいのですが、そうではない場合は、専門家に依頼するのが賢明です（▶P156）。

ケース3

申告した税額が少なかったことに気づいたが、指摘を待っていて過少申告課税がかかってしまった

申告の間違いがわかった時点で、自分から修正を申し出ましょう。**税務署から指摘された場合、たとえ悪気がなかったとしても、「過少申告」とみなされ、ペナルティの加算税**を課されてしまいます。このように、相続税の申告はシビアに判断されます。遅れや間違いが生じないようにしましょう（▶P166）。

ケース4

故人が作っていた自分名義の定期預金に税金の申告漏れを指摘されてしまった

故人の名義ではなくても、実態が故人のものなら相続財産となる。

相続税調査で多いのが、名義預金の申告漏れです。**名義が故人でない預貯金でも、その実態が故人のものであれば、相続財産に含める**必要があります。修正申告を求められ、本来の相続税以外に過少申告加算税などの余分な税金を払うことになります。故意に隠したとみなされ、重加算税などさらに重い税金がかかる場合もあります（▶P168）。

生活設計の失敗例

ケース1

故人の退職金があったので、安心していたら、老後に資金不足になった

お金はいくらたくさんあっても、無計画に使うと当然なくなります。手続きなどが終わったら、しっかりと先を見据えて管理することが大切です。また、物価の上昇によって、現金自体の価値が目減りすることもあり得ます。**人生100年時代、老後は30~40年にわたる**ことも考えられます。資金に余裕があるなら、一部を投資に回して老後に備えましょう（▶P210）。

ケース2

税の軽減についての知識不足で、寡婦控除や保険料免除を活用しなかった

生きていくために必要なお金は、生活費だけではありません。住民税や所得税、消費税などの税金や、国民年金などの保険料がかかることを忘れないようにしましょう。とくに住民税や所得税は大きな金額となります。配偶者と死別し、**収入が一定以下の場合には寡婦《かふ》控除や国民年金保険料免除といった制度もある**ので、ぜひ活用するようにしましょう（▶P214）。

ケース3

入院や家の修繕など、多くの費用がかかる出来事を予測しておかなかった

毎月かかる費用、年でかかる費用を計算できていたとしても、**人生には、大きなお金がかかる出来事が必ず何度か起こります**。それらに備えつつも、心豊かに日々を送れるように計画するのがライフプランです。自分だけではなく、家の修繕や子どもの結婚など家族のライフイベントを予測し、いざというときのためのお金を組み込んで計画を立てていきましょう（▶P188）。

家の修繕や子どもの結婚など、出費のかさむライフイベントを予測して将来の計画を立てる。

ケース4

生活資金を投資に回してしまい、生活が立ちゆかなくなってしまった

老後は意外と長く、そして先立つものがない場合、老いの身で不安を抱えながら生活していくのはつらいものです。余裕をもって暮らせるよう、今のうちから資金運用でしっかり備えておきましょう。ただし、**投資に回せるのは3年超使わない資金のうち3割程度**まで。生活資金まで回し、目の前の暮らしが苦しくなっては本末転倒です（▶P210）。

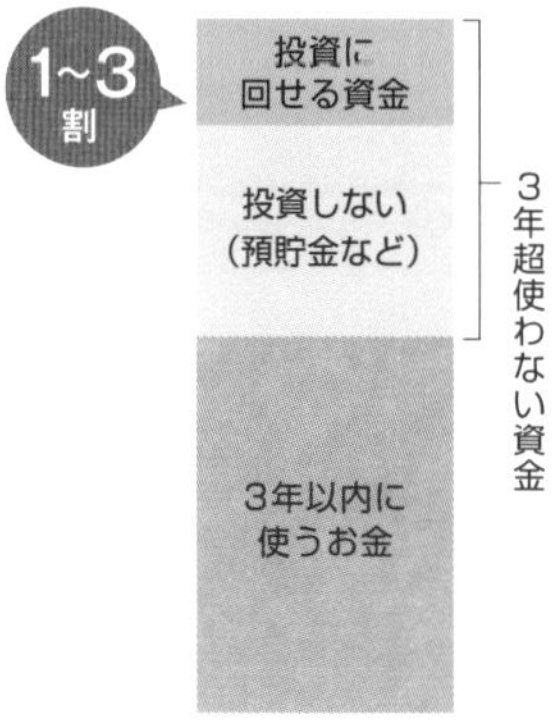

第1章

死亡後の届け出と手続き

身近な人が亡くなった後には、
葬儀の手配に始まって、世帯主の変更届や
故人の勤務先での死亡退職の手続き、お墓の準備など
さまざまな届け出や手続きを進めていかなくてはなりません。
いつ、どこで、どのような手続きをしたらよいのかを知りましょう。

死亡後の手続きに必要なものは？

【死亡後の手続きと必要な書類】

専門家のひと言

- 死亡届は原本を渡すのでコピーしておきましょう。
- 必要な書類と期限のチェックを忘れずに。

【リストをチェックしながらやり残しのないように手続きを】

人が亡くなったときは、さまざまな手続きが必要になります。残された配偶者、親、子などの近親者は、悲しみのなかでも、気を落ち着けて一つひとつに対処していかなくてはなりません。

届け出や手続きには、時期と優先順位に応じて**①すぐにやるべきこと　②葬儀後に身辺が落ち着いてから行っても間に合うこと　③必要に応じて行うこと**の3種類があります。リストを作成し、やり残しのないようチェックしながら行っていくことが大切です。

①はおもに、手続きや書類の提出に「死亡後○日まで」と期限があるもので、死亡届や保険、年金にかかわる届け出です。故人が世帯主であれば、住民票の変更も必要です（▼左ページ上）。

とくに死亡届の提出は、一番優先すべき手続きです。**届け先は、死亡地、故人の本籍地、届出人の現住所地のいずれかの市区町村役場の戸籍係です**。死亡届の用紙は死亡診断書とセットになっており、亡くなった病院や葬儀社で用意してもらえます。すぐに記入・捺印し、なくさないようにしておきましょう（▼P38）。

②はおもに、水道・電気・ガス、電話、住宅といった暮らしにかかわるサービスの中止、名義変更手続きです。

③は故人の立場や受けていた公的サービスによって、必要のあるなしが分かれるものです。なかには相続上の手続きなど、すぐに検討の必要が生じるものもあるので、故人が当てはまるかどうか、35～37ページの手続き一覧に目を通し、確認しておきましょう。

チェック! 死亡後14日以内に必要な手続き

死亡届は速やかに手続きを行いますが、保険関係などの手続きは葬儀後でもよいでしょう。自治体によっては「おくやみ窓口」でワンストップ対応をしているところもあります。

手続き	提出先	必要書類	期限
□死亡届 ▶P38	市区町村役場	●死亡診断書・死亡届	死後7日以内
□火葬許可申請 ▶P40	市区町村役場	●火葬許可申請書	死後7日以内
□死亡退職届 ▶P56	勤務先	勤務先に電話などで確認	葬儀後2～3日
□国民健康保険 ▶P74	市区町村役場	●国民健康保険の資格喪失届 ●故人の国民健康保険証を返却※1	死後14日以内
□健康保険・厚生年金保険 ▶P74・86	健康保険組合 または 協会けんぽ	●健康保険・厚生年金保険被保険者資格喪失届 ●故人の健康保険証の返却※2	死後5日以内
□後期高齢者医療※3 ▶P76	市区町村役場	●後期高齢者医療資格喪失届 ●故人の後期高齢者医療被保険者証を返却	死後14日以内
□介護保険※4 ▶P76	市区町村役場	●介護保険資格喪失届 ●介護保険証の返却	死後14日以内
□年金※5 ▶P86	市区町村役場 または 協会けんぽ	●年金受給権者死亡届 ●年金手帳 ●死亡診断書 ●戸籍謄本	死後14日以内 (国民年金) 死後10日以内 (厚生年金)
□住民票の世帯主変更※6 ▶P48	新しい世帯主居住の市区町村役場	●世帯主変更届	死後14日以内
□児童扶《ふ》養《よう》手当※7 ▶P212	市区町村役場	●児童扶養手当認定請求書	世帯主変更届と同時に

※1：故人が世帯主の場合、世帯全員の保険証を持参して世帯主を変更し、新規保険証を発行。
※2：被扶養者の遺族は新たに国民健康保険などの加入が必要。　※3：故人が75歳以上(65～74歳で障害のある人を含む)。
※4：故人が65歳以上及び介護保険証の交付を受けている。
※5：故人が年金受給者。ただし日本年金機構に住民票コードを登録している場合は手続き不要。
※6：故人が世帯主で、同じ世帯に15歳以上の者が2人以上いる場合。　※7：母子家庭になった場合。

ポイント 死亡・相続に関係する手続きに必要な書類

亡くなった人の手続きや相続の名義変更では、右の表のような書類が必要になります。住所地や本籍地の市区町村役場のほか、コンビニで交付を受けられる自治体もあります。

住民票	住所地の市区町村役場、コンビニ交付も
戸籍謄本《とうほん》、抄本《しょうほん》	本籍地の市区町村役場、コンビニ交付も
除籍謄本	本籍地の市区町村役場
印鑑登録証明書	住所地の市区町村役場、コンビニ交付も

※発行には数百円の手数料(書類の種類や市区町村によって異なる)がかかる。

チェック! 暮らしにかかわるサービスの手続き

- □ 電気・ガス・水道の名義変更、停止
- □ 固定電話・携帯電話・インターネットの名義変更、停止
- □ 賃貸住宅の名義変更
- □ 住宅ローンの団体信用生命保険の申請
- □ NHK 受信料の契約名義変更
- □ クレジットカード等の解約

チェック! 必要に応じて行う手続き

必ずしもすべての人に必要なわけではありませんが、知っているのと知らないのとでは、後々遺族が受け取れるお金の額が変わってくるものもあるので、チェックしておきましょう。

葬祭費・埋葬料などにかかわるもの

手続き	提出先	必要書類	期限
□ 葬祭費支給申請※1 ▶ P78	市区町村役場の国民健康保険課	● 葬祭費支給申請書 ● 健康保険証 ● 死亡診断書 ● 葬儀費用領収書	死亡後 2年以内
□ 埋葬料支給申請※2 ▶ P78	健康保険組合、 協会けんぽ	● 埋葬料支給申請書 ● 健康保険証 ● 死亡診断書または火葬許可証など ● 葬儀費用の領収書	死亡後 2年以内
□ 家族埋葬料支給申請※3 ▶ P78	健康保険組合、 協会けんぽ	● 家族埋葬料支給申請書 ● 健康保険証 ● 死亡診断書または火葬許可証など ● 葬儀費用の領収書	死亡後 2年以内
□ 高額療養費の過払い分還付申請※4 ▶ P82	国保、組合、 協会けんぽ （75歳未満） 市区町村役場 （75歳以上または65歳以上の障害者）	● 高額療養費支給申請書 ● 国民健康保険証または健康保険証 ● 後期高齢者医療被保険者証 ● マイナンバーカード ● 印鑑	医療サービスを受けた 翌月1日から 2年以内

※1：故人が国民健康保険、後期高齢者医療制度の被保険者の場合。
※2：故人が健康保険に加入していた場合。
※3：故人が健康保険加入者の被扶養者である場合。
※4：故人が国民健康保険、健康保険、後期高齢者医療制度の自己負担分を超えて支払っていた場合。

知っておこう!

相続の手続きは10か月以内

遺産相続手続きについては、遺族の間で相続関係が確定後、速やかに行う必要があります。手続きを行う機関は右の表の通りです。

預貯金	各金融機関
不動産	不動産所在地の法務局
株、有価証券	信託銀行や証券会社
自動車	新しい所有者の所轄陸運局
相続税の申告・納付	所轄税務署に10か月以内
相続の放棄	家庭裁判所に3か月以内

故人の仕事にかかわるもの

手続き	提出先	必要書類	期限
□未支給失業給付金請求[※1]	公共職業安定所	●未支給失業給付金請求書 ●故人の受給資格者証 ●死亡診断書 ●住民票	死亡を知って1か月以内[※2]
□所得税の準確定申告[※3] ▶ P50	所轄税務署	●確定申告書 ●死亡日までの所得計算書 ●生命保険・損害保険の控除証明書 ●医療費の領収書 ●代表相続人を指定する付表	死亡後 4か月以内
□個人事業の廃業・承継の届出 ▶ P54	所轄税務署	●個人事業者の死亡届 ●個人事業の開業・廃業等届出書	廃業後 1か月以内 (死亡届は速やかに)

※1：故人が失業給付金を受けていた場合、生計をともにしていた遺族が、死亡前日までの未払い金を受け取れる。
※2：死亡を知らなかった場合でも、6か月を経過すると請求できなくなる。
※3：故人が個人事業主で、確定申告を行っていた場合など。

保険金・年金にかかわるもの

<table>
<tr><th>手続き</th><th>提出先</th><th>必要書類</th><th>期限</th></tr>
<tr><td>□死亡保険金、医療給付金などの請求
▶ P142</td><td>生命保険会社</td><td>●保険会社に必要書類を確認</td><td>死亡後
3年以内</td></tr>
<tr><td>□遺族基礎年金給付請求[※1]
▶ P94</td><td>市区町村役場の国民年金課、年金事務所</td><td rowspan="2">●年金請求書
●故人と請求者の年金手帳
●故人の除籍謄本 ●死亡診断書
●受給権者と被保険者との身分関係を明確にできる戸籍謄本
●住民票
●請求者の預貯金通帳など</td><td>死亡後
5年以内
(できるだけ早く)</td></tr>
<tr><td>□遺族厚生(共済)年金給付請求[※2]
▶ P94</td><td>年金事務所</td><td>死亡後
5年以内
(できるだけ早く)</td></tr>
<tr><td>□死亡一時金給付請求[※3]
▶ P96</td><td>市区町村役場の国民年金課</td><td>●死亡一時金請求書
●故人の年金手帳 ●故人の除籍謄本
●受給者と被保険者の身分関係を明確にできる戸籍謄本
●住民票
●請求者の預貯金通帳など</td><td>死亡後
2年以内
(できるだけ早く)</td></tr>
<tr><td>□寡婦《かふ》年金給付請求[※4]
▶ P96</td><td>市区町村役場の国民年金課</td><td>●年金請求書
●故人の年金手帳
●故人の除籍謄本
●受給権者と被保険者の身分関係を明確にできる戸籍謄本
●住民票 ●請求者の預貯金通帳など</td><td>死亡後
5年以内
(できるだけ早く)</td></tr>
</table>

※1：故人が国民年金のみに加入していた場合の配偶者及び子など(年収や子の年齢などに条件あり)。
※2：故人が厚生年金、共済年金に加入しており、遺族が故人によって生計を維持していた場合。
※3：故人が国民年金第1号被保険者であった場合、故人と生計が同じ遺族が受けることができる。
※4：故人が国民健康保険の第1号被保険者である場合、生計を維持されていた妻が60～65歳まで受けられる(婚姻期間や妻の年収などに条件あり)。

死亡届はいつ提出する？

【死亡届・死亡診断書の提出】

時期 7日以内

費用 5千円～1万円

専門家のひと言

- 死亡届は病院・市町村役場で入手します。
- 7日以内の届け出が必要です。
- 届け出前に、火葬場の手配をしましょう。

【市区町村役場に7日以内に提出する】

死亡を知った日から**7日以内に届出義務者（親族など）が死亡届を提出**します（▼左ページ）。死亡届は「死亡診断書」あるいは「死体検案書」と1枚になっており、病院に備え付けられています。市区町村役場にも用意され、ホームページからダウンロードできるところもあります。

死亡診断書は、病気などで自然に亡くなった場合、担当医あるいはかかりつけ医が死亡を確認して作成します。病院によりますが、**5千～1万円程度の費用**がかかります。事故死、変死の場合は警察に届け出ることが必要です。監察医が検死を行い、死体検案書を作成します。検案費用と検案書作成費用は2～10万円程度です。

故人の近親者が死亡届に必要事項を記入し、届出人として署名・捺印のうえ、**①死亡地の市区町村役場　②故人の本籍地の市区町村役場　③届出人の現住所地の市区町村役場**のいずれかに届け出ます。

ポイント　死亡届の提出

期限	死亡を知った日から7日以内（国外で死亡時は3か月以内）
提出先	①死亡地の市区町村役場 ②故人の本籍地の市区町村役場 ③届出人の現住所地の市町村役場
必要なもの	届出人の印鑑（スタンプ印は不可）
届出人	近親者等。代理人の場合は委任状が必要（葬儀社の代行が多い）

知っておこう！

死亡届・死亡診断書は複数枚用意

死亡届・死亡診断書は国民年金・厚生年金や生命保険の手続きでも必要になります。提出書類は戻ってこないので、多めにコピーをとっておきましょう。コピーを取り忘れた場合、後で市区町村役場や法務局に「写し」の公布を申請できますが、民間の保険会社の手続きのためという理由では公布してもらえません。

［記入例］死亡届

生年月日は西暦ではなく、元号で記入

死亡日時は死亡診断書を参照して記入

故人の現住所の世帯主氏名。故人が世帯主の場合は故人の氏名を記入

故人の本籍地

届出人の身分として当てはまるものにチェック

署名・捺印。スタンプ印は不可

死　亡　届

○年　○月　○日　届出

大使
総領事　殿

受理	年　月　日	第　号
送付	年　月　日	第　号

書類調査	戸籍記載	記載調査	調査票	附票	住民票	通知

公館印

(1)	（よみかた）	せいとう　かずお
(2)	氏名	氏 西東　名 一男　☑男　□女
(3)	生年月日	○年　○月　○日（生まれてから３０日以内に死亡したときは生まれた時刻も書いてください）□午前 ☑午後 2時10分
(4)	死亡したとき	○年　○月　○日　□午前 ☑午後 5時10分
(5)	死亡したところ	東京都港区○○１丁目○○病院　番地 番　号
(6)	住所	東京都文京区湯島北１丁目　2番地 番　3号 世帯主の氏名　西東　一男
(7)	本籍	東京都文京区湯島北１丁目　2番地 番 筆頭者の氏名　西東　一男
(8)(9)	死亡した人の夫または妻	☑いる（満○歳）　いない（□未婚　□死別　□離別）
(10)	死亡したときの世帯のおもな仕事と	□1.　農業だけまたは農業とその他の仕事を持っている世帯 □2.　自由業・商工業・サービス業等を個人で経営している世帯 □3.　企業・個人商店等（官公庁は除く）の常用勤労者世帯で勤め先の従業者数が1人から99人までの世帯（日々または1年未満の契約の雇用者は5） □4.　3にあてはまらない常用勤労者世帯及び会社団体の役員の世帯（日々または1年未満の契約の雇用者は5） □5.　1から4にあてはまらないその他の仕事をしている者のいる世帯 ☑6.　仕事をしている者のいない世帯
(11)	死亡した人の職業・産業	（国勢調査の年…　年…の4月1日から翌年3月31日までに死亡したときだけ書いてください） 職業　　産業
	その他	
	届出人	☑1. 同居の親族　□2. 同居してない親族　□3. 同居者　□4. 家主　□5. 地主　□6. 家屋管理人　□7. 土地管理人　□8. 公設所の長　□9. 後見人　□10. 保佐人　□11. 補助人　□12. 任意後見人 住所　東京都文京区湯島北１丁目　2番地 番　3号 本籍　東京都文京区湯島北１丁目　2番地 番　筆頭者の氏名　西東　一男 署名　西東　良子　（印 西東）　○年　○月　○日生

事件簿番号	

（届出人の連絡先及び電話番号　自宅　03 - 0000 - 0000　）

記入の注意

届書はすべて日本語で書いてください。
鉛筆や消えやすいインキで書かないでください。
死亡したことを知った日からかぞえて 3 か月以内に出してください。

夜の 12 時は「午前 0 時」、昼の 12 時は「午後 0 時」と書いてください。

「死亡したところ」は「死亡したとき」とともに戸籍に書かれますので、くわしく国名から番地まで書いてください。なお、病院名を書く必要はありません。

「筆頭者の氏名」には、戸籍のはじめに記載されている人の氏名を書いてください。

内縁のものはふくまれません。

□には、あてはまるものに☑のようにしるしをつけてください。

死亡者について書いてください。

届書及び死亡を証する書面（外国官公署の発行する死亡登録証明書又は医師が作成した死亡証明書）は、それぞれ 2 通提出してください。
外国文の証明書には翻訳者を明らかにした和訳文を添付してください。

届け出られた事項は、人口動態調査（統計法に基づく基幹統計調査、厚生労働省所管）にも用いられます。

届出人の署名は、はっきりと読めるように本人が書いてください。なお、外国人が外国語で署名する場合は、その「よみかた」をカタカナで併記してください。

※提出先が故人の本籍地でない場合は、原本のほかにコピーを１通、合わせて２通を提出する必要がある。

役所に届け出た際に聞かれるため、欄外に火葬場の名称と、故人と届出人の間柄を記入しておくとよいでしょう

火葬・埋葬には何が必要になる？

【火葬許可申請書・埋葬許可証の手続き】

時期 7日以内

費用 無料もしくは 5千～35万円

専門家のひと言

事前に葬儀・火葬の打ち合わせをして火葬許可申請書を死亡届とともに提出します。

火葬許可証を火葬場に提出し、埋葬許可証を受け取ります。

【死亡後24時間は火葬・埋葬してはいけない】

死亡届と同時に済ませておかねばならない手続きが、**火葬許可申請**です（▼左ページ）。死亡届と同様で、**亡くなってから7日以内**と決められています。

火葬許可申請書を提出すると、火葬許可証が交付されます。この許可証がなければ、火葬場で受け付けてもらえません。火葬の許可は市区町村長がすることになっていますが、原則として、**死後24時間以内に火葬や埋葬をしてはならない**と定められているため、その間は火葬する許可は得られません。

そのため、たとえば亡くなった日に通夜を、翌日以降に葬儀と火葬を行うという場合でも、死亡後24時間を経過していなければ火葬することはできないのです。

申請書には火葬の日時と場所も記入するので、あらかじめ、葬儀・火葬の手はずを葬儀社と打ち合わせておく必要があります。

【火葬許可証を火葬場に提出し埋葬許可証を受け取る】

火葬許可申請書は市区町村役場の窓口に用意されているほか、ホームページからダウンロードできる自治体もあります。様式は自治体によって異なるものの、**記入しなければならない事項は共通**です。

役場では**火葬許可申請書を受理すると、すぐに火葬許可証を交付**してくれます。受け取った許可証は、火葬場に提出します。火葬を済ませた後、管理者が許可証に火葬の日時を記入し、証明印を押して戻してくれます。

これが埋葬許可証となり、埋葬するときに必要になります。ほかの書類に紛れてわからなくなったりしないように、大切に保管しておきましょう。

▶P42へ続く

［記入例］火葬許可申請書

火葬許可申請書

○年　○月　○日

○○○○○ 区長

申請人	住所	東京都文京区湯島北○丁目○番○号
	氏名	西東　良子
死亡者との続柄	妻	
死亡者の本籍	東京都文京区湯島北○丁目○番	
死亡者の住所	東京都文京区湯島北○丁目○番○号	
死亡者の氏名	西東　一男　　○年　○月　○日生	
性　別	男	
死　因	一類感染症等　その他	
死亡の年月日時	○年○月○日 午後 5 時 10 分	
死亡の場所	東京都港区○○ 1 丁目○番○号	
火葬の場所	湯島斎場　○年○月○日 午後 1 時	

捺印（スタンプ印は不可）

死亡届を参照して記入

火葬場の名称・火葬日時

生年月日は元号で記入

申請書を提出すると、その場で火葬許可証を発行してもらえます

※申請書の呼称や様式は自治体によって異なる。

ポイント 火葬許可申請書の提出

期限	死亡してから7日以内
提出先	①死亡地の市区町村役場 ②故人の本籍地の市区町村役場 ③届出人の現住所地の市町村役場
必要なもの	死亡届、届出人の印鑑 （スタンプ印は不可）
届出人	近親者など。 代理人の場合は委任状が必要

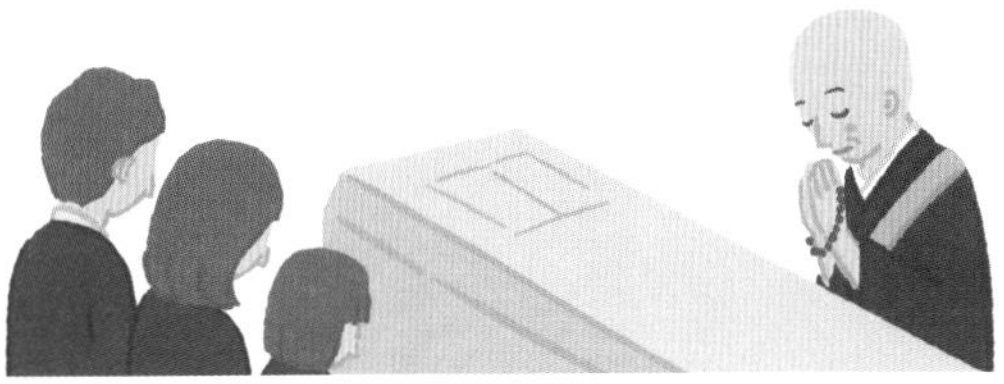

知っておこう!

埋葬許可証を再発行したい場合は?

埋葬許可証を紛失してしまったり、保険金の請求で必要になった場合に、埋葬許可証の発行から5年未満なら、火葬許可証を発行した自治体で再発行の手続きが行えます。それ以上過ぎている場合は火葬場で火葬証明書を取得し、自治体に提出して埋葬許可証の再発行を申請します。公営の火葬場の場合は、火葬簿が30年間保存されており、火葬証明書の発行が可能です。民間の場合は火葬場によって異なるので問い合わせましょう。

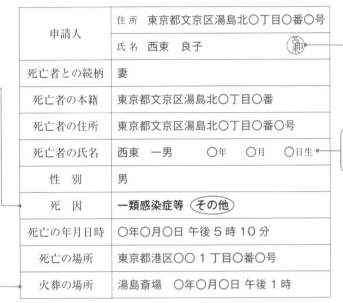

申請書の提出は代理人が行ってもかまいません。葬儀社が代行してくれることもよくあります。**代理人が提出する場合は、委任状を作成**して預けましょう。委任状には、①作成年月日 ②委任者の住所・生年月日 ③署名・捺印 ④連絡先 ⑤委任内容を記載します。委任状は返却されないので、複数の内容を委任する場合はそれぞれ用意します。

葬儀と火葬の日取りも葬儀社と打ち合わせておく

一般的に、**亡くなった翌日にお通夜を行い、葬儀・告別式は亡くなってから3～5日後に行うことが多い**ようです。

葬儀や火葬の日程は、遺族の都合だけで決められるものではありません。葬儀の準備のほか、参列する親族の都合や僧侶など宗教者のスケジュール、葬儀場・火葬場の空き状況などを調整する必要があるためです。葬儀社とよく打ち合わせをして決めましょう。

葬儀場・火葬場は、地方によって状況が異なるものの、**友引や年末年始は休館のところがほとんど**です。通夜の翌日が休館だった場合、その翌日以降に順延することになります。

自治体によっては火葬料がかかる場合も

火葬にかかる料金についても触れておきます。葬儀社に依頼する場合は火葬料も費用一式に含まれていますが、**火葬場が公営か民営かなどによって火葬料金が異なる**ため、相場を知っておくことが大切です。

公営の場合、管轄自治体の住民については無料のところがほとんどです。ただ最近では**自治体によっては、5千～6万円程度**かかることもあります。また、ほかの自治体の火葬場を利用する場合は、料金が多少割増しになります。**民営の火葬場は、火葬炉のランクによって料金が異なり、5万～35万円**と幅があります。

近年は高齢化により、火葬場不足も課題となってきています。とくに需要の多い土日や休館日明けの日は、公営の火葬場が混雑していることも。その点、民間の火葬場はおさえやすいというメリットがあるようです。

人が亡くなった後は悲しみのなか、多くのことを決めなければなりません。葬儀社との打ち合わせの際には提示されたプランを鵜呑みにせず、**料金、スケジュールのおさえやすさ、親族の参列のしやすさなども考慮**して葬儀場・火葬場を決めましょう。

ポイント 死亡の事情に応じた対応

1 臓器提供、献体登録

故人が**臓器提供**の意志表示をしていた場合には、医師から脳死の説明があった時点で臓器提供の意志を伝え、主治医からJOT（日本臓器移植ネットワーク）に連絡してもらいます。

献体登録をしていた場合は遺族が登録先に連絡をし、遺体搬送の手順などを相談しましょう。遺体の搬送費や火葬費は献体先が負担しますが、遺族のもとに遺骨となって戻るまでに数年かかることもあります。なお、献体は遺族の中に反対する人があれば、故人の遺志であっても断ることができます。

2 事故死、変死、自殺

すぐに警察に連絡します。死因が特定できない場合、**行政解剖**（犯罪性がある場合は**司法解剖**）が行われ、警察で死体検案書が交付されます。

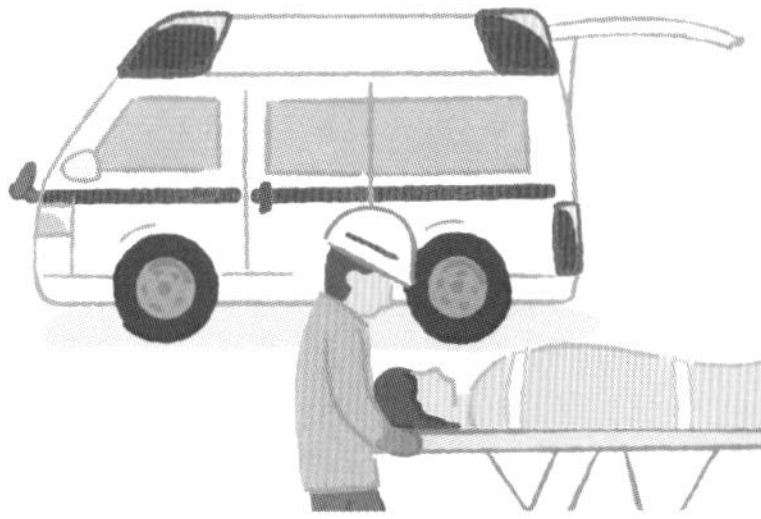

3 感染症による死亡

危険度の高いエボラ出血熱やペスト（「感染症の予防及び感染症の患者に対する医療に関する法律」の一類にあたる感染症）などが原因で亡くなった場合、**24時間以内に火葬する**こととされています。すぐに葬儀場で火葬し、遺骨をもち帰ってから葬儀を行うことが多いようです。

結核やコレラなど二～三類の感染症でも、保健所の判断で遺体の移動が制限・禁止されたり、24時間以内の火葬が必要な場合もあります。

指定感染症（五類）である新型コロナウイルスについては、24時間以内の火葬が必須ではありません。

4 海外での死亡

遺族が現地に赴いて手続きをする必要があります。現地では、在外公館（日本大使館や領事館）の職員とよく相談しながら手続きを行いましょう。まずは現地の医師による死亡診断書（死体検案書）を受け取り、**3か月以内に、在外公館または本籍地か住所地の市区町村役場に死亡届を提出**します。なお、死亡届には死亡診断書の日本語訳文を添付しなければなりません。在外公館が発行する**埋葬許可証と遺体証明書**も必要です。

遺体を搬送する場合は現地の葬儀社に**防腐処理証明書**を発行してもらい、旅行代理店あるいは航空会社に提出します。

通夜と葬儀の段取りはどうする？

【通夜と葬儀の準備】

時期 1～3日以内

費用 平均 120万円

専門家のひと言

- 葬儀社とは直接話して感触を確かめましょう。
- 葬儀の決定・確認事項をチェックリストにしておきましょう。

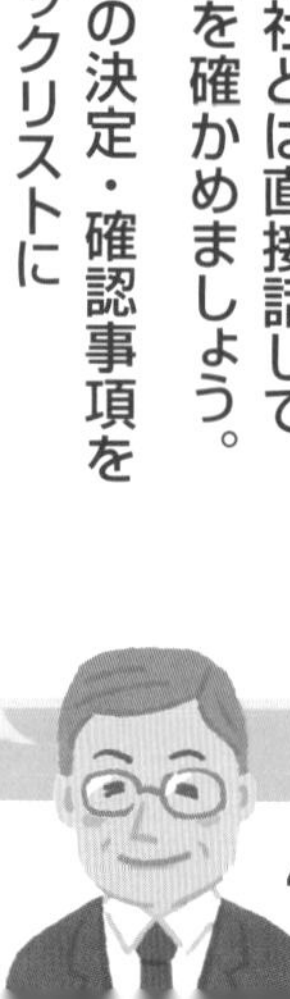

【葬儀社に任せて心身の負担を軽減するのがおすすめ】

通夜、葬儀、納骨といった、故人を見送る手続きについても簡単に触れておきましょう。葬儀は宗教や地域によっても異なりますが、仏式の一般的な流れでは左ページのようになります。

一連の手続きは遺族だけでとり行うことも可能です。ただし、遺された家族は、身近な人を失った悲しみのなかで、親族や知り合いなどへの連絡のほか、各種手続きなども行わなくてはなりません。**葬儀社に任せられるところは任せ、少しでも心身の負担を軽くする**のがおすすめです。

葬儀社には大きく分けて、**専門の葬儀社**、**冠婚葬祭互助会**、**生協・ＪＡの３種類**があります。互助会は地元で葬儀費用を積み立てておくシステムで、関係のある葬儀社も紹介してくれます。生協やＪＡは、専門の葬儀社と提携して組合員にサービスを提供しています。互助会や生協・ＪＡに加入しているならそちらを利用してもよいですし、自分で専門の葬儀社を選んでもよいでしょう。

また、病院で亡くなった場合は、**遺体の搬送に葬儀社が必要**となるため、病院指定あるいは病院から紹介された葬儀社に頼むこともあります。搬送からすべてを同じ葬儀社に依頼しなければならないというわけではなく、通夜や葬儀だけ、別の葬儀社に頼むこともできます。

葬儀社選びのポイントとしては、**細々とした相談にものってもらえるか**、**信頼がおけるか**、**会計がわかりやすいか**などが挙げられます。電話などで実際に話してみて、**感じがよいと思う葬儀社に依頼**しましょう。最近は生前から葬儀社を決めておく人も増えているようです。

近年は、家族だけで行う家族葬や、火葬のみの直葬も増えています。

ポイント 葬儀に関する全体の流れ

1日目：身近な人の死亡

遺体の搬送
病院で亡くなった場合、病院から自宅や斎場などへ搬送する。

葬儀社の選定・打ち合わせ
その日のうちに、葬儀社に依頼。菩提寺《ぼだいじ》や葬祭場などにも連絡し、葬儀の日取りを決める。

遺体の安置・枕飾り
遺体を安置し、枕元に枕飾りをする。僧侶にお経を上げてもらう。

知人への連絡
亡くなったことや、葬儀の日取りなどを会葬者に電話等で連絡する。

納棺
遺体を棺に納める。

通夜（仮通夜）
読経の後、遺族・近親者・会葬者の順に焼香をする。会葬者には通夜振る舞いも行う。

2日目：身近な人を送る

葬儀・告別式
読経の後、遺族・近親者・会葬者の順に焼香をする。

出棺
遺族・近親者・会葬者の見送りで、棺を火葬場へと送り出す。

火葬・骨揚げ
火葬・骨揚げをする。火葬場の係員に火葬許可証（▼P40）を渡し、火葬後、証明印を押した埋葬許可証を受け取る。喪主は遺骨を納めた骨壺を受け取る。

繰り上げ初七日法要
死後7日目の「初七日法要」を繰り上げて行う。僧侶にお経を上げてもらって故人を偲《しの》ぶ。

精進落とし
僧侶・親族・関係者などで会食をする。本来は四十九日の忌み明けに行うが、今は葬儀・火葬後に行う場合も多い。

3日目以降：葬儀後の整理をする

葬儀費用の手続き
葬儀の翌日、お寺に出向いてお布施を渡す。葬儀社には葬儀費用を支払う。

死亡通知状
葬儀を家族などだけで済ませた場合は、亡くなったことと、葬儀が滞りなく済んだことを知人に伝える。死後7日以内を目安に送る。

納骨
四十九日または一周忌の法要時にお墓に納める。

香典返し
香典返しとともに、忌み明けの挨拶状を送る。

※通夜、葬儀・告別式、火葬などの日取りは日柄や火葬場の予約状況によってずれることもある。

チェック! 通夜・葬儀に関する確認事項

□宗教・宗派	故人の遺志や信仰、実家のしきたりを確認し、形式を決定。
□規模	通夜や葬儀の規模。 故人の意思、社会的立場、交際範囲、遺族の交際範囲、予想される参列者数、経済的事情を考慮して決める。 近年では家族だけ、あるいはもっと簡略化し、火葬のみというケースも増えている。 
□式場	自宅、菩提寺《ぼだいじ》などで行う場合もあるが、最近では斎場、セレモニーホール、集会場や公民館などで行う例も増えている。 
□日程	六曜(友引、大安など)や、僧侶、式場や火葬場などの都合によって決める。亡くなった当日や亡くなった翌日に通夜を行い、その翌日に葬儀・告別式を行うのが一般的。
□係を務める人	●世話役  喪主や遺族に代わって、儀式全般の企画・運営・進行を担当する。親戚や知人の中から、遺族と親しく、経験豊富な人を選ぶとよい。 ●会計係  親族から現金を預かり、儀式全般に関わる経理を担当する。香典の管理、現金の出納や清算、出納帳の記入を行う。親族から1名、そのほかの人から1名をそれぞれ選ぶとよい。 ●受付係  記帳簿の整理、香典や供物の受け取りと応対を担当する。近親者以外の人に依頼するとよい。 ●進行係  喪主や葬儀社の人との打ち合わせ、通夜、葬儀・告別式の司会進行、弔辞の依頼、弔電の整理などを担当する。葬儀社が行ってくれる場合もある。 ●接待係  僧侶や弔問《ちょうもん》客・会葬者を案内、接待するほか、通夜振る舞い、精進落としの手配や準備、遺族の夜食の準備などを担当する。親戚や、近隣の親しくしている知人などにお願いするとよい。

ポイント 葬儀にかかるおもな費用と目安

儀式費用 ＋ 僧侶等へのお礼 ＋ 接待費用 ＝ 葬儀総額

儀式費用	僧侶等へのお礼	接待費用
祭壇、棺、人件費、斎場費など	僧侶などへのお布施、食事代	飲食や返礼品等
全体の5～6割	**全体の2～3割**	**全体の2～3割**

● 葬儀費用の平均額の割合（全国）

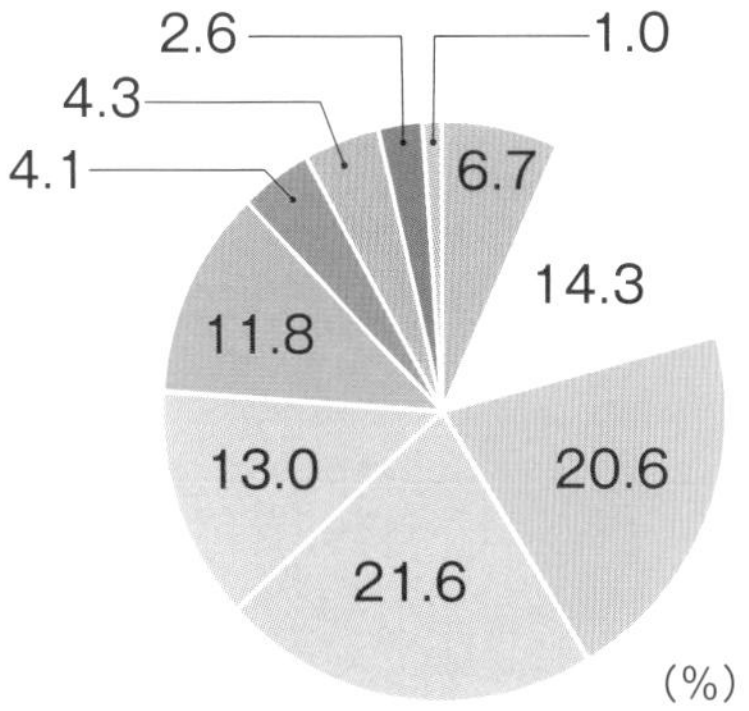

出典：「第 11 回 葬儀についてのアンケート調査（2017 年）」（一般財団法人 日本消費者協会）

金額帯構成

- 50万円以下
- 51～100万円
- 101～150万円
- 151～200万円
- 201～250万円
- 251～300万円
- 301～350万円
- 351～400万円
- 401～500万円
- 501万円以上

全国の平均額

合計	葬儀費用の合計	195.7 万円
葬儀	葬儀一式費用	121.4 万円
寺院	寺院の費用	47.3 万円
飲食	飲食接待費用	30.6 万円

チェック！ 一般的な葬儀社のセット

- 棺と棺を覆う金襴
- 棺に入れる装束などの副葬品
- 化粧用具
- 受付設備
- 忌中札《きちゅうふだ》、道順などの表示紙
- 焼香用具一式
- 霊柩車《れいきゅうしゃ》
- 骨壺
- 祭壇と飾り付け神具一式
- 装飾用の鯨幕《くじらまく》

知っておこう！

区民・市民葬は安い？

区民・市民葬は、基本となる料金は自治体と葬儀社が取り決めた価格設定になっており、比較的安価に葬儀を行うことができます。ただし、最近では一般の葬儀でも価格を抑えたプランなどもあり、「区民・市民葬だから安い」ということもなくなってきています。

しかしコストばかりにとらわれると、お別れに悔いを残してしまうことにもなりかねません。いただいた香典や健康保険から給付される葬祭費など、入ってくるお金もあります。こうしたことも考慮に入れながら、親身になって相談にのってくれる葬儀社を選ぶとよいでしょう。

世帯主が亡くなったときの手続きは？

【世帯主変更届の提出】

時期 14日以内

専門家のひと言

15歳以上の世帯員が1人しかいない場合は世帯主変更の手続きは不要です。忘れると法律違反となり、過料を科されることもあります。

【世帯主変更届は提出しなくてよい場合もある】

世帯主が亡くなった場合は、**14日以内に世帯主変更の手続き**をします。ただし、世帯主変更手続きが必要のない場合もあります。残された世帯員が妻だけ、あるいは妻と幼い子どもだけというように、**新たに世帯主となる人が明白な場合は、提出の必要はありません**。残された世帯員が15歳以上で1人だけ、という場合も同様です。

一方、残されたのが妻と子どもだけでも、その子どもが15歳以上であれば、妻と子どものどちらも世帯主となる可能性があります（▼左ページ下）。そのため、**世帯主を明らかにして、変更届を提出**する必要があります（▼左ページ上）。

提出先は故人の住民票がある市区町村役場です。用紙は窓口に準備されており、転居・転入の際に提出する「住民異動届」と同一の書類になっている場合もあります。

期限は世帯主死亡後14日以内と決められていますが、死亡届の提出といっしょに行ってもかまいません。代理人に任せるときは死亡届や火葬許可申請の場合と同様に、委任状が必要です。

世帯主変更届の提出で注意しなければならないのが、**正当な理由がないにもかかわらず手続きを怠った場合、法律違反となってしまう**点です。5万円以下の過料を支払うことになる可能性があるので、手続きは忘れずに行っておきましょう。

ポイント 世帯主変更届の提出

期限	死亡してから14日以内
提出先	故人の現住所地の市区町村役場
必要なもの	●届出人の写真付きの身分証明書 ●印鑑（スタンプ印は不可） （自治体によっては別途国民健康保険証、後期高齢者医療被保険者証、介護保険被保険者証等が必要な場合も）
届出人	新たな世帯主あるいは同一世帯の人 （代理人の場合は委任状が必要）

［記入例］世帯主変更届

「住民異動届」を使って提出する場合が多い

「世帯主変更」に○をつける

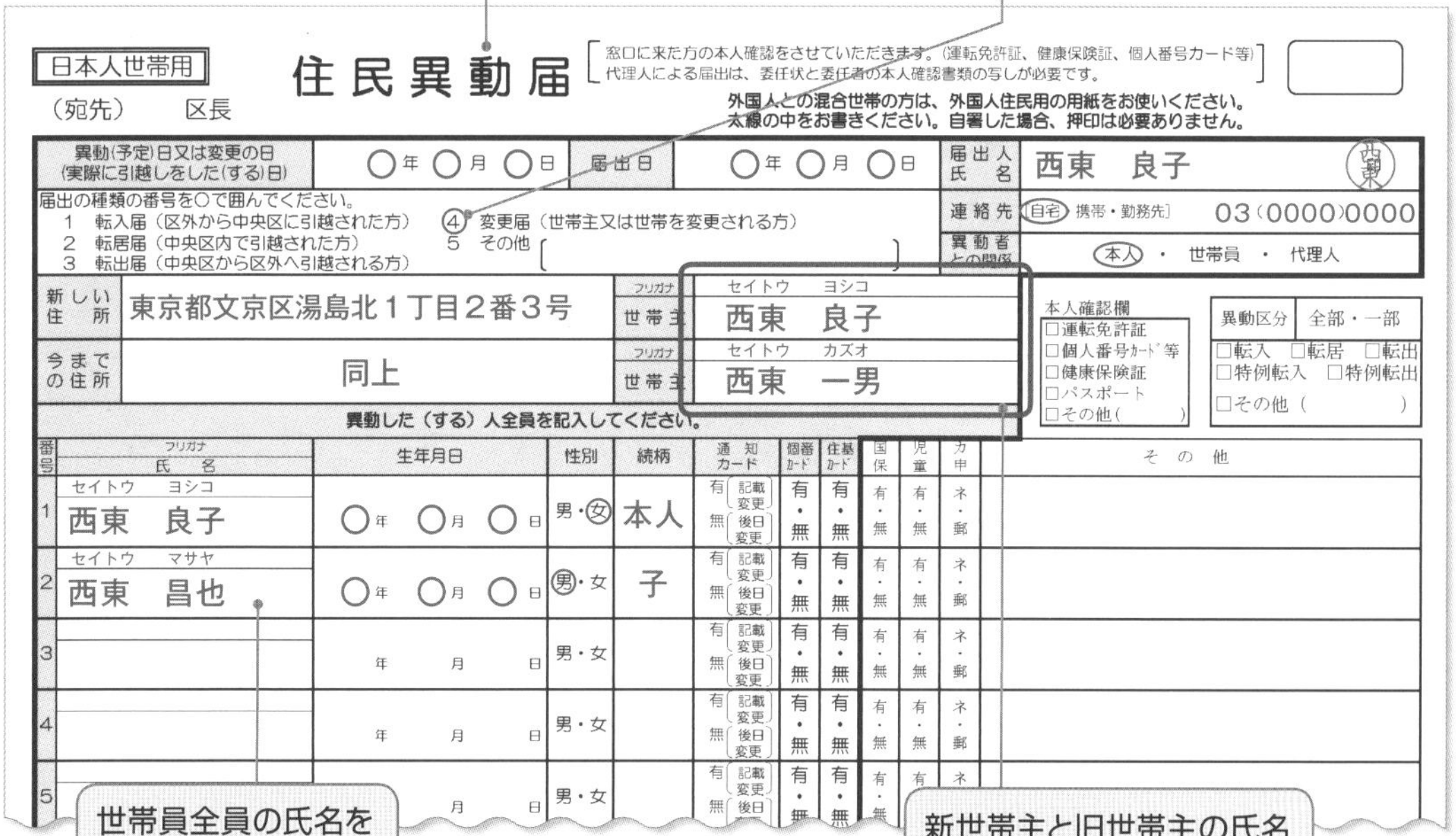

日本人世帯用
（宛先）　区長

住民異動届

［窓口に来た方の本人確認をさせていただきます。（運転免許証、健康保険証、個人番号カード等）
代理人による届出は、委任状と委任者の本人確認書類の写しが必要です。］

外国人との混合世帯の方は、外国人住民用の用紙をお使いください。
太線の中をお書きください。自署した場合、押印は必要ありません。

異動（予定）日又は変更の日（実際に引越しをした（する）日）	○年 ○月 ○日	届出日	○年 ○月 ○日	届出人氏名	西東　良子　（印：西東）

届出の種類の番号を○で囲んでください。
1　転入届（区外から中央区に引越された方）
2　転居届（中央区内で引越された方）
3　転出届（中央区から区外へ引越される方）
④　変更届（世帯主又は世帯を変更される方）
5　その他［　　］

連絡先：（自宅）・携帯・勤務先］ 03（0000）0000
異動者との関係：（本人）・世帯員・代理人

新しい住所	東京都文京区湯島北1丁目2番3号	世帯主	西東《セイトウ》　良子《ヨシコ》
今までの住所	同上	世帯主	西東《セイトウ》　一男《カズオ》

本人確認欄：□運転免許証 □個人番号カード等 □健康保険証 □パスポート □その他（　）
異動区分：全部・一部　□転入 □転居 □転出 □特例転入 □特例転出 □その他（　）

異動した（する）人全員を記入してください。

番号	フリガナ 氏名	生年月日	性別	続柄	通知カード	個番カード	住基カード	国保	児童	介申	その他
1	西東《セイトウ》　良子《ヨシコ》	○年 ○月 ○日	男・（女）	本人	有（記載変更）無（後日変更）	有・無	有・無	有・無	有・無	ネ・郵	
2	西東《セイトウ》　昌也《マサヤ》	○年 ○月 ○日	（男）・女	子	有（記載変更）無（後日変更）	有・無	有・無	有・無	有・無	ネ・郵	
3		年 月 日	男・女		有（記載変更）無（後日変更）	有・無	有・無	有・無	有・無	ネ・郵	
4		年 月 日	男・女		有（記載変更）無（後日変更）	有・無	有・無	有・無	有・無	ネ・郵	
5		月 日	男・女		有（記載変更）無（後日）	有・無	有・無	有・無	有	ネ	

世帯員全員の氏名を記入する

新世帯主と旧世帯主の氏名

ポイント　世帯主変更届が必要な例と不要な例

必要な例

- 世帯主になり得る人が2人以上いる場合

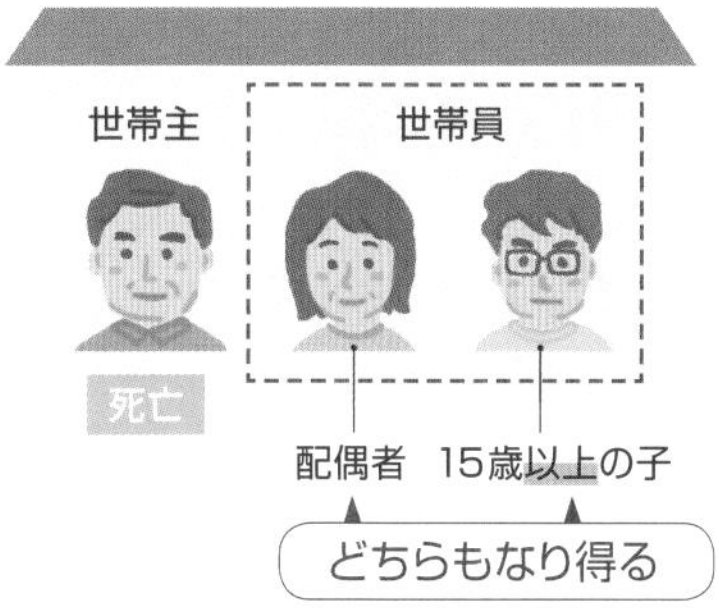

➡ どちらも世帯主になり得るため
届け出が必要

不要な例

- 世帯主になる人が明白な場合

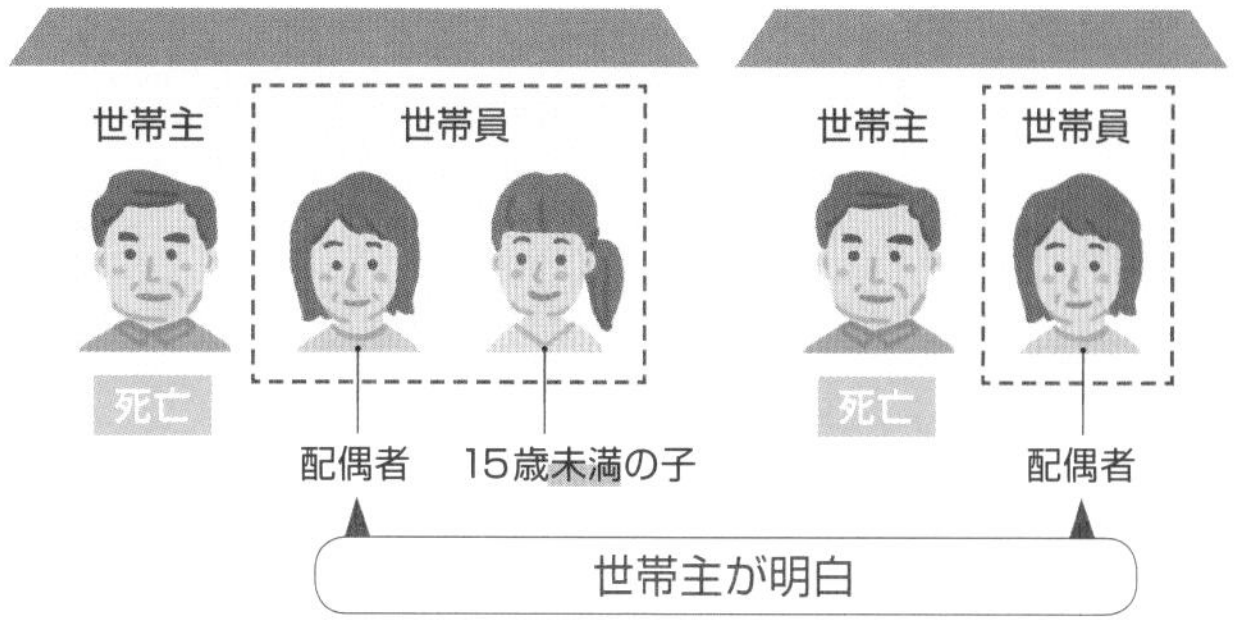

➡ 世帯主が明白なため
届け出が不要

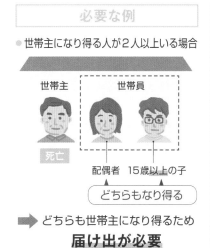

亡くなった人の確定申告は必要？

【故人の所得税の準確定申告と納税】

時期 4か月以内

専門家のひと言

故人が、事業などで確定申告をしていた場合は必須です。
税金を還付してもらう申告もできます。

【故人の確定申告が必要な場合 相続人が代わりに行う】

確定申告が必要な人が亡くなると、代わりに相続人がこれを行わなければなりません。この手続きを**準確定申告**といいます。

確定申告とは、所得税や地方税の申告手続きのことで、**個人事業主は確定申告が必要**です（▼左ページ上）。会社に所属している人、いわゆるサラリーマンは行う必要がありませんが、例外もあります。**給与が一定額以上の人、給与以外の副収入がある人、個人事業主に雇用されていて、源泉徴収が行われていない人などの場合**です。

また、故人が会社員であった場合や年金で生活していた場合、その給与や年金からは税金が源泉徴収されているので、本来であれば、年末調整などで正しい税金額に調整を行います。しかし、年の途中で亡くなった場合は、この調整が行われないので、準確定申告を行い、正しい申告をする必要があります。

確定申告は1月1日から12月31日の1年間の所得について申告を行うものです。そのため、準確定申告では、**1月1日から死亡日までの分を亡くなった年の所得として申告**します。

また、亡くなったのが1月から3月の間であれば、まだ前年分の確定申告が済んでいない可能性もあります。この場合、亡くなった年だけではなく前年分の準確定申告も必要です（▼左ページ中）。

準確定申告の**期限は相続の開始があったことを知った日（亡くなった日）の翌日から4か月以内。提出先は、死亡時の被相続人の住所の所轄税務署**です。

申告書は通常の確定申告と同様のものを使用します。これに、確定申告付表などを添えて提出します（▼左ページ下）。

▶P52へ続く

チェック! 故人の準確定申告が必要な場合

- 自営業、個人事業主
- 不動産所得があった
- 給与所得が2,000万円を超えている
- 給与以外に20万円以上の副収入があった
- 給与所得者だが勤め先で年末調整を行っていない
- 400万円以上の公的年金を受給している
- 公的年金以外の雑所得が総額20万円以上ある
- 生命保険や損害保険の一時金や満期金を受け取った
- 不動産等の資産を売却した
- 年間10万円以上の医療費を支払っていた

ポイント 準確定申告の計算期間と申告・納税期限

ケース1 3月16日～12月31日の期間に死亡

前年分の確定申告済み

死亡した年の1月1日～死亡日までの所得を申告

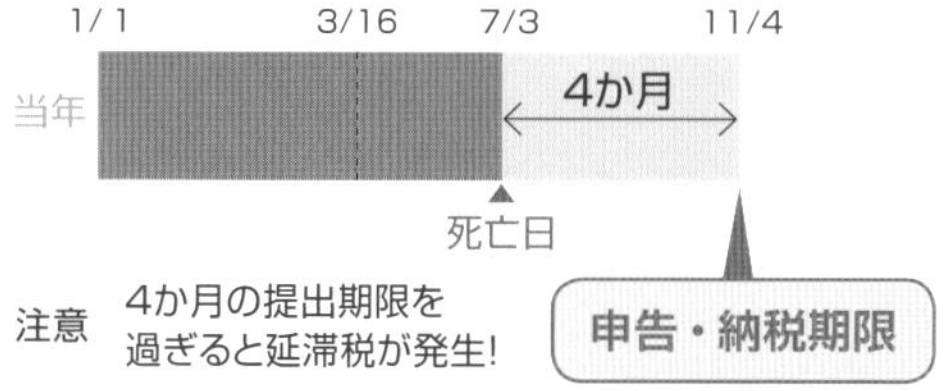

ケース2 1月1日～3月15日の期間に死亡

前年分の確定申告が済んでいない

死亡した前年分および死亡した年の1月1日～死亡日までの所得をそれぞれ申告

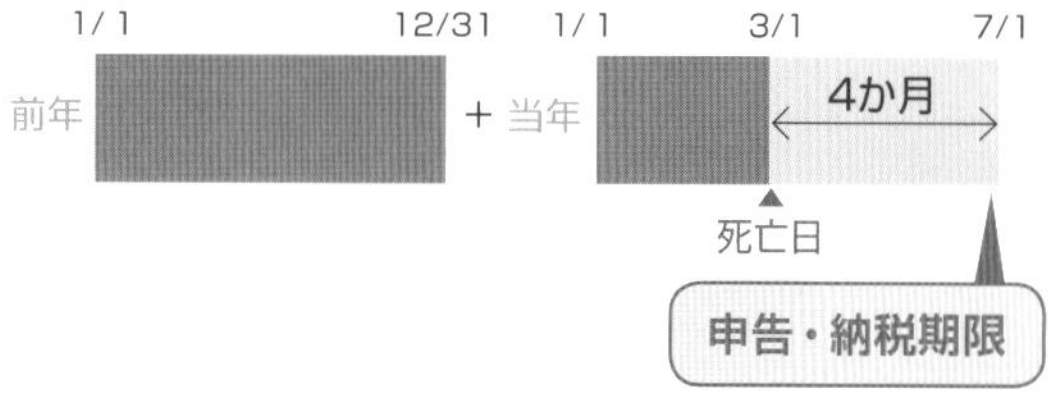

ポイント 準確定申告の提出書類等

1 申告書第1表・第2表

税務署に設置してあり、国税局ホームページでもダウンロード可能。2023年から申告書A(給与または年金のみの所得の場合)、申告書B(個人事業主と不動産収入取得者、給与以外の所得がある場合)の区分がなくなり様式を統一。

2 確定申告付表

税務署に設置してあり、国税局ホームページでもダウンロード可能。相続人が2人以上いる場合に提出。1人の場合は不要。

3 給与の源泉徴収票(添付は不要)

勤め先企業に問い合わせて発行してもらう。

4 年金の源泉徴収票(添付は不要)

年金事務所、年金相談センターの窓口や「ねんきんネット」のサイトから問い合わせて発行してもらう。

5 医療費控除の明細書

紛失した場合は医療機関に診療証明書の再発行を問い合わせる。原則として、年10万円以上かかった場合。

6 社会保険、生命保険、損害保険などの支払い証明書

紛失した場合は各保険会社に再発行を問い合わせる。

準確定申告は法定相続人が行います。相続人が2人以上いる場合は、相続人全員の名前での申告が必要です

なお、**源泉徴収された税金を返してもらう**（**還付**）**申告**も行うことができます。

申告書は税務署に準備してありますが、国税庁のホームページからもダウンロードすることができます（▼左ページ）。また2019年からは、電子申請（e-TAX）でも受け付けています。

準確定申告を行う際、入院などで医療費が多くかかった場合には**医療費控除**も同時に行うことができます。医療費控除は、故人と扶養《ふよう》家族のために支払った医療費を合わせて、**自己負担額が年間10万円**（所得合計が200万円未満の場合には、その5%）**以上**かかった場合に受けられます。ただし、控除が受けられるのは故人が実際に負担した分だけです。保険金などで補填された分は、申告額から除外しなければならないので注意しましょう。

なお、これまで医療費控除を申請していなかったとしても、**領収書や診療証明書があれば、5年分をさかのぼって、1年分ごとに申告**することができます。

準確定申告の期限は通常、相続の開始があったことを知った日（亡くなった日）の翌日から4か月以内ですが、**還付のための申告は最長5年以内**であれば行うことができます。

申告や納税は、相続人全員で行う

被相続人の準確定申告書を作成する際、相続人が複数いる場合には、準確定申告付表を作成し、各相続人が納める、もしくは還付を受ける金額を計算します。

一般的には、民法で定められた**法定相続分**（▼P114）**に基づいてそれぞれの負担額や還付額が決まります**。

たとえば、相続人が妻と子ども2人で、納税額が10万円であった場合、妻の法定相続分は財産の2分の1で、子は残りの2分の1を均等に分けることになりますから、妻の納税額は10万円×1／2=5万円、子ども1人あたりの納税額は10万円×1／2×1／2=2万5千円となります。

税金を支払う申告の場合には、相続分が確定していない場合でも4か月以内に納税も済ませる必要があります。期限を過ぎてしまうと延滞税が発生するので注意しましょう。

なお、支払った税金は、**相続税の申告をする場合には、債務として控除**することができます。逆に税金が**還付された場合には、そのほかの財産として相続財産**に加えられます。

［記入例］所得税の準確定申告書

● 第1表

死亡日を追記する

○年○月○日死亡

税務署長
年 月 日

〇〇 年分の 所得税及び復興特別所得税 の準確定申告書　　FA2202

第一表

住所	〒113-0000	個人番号（マイナンバー）	
生年月日	00.00.00		
現在の住所又は居所事業所等	東京都文京区湯島北 1丁目2番3号	フリガナ	セイトウ カズオ
		氏名	被相続人 西東 一男
令和 年1月1日の住所		職業	
屋号・雅号		世帯主の氏名	西東 一男
世帯主との続柄	本人		
種類		特農の表示	
整理番号	00000000	電話番号	自宅・勤務先・携帯 03-0000-0000

収入金額				税金		
	㋐	0000000		課税される所得金額（⑫－㉙）又は第三表	㉚	0000000
	㋑			上の㉚に対する税額又は第三表の㊸	㉛	000000
	㋒			配当控除	㉜	
配当	㋓			区分	㉝	
給与	㋔	000000		（特定増改築等）住宅借入金等特別控除	㉞	00
雑 公的年金等	㋕			政党等寄附金等特別控除	㉟～㊲	
雑 業務	㋖			住宅耐震改修特別控除等	㊳～㊵	
雑 その他	㋗			差引所得税額	㊶	

印刷した「申告書」の文字の前に「準確定」と記入する

故人の氏名

● 第2表

令和 00 年分の 所得税及び復興特別所得税 の準確定申告書　　整理番号　　FA2302

第二表

住所 113-0000 東京都文京区湯島北1丁目2番3号
屋号
フリガナ セイトウ カズオ
氏名 西東 一男

	保険料等の種類	支払保険料等の計	うち年末調整等以外
⑬⑭社会保険料控除・小規模企業共済等掛金控除	国民健康保険	000,000円	円
	国民年金	000,000	
	小規模企業共済	000,000	
⑮生命保険料控	新生命保険料	000,000円	円
	旧生命保険料		
	新個人年金保険料		
	旧個人年金保険料		

医療費や健康保険料など、控除の対象となる支払い金額

○ 所得の内訳（所得税及び復興特別所得税の源泉徴収税額）

所得の種類	種目	給与などの支払者の「名称」及び「法人番号又は所在地」等	収入金額	源泉徴収税額
給与	給料	〇〇株式会社 東京都文京区〇〇1-2-3	0,000,000円	0,000,000円
			源泉徴収税額の合計額	円

年金・給与などの支払額・源泉徴収税額

● 確定申告付表

死亡した者の 〇〇年分の所得税及び復興特別所得税の確定申告書付表
（兼相続人の代表者指定届出書）

受付印

1 死亡した者の住所・氏名等
住所 （〒113-0000） 東京都文京区湯島北1丁目2番3号
氏名 フリガナ セイトウ カズオ 西東 一男
死亡年月日 0年 3月 1日

2 死亡した者の納める税金又は還付される税金 〔第3期分の税額〕〔還付される税金のときは頭部に△印を付けてください。〕 000,000円…A

3 相続人等の代表者の指定 〔代表者を指定されるときは、右にその代表者の氏名を書いてください。〕 相続人等の代表者の氏名

4 限定承認の有無 〔相続人等が限定承認をしているときは、右の「限定承認」の文字を○で囲んでください。〕 限定承認

5 相続人等に関する事項

(1) 住所	（〒113-0000） 東京都文京区湯島北1丁目2番3号	（〒113-0000） 東京都文京区湯島北1丁目2番3号	（〒 - ）	（〒 - ）
(2) 氏名	フリガナ セイトウ ヨシコ 西東 良子	フリガナ セイトウ タロウ 西東 太郎	フリガナ	
(3) 個人番号	0000 0000 0000	0000 0000 0000		
(4) 職業及び被相続人との続柄	職業 主婦 続柄 妻	職業 会社員 続柄 子	職業 続柄	職業 続柄
(5) 生年月日	明・大・昭・平・令 ○年 ○月 ○日	明・大・昭・平・令 ○年 ○月 ○日	明・大・昭・平・令 年 月 日	明・大・昭・平・令 年 月 日
(6) 電話番号	03-0000-0000	03-0000-0000	- -	- -
(7) 相続分…B	法定・指定 1/2	法定・指定 1/2	法定・指定	法定・指定
(8) 相続財産の価額	00,000,000円	00,000,000円	円	円

6 納める税金等

Aが黒字のとき 各人の納付税額 A×B（各人の100円未満の端数切捨て）	000,000円	000,000円	00円	00円
Aが赤字のとき 各人の還付金額（各人の1円未満の端数切捨て）	円	円	円	円

7 還付される税金の受取場所

銀行等の預金口座に振込みを希望する場合				
銀行名等	〇〇 銀行・金庫・組合・農協・漁協	〇〇 銀行・金庫・組合・農協・漁協	銀行・金庫・組合・農協・漁協	銀行・金庫・組合・農協・漁協
支店名等	〇〇 本店・支店 出張所 本所・支所	〇〇 本店・支店 出張所 本所・支所	本店・支店 出張所 本所・支所	本店・支店 出張所 本所・支所
預金の種類	普通 預金	普通 預金	預金	預金
口座番号				

故人が納める税金または還付される税金の額

法定相続分や遺言書で指定された分割割合

故人の納める税金、還付される税金などを相続分に応じて分けた額

還付される税金の振込み先

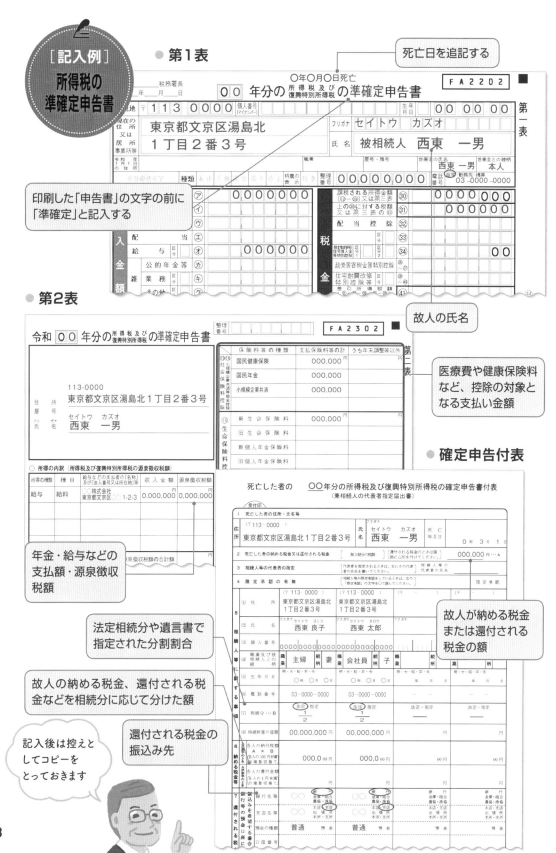

記入後は控えとしてコピーをとっておきます

故人が個人事業主だった場合の手続きは？

【故人の個人事業の廃業・承継の手続き】

時期 速やかに

専門家のひと言

所得税、消費税など、それぞれ提出する書類が異なります。事業承継する人がいる場合、故人の廃業届け出のほかに開業の届け出が必要です。

【最初は税務署へ 個人事業者の死亡届を提出】

故人が個人事業者であった場合、まずは**「個人事業者の死亡届出書」を納税地の所轄税務署に提出**します。

個人事業者の場合、問題となってくるのが相続です。個人資産と事業者の事業用資産を区別できないことが多く、**事業を行うための不動産や預貯金、負債などもすべて、相続資産のリストに加えられる**ことになります。

事業を営んでいる関係から、大きな負債を抱えている場合もあります。相続放棄や限定承認などの方法（▼P126）もありますが、とくに限定承認については手続きが複雑で時間や費用がかかるため、すべての負債や資産を把握し、価値を見積もるのは困難です。もし限定承認をするのであれば、税理士、会計士、弁護士などの専門家に相談するのがおすすめです。

【継続か廃業を決めたら 個人事業の開業・廃業等届出書を提出】

事業を継続するか、廃業するかは、事業の状況や将来性、相続人の意思など、さまざまな要素を勘案しながら検討します。ただし、継続、廃業、いずれの場合も多くの手続きが発生します。また、**相続を知った日の翌日から4か月以内に準確定申告**（▼P50）も行わなければならないため、継続か廃業か早めに決定しましょう。

どちらにするか決定したら**「個人事業の開業・廃業等届出書」に記入して所轄税務署に提出**します（▼左ページ）。本人確認書類の添付を忘れないようにしましょう。**提出期限は廃業・事業開始から1か月以内です。都道府県税事務所にも事業廃止申請書を提出**します。なお、事業を引き継いで継続していく場合も、前出の「個人事業の開業・廃業等届出書」の提出が必要です。

ポイント 事業を廃業する場合に必要な手続き

申告所得税関係

廃業	個人事業の廃業届 (個人事業の開業・廃業等届出書)	事業廃止から 1か月以内
廃業	所得税の青色申告取りやめ届出書 (青色申告であった場合)	翌年 3月15日まで
承継	個人事業の開業届 (個人事業の開業・廃業等届出書)	原則 4か月以内
承継	所得税の青色申告承認申請 (引続き青色申告を続ける場合)	死亡月により 2~4か月以内

消費税関係

廃業	個人事業者の死亡届 (個人事業者等の死亡届出書)	速やかに
承継	消費税課税事業者 選択届出書	年末まで
承継	消費税簡易課税制度 選択届出書	年末まで

[記入例] 個人事業の開業・廃業等届出書

所轄の税務署名を記入

自宅または事務所の住所を記入

提出日を記入。事業廃止から1か月以内に納税地の所轄税務署に提出

職業や屋号を記入。屋号がない場合は空欄

新たに開始した事業にかかわる所得を○で囲む

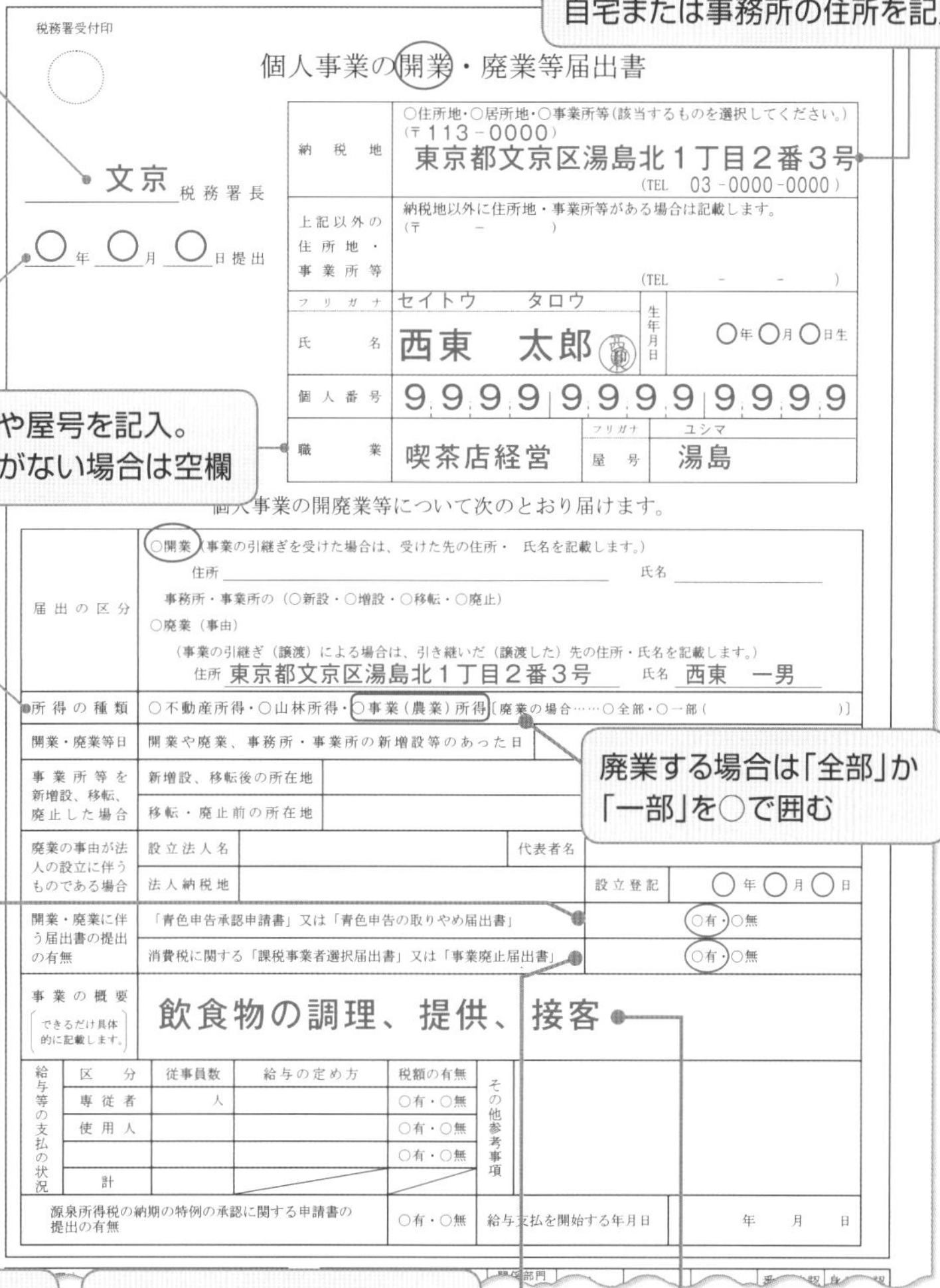
税務署受付印

個人事業の開業・廃業等届出書

文京 税務署長

○年 ○月 ○日提出

納税地	○住所地・○居所地・○事業所等(該当するものを選択してください。) (〒113-0000) 東京都文京区湯島北1丁目2番3号 (TEL 03-0000-0000)
上記以外の住所地・事業所等	納税地以外に住所地・事業所等がある場合は記載します。 (〒 -) (TEL - -)
フリガナ	セイトウ タロウ
氏名	西東 太郎 (印) 生年月日 ○年○月○日生
個人番号	9999 9999 9999
職業	喫茶店経営 / フリガナ ユシマ / 屋号 湯島

個人事業の開廃業等について次のとおり届けます。

届出の区分	○開業(事業の引継ぎを受けた場合は、受けた先の住所・氏名を記載します。) 住所 氏名 事務所・事業所の(○新設・○増設・○移転・○廃止) ○廃業(事由) (事業の引継ぎ(譲渡)による場合は、引き継いだ(譲渡した)先の住所・氏名を記載します。) 住所 東京都文京区湯島北1丁目2番3号 氏名 西東 一男
所得の種類	○不動産所得・○山林所得・○事業(農業)所得[廃業の場合……○全部・○一部( )]
開業・廃業等日	開業や廃業、事務所・事業所の新増設等のあった日
事業所等を新増設、移転、廃止した場合	新増設、移転後の所在地 移転・廃止前の所在地
廃業の事由が法人の設立に伴うものである場合	設立法人名 代表者名 法人納税地 設立登記 ○年○月○日
開業・廃業に伴う届出書の提出の有無	「青色申告承認申請書」又は「青色申告の取りやめ届出書」 ○有・○無 消費税に関する「課税事業者選択届出書」又は「事業廃止届出書」 ○有・○無
事業の概要(できるだけ具体的に記載します。)	飲食物の調理、提供、接客

給与等の支払の状況	従事員数	給与の定め方	税額の有無	その他参考事項
専従者	人		○有・○無	
使用人			○有・○無	
			○有・○無	
計				

源泉所得税の納期の特例の承認に関する申請書の提出の有無	○有・○無	給与支払を開始する年月日	年 月 日

廃業する場合は「全部」か「一部」を○で囲む

先に提出する「個人事業者の死亡届出書」には、事業承継の有無を記入する欄があるので、その時点で事業を承継するかどうかを決めておく必要があります

青色申告の書類を同時に提出する場合は「有」を、なければ「無」を○で囲む

消費税廃止届出書を同時に提出する場合は「有」を、なければ「無」を○で囲む

具体的な事業内容を記入

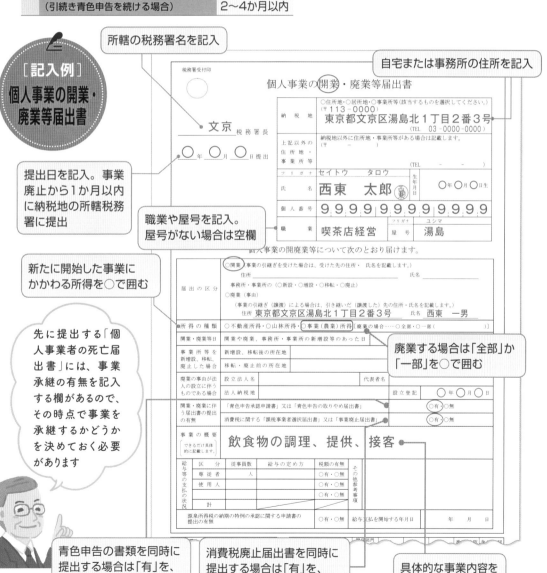

故人の勤務先への連絡はどうする？

【死亡退職金・最終給与の受け取り】

時期　葬儀後2～3日

専門家のひと言

- 勤め先に死亡退職届を提出します。
- 給与の精算と死亡退職金の有無を確認しましょう。

【死亡の事実は速やかに知らせ葬儀後に死亡退職届の手続きを行う】

故人が会社員であった場合、**亡くなったことをできるだけ早く勤務先に連絡**します。勤務先のほうでも、故人の雇用保険資格喪失など、さまざまな手続きを行わなければならないからです。

電話をする前に「死亡日時・故人の氏名・自分との関係・死因・連絡先」など、伝えるべきことをメモしておきましょう。通夜・葬儀の段取りなどが決まっていればその際に、あるいは決まった段階で伝えます（▼左ページ）。

葬儀が終わってある程度落ち着いたら、改めて勤務先に連絡し、死亡退職届の手続きについて相談しましょう。故人の私物の受け取りや、社員証、入館証といった物品の返却もあります。あいさつをかねて会社を訪問します。

通常、会社訪問時に**死亡退職届を記入して提出**します。書類の様式は企業によって異なるため、必要なものをあらかじめ電話で確認しておきましょう。

未払いの給与がある場合は、このときに精算してもらいます。社内預金・積立、従業員持株会などに加入していた場合も、同様に精算してもらいましょう。

勤務先の就業規則に定めがあれば、「死亡退職金」が支払われます。確認して受け取り手続きを行いましょう。そのほか、功労と遺族への慰めの意味を込めて「弔《ちょう》慰《い》金《きん》」が支払われることもあります。

死亡退職金や弔慰金は故人が生前有していた財産ではありませんが、「みなし相続財産」として相続税の対象になります。弔慰金は原則非課税ですが、一定額以上は退職金とみなされます。

そのほかの年金関係や、社会保険から支給される埋葬料についても手続きが必要です（▼P78）。勤務先の担当者に問い合わせましょう。

ポイント 勤務先への手続き

死亡の事実の連絡 ▶ 死亡後すぐに

- 故人の配属部署・氏名
- 自分との関係
- 死亡日時と死因
- 自分の連絡先
- 通夜や葬儀が決まっていれば日時と場所

左の項目をメモしておき、間違いなく伝える。

死亡退職届の手続き ▶ 葬儀後2～3日

- 死亡退職届の提出
- 貸与物の返却と故人の私物の受け取り
- 未払い給与等の精算と受け取り
- 死亡退職金、弔慰金の受け取り
- 年金関係の手続き
- 社会保険の場合、埋葬料申請の手続き

あらかじめ担当者に連絡をとり、会社を訪問する。

知っておこう!

退職金・弔慰金について

相続税法上、弔慰金は原則的には非課税となります。ただし、右①の計算額を超えた部分は死亡退職金とみなされます。死亡退職金(弔慰金のうち上記計算で死亡退職金とみなされた部分も含む)は右②の計算のとおりの非課税限度額を超えた部分は、みなし相続財産として相続税の対象になります。

①弔慰金のうち死亡退職金とみなされる金額の計算

A:業務上の死亡の場合

死亡退職金とみなされる金額 = 弔慰金の額 − 普通給与 × 36(3年分)

B:上記以外の場合

死亡退職金とみなされる金額 = 弔慰金の額 − 普通給与 × 6(半年分)

②死亡退職金のうち相続財産とみなされる金額の計算

相続財産とみなされる金額 = 死亡退職金の額 − 500万円 × 法定相続人の数

例 配偶者1人、子2人なら…
500万円 × 3 = 1,500万円 までが非課税に

公共料金などの名義変更はどうする？

【公共料金等の名義変更と解約の手続き】

時期 葬儀後速やかに

専門家のひと言

- 公共料金の名義変更はできるだけ早く行いましょう。
- クレジットカードも忘れずに解約しましょう。

【公共料金などの名義変更は速やかに行う】

葬儀を済ませて身辺が落ち着いたら、遺品の整理をしながら事務手続きを行います。故人が利用していた**各種サービスの名義変更や解約**などを徐々に進めましょう。

まずはやるべきことを書き出し、電話連絡やインターネットで手続きできるもの、窓口に出向く必要があるものなど、手続きの種類に応じて整理します。印鑑や書類が必要な場合、それも書き加えておきましょう。

水道やガスなどの公共料金、インターネットや電話、NHKの受信料、住居や駐車場の賃貸借の名義変更は速やかに行います。**支払いをクレジットカード払いや自動引き落としにしていた場合、口座が凍結されると、引き落としがストップ**してしまいます。早めに名義変更と引き落とし口座の変更を行いましょう。

【証明書類の返納義務はないが返納しておくのが望ましい】

次に、**健康保険証、パスポート、運転免許証などの返却**を行います。健康保険証は、葬祭・埋葬費の請求（▶P78）の際にいっしょに手続きを行います。

マイナンバーカードや通知カード、住民基本台帳カードは、返却は不要です。保険金の請求や相続などでマイナンバーが必要になることも考えられるので、とりあえず保管しておくようにします。各手続きが済んだら破棄しましょう。

パスポート、運転免許証などの証明書類は死亡とともに失効するため、**返納の義務はありません**が、残しておくと悪用される可能性があるため、返納するほうが望ましいでしょう。

▶P60へ続く

チェック! 名義変更・退会・解約手続き一覧

内容	提出先	手続き方法	必要なもの
□電気・ガス・ 上下水道の 名義変更、解約	所轄の営業所	電話で名義変更し、 引き落とし金融機関の 変更を郵送で行う	特になし
□電話・ インターネットの 名義変更、解約	電話会社、 プロバイダー など	「承継届出書」をホーム ページからダウンロード し、必要事項を記入後、 必要書類を添えて郵送	死亡が証明できる書類 ●戸籍謄本 ●戸籍抄本 ●遺言書 ●法定相続情報一覧図など
□携帯電話の 名義変更、解約	契約の電話会社	窓口で手続き	●電話機本体 ●死亡が証明できる書類 ●届出人の本人確認書類 ●届出人の印鑑
□住居・駐車場の 賃貸契約の 名義変更、継承	大家 または不動産会社、 所轄の 公団営業所など	届出先によって異なる。 まず電話で問い合わせる	●戸籍謄本 ●住民票 ●所得証明書 ●印鑑証明書 ●届出人の実印
□住宅ローン	契約先	借入先に問い合わせる	場合によって異なる
□NHK受信料 契約者変更	NHK	電話で名義変更し、 引き落とし金融機関の 変更を郵送で行う	特になし
□運転免許証の返納	所轄の警察署または 運転免許センター、 市区町村役場など	電話で問い合わせ、 最寄りの窓口で 届けを添えて返納する	●届出人の身分証明書 ●届出人の印鑑
□パスポートの返納	都道府県旅券事務所、 市区町村役場など	電話で問い合わせ、 最寄りの窓口で 届けを添えて返納する	
□身体障害者手帳の 返納	市区町村役場、 福祉事務所	窓口で届けを添えて 返納する	
□クレジットカードや デパートの 会員権の解約	各社	クレジットカードなどの 裏に記載されている 問い合わせ先に 連絡し、指示に従って 解約する	カード会社 などによって異なる
□その他、利用していた クラブなどの 会員権の解約		カードなどの裏に 記載されている 問い合わせ先に連絡し、 指示に従って解約する	企業によって 異なる

故人の思い出として残しておきたい場合、申し出れば無効の処理をして返還してもらえます。

パスポートの返納届出先は都道府県旅券事務所ですが、市区町村役場でも行っている場合があるので、確認してみましょう。

運転免許証は警察署か運転免許センターに返納します。また、市区町村役場でも受け付けていることがあるので、問い合わせてみましょう。

いずれも、除籍謄本《じょせきとうほん》や死亡届のコピーなど、死亡が確認できる書類とともに返却します。届け出る際には、届出人の身分証明書、認印も必要になります。

【クレジットカードやクラブの会員権の解約は早めに】

故人が私的に入会していたクラブや機関の退会手続きも行います。ＪＡＦ（日本自動車連盟）や各種クレジットカード、デパートの友の会、フィットネスジム、民間資格制度などです。年会費が発生するものもあるので、放置せず連絡しましょう。

とくにクレジットカードは、**未払いの借り入れ金があれば遺族が支払わなければならない場合もあります**。早めに連絡し、手続きしましょう。

【預貯金は凍結されるが葬儀費用などの引き出しは可能】

銀行などの口座が凍結されるのは、本人の死亡とともに預貯金が相続財産とみなされるためです。相続人の権利を守るために、相続人のうちの１人が勝手に解約したり、引き出したりできないしくみになっているのです。

ただ、亡くなった人が世帯のお金を預かっていた場合、残された遺族が葬儀費用や当面の生活費を捻出できないことがあります。そこで２０１９年の法制度改正により、新たに預貯金の払戻制度が創設されました。**ひとつの金融機関で１５０万円を上限に引き出しに応じてもらえる**ので相談してみましょう。引き出した分は、遺産分割の際、引き出した当人の相続分より差し引かれます。

また、**亡くなってすぐ、凍結される前に全額を引き出しておく**というのもひとつの手です。ただし、後でほかの相続人とのトラブルに発展する可能性もあるため、必ず記帳し、引き出した金額や理由について説明できるようにしておきましょう。

また、必要以上の多額のお金を引き出すと相続を「単純承認」したとされ、後々、相続放棄ができなくなる可能性があるので注意してください。

知っておこう!

故人が利用していたネットサービスの解約はどうする?

今は、パソコンやスマートフォンのインターネット上で享受できるサービスが数多くあります。メールやSNSなど、無料のものであればしばらく放置していても大きな問題にはなりませんが、映像や音楽、電子新聞、通販サイトの有料会員など、料金が発生するものについては、すぐにチェックし、解約しましょう。解約の手続きには故人のIDやパスワードが必要になります。故人のメモなどからわからなければ、それぞれのサービスを提供している企業に問い合わせて確認しましょう。

また、故人の契約していたサービスを知らずにいると、使用料を払い続けることになるのでは、と思うかもしれませんが、金融機関に口座の名義人が亡くなったことを連絡すると、口座が凍結され、支払いも止まるので大丈夫です。死亡後、最初の引き落とし日に支払いが行われないと、メールやはがきなどで通知が来るはずです。

● チェック方法

- □ 通帳の引き落とし欄やクレジットカードの明細書をチェックする
- □ 請求書など、郵便物をチェックする
- □ 故人が使用していたパソコンやスマートフォンの履歴などから調べる

チェック! 解約・名義変更時に必要となるおもな書類

公共料金や各種サービスの解約・名義変更時にはさまざまな書類の提出を求められることがあります。おもな書類の交付場所と手数料等は以下のようになります。

書類	交付場所	手数料等※
□住民票	住所地の市町村役場	300円程度
□戸籍謄本《とうほん》、抄本《しょうほん》	本籍地の市町村役場 (郵送で取り寄せられる。コンビニ交付に対応しているところもある)	450円程度
□除籍謄本	本籍地の市町村役場	750円程度
□印鑑登録証明書	住所地の市町村役場	300円程度
□法定相続情報一覧図 ▶P144	被相続人の本籍地等を管轄する登記所	無料
□所得証明書	住所地の市町村役場	300円程度

※市町村により異なる。

お墓は誰が・どのように受け継ぐ？

【お墓の承継の手続き】

費用 数百円～1万円

専門家のひと言

- お墓は祭祀財産として、祭祀主宰者が承継します。
- 承継の手続きは霊園や墓地の管理事務所で行います。

【故人の遺言がなければ遺族で話し合って決める】

お墓や仏壇、位牌なども財産の一部であり、「**祭祀《さいし》財産**」と呼ばれます。ほかの相続財産と異なり、**相続税は発生しません**。また、お墓などを受け継ぐことは相続ではなく「承継」と呼びます。承継した人は「祭祀主宰者」となり、お墓の管理をしたり、法要などの祭祀をとり行います（▼左ページ下）。

祭祀主宰者が亡くなったら、その権利を誰かに引き継ぐか、引き継ぎ手がいない場合は別の方法を考える必要があります。遺言などで故人からの指定がなければ、遺族が話し合って決めます。それでもなかなか決まらないときは、家庭裁判所による調停や審判で決める場合もあります。

親族でなくても承継者になれますが、墓地や霊園により「原則として3親等まで」「原則として親族に限る」などと条件が定められている場合もあります。遠縁の親族や親族以外の承継を考えている場合は、まず霊園や墓地の管理者に確認しておきましょう。

承継者が決まったら、霊園・墓地の規定に従って手続きを行います。一般的には、所定の申請書に記入し、戸籍謄本《とうほん》や印鑑登録証明書などの必要書類とともに提出します。**名義の変更に数百円～1万円程度の手数料**がかかります（▼左ページ上）。

これまではお墓や先祖の仏壇は、自然に代々引き継がれてきました。しかし核家族化が進んだ現在では、そうした慣習もなじまなくなってきています。お墓の形態も多様化し、子や孫に面倒をかけたくないという気もちから、承継の必要がない永代供養《えいたいくよう》墓や、先祖の墓の「墓じまい」を検討する人も増えています。家族が納得できる選択をしましょう。

ポイント お墓の承継に関する手続き

霊園・墓地の管理事務所などで、所定の申請書を入手して記入し、必要な書類を添えて提出します。お寺の場合は手数料のほか、お布施を包むことが多いので、相場は親族に聞くか、お寺に直接問い合わせるとよいでしょう。

必要なもの	●墓地使用権を取得した際に発行された書類(墓地使用許可証、永代使用承諾証など) ●承継の理由がわかる書類 (墓地使用者の死亡を証明する書類。死亡が記載されている戸籍謄本など) ●承継者の戸籍謄本や住民票 ●承継者の実印と印鑑登録証明書
手数料	●公営墓地：数百円〜数千円程度 ●民営墓地：1万円以上のところもある

ポイント 祭祀主宰者の役割

1 お墓の維持管理

お墓を適切に管理し、維持管理費やお布施なども負担します。

2 遺骨やお墓について決める

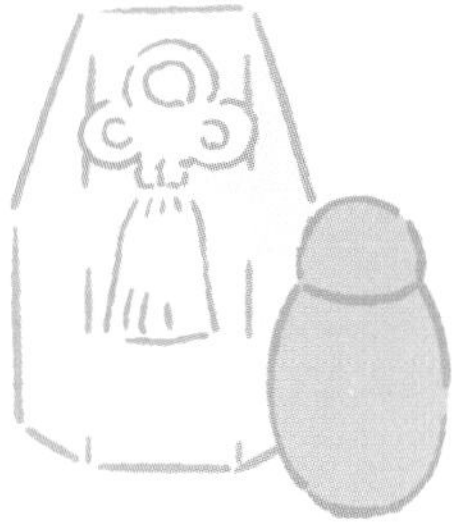

お墓に納められている遺骨を分骨したい場合や、改葬や墓じまいなどについての決定権をもちます。

3 祭祀の主宰

宗教によって異なりますが、たとえば法要やお盆、お彼岸などの行事を企画し、親族に声をかけるなどしてとりまとめます。

知っておこう!

承継者は管理費やお布施も負担することになる

お墓の承継者は、お墓や霊園を維持管理するための管理費用を負担します。金額は経営母体によって異なるので、相場は年間数千円〜1万5千円程度。支払いは年に一度、金融機関の口座から引き落としという方法が一般的なようです。ただしお寺の場合は、お彼岸やお盆などに直接持参することもあります。

お墓にかかる費用はどのくらい？

【お墓の種類と購入費用】

費用 平均 **135** 万円

専門家のひと言

- お墓には「寺院墓地」「公営墓地」「民営墓地」の3種類があります。
- お墓の費用は永代使用料と墓石代のほかに、供養時のお布施代も必要です。

【お墓にかかる費用はおもに「永代使用料」と「墓石代」】

生活様式が多様化した現代では、管理する人がいない、費用がかかるなど、さまざまな理由からお墓を建てない人も多くなっています。それぞれの事情に合わせてどうするのがよいか考えてみましょう。

お墓を新たに購入するときには、「永代《えいたい》使用料」「墓石の費用」の大きく2つの費用がかかります。**永代使用料とは、墓所の土地を借りる費用**のこと。日本では墓地埋葬法という法律により、決められた墓地以外に遺骨を埋葬することができません。また、墓所の土地は個人が売買することはできず、所有者から借りることしかできません。特に期限は決まっておらず、家系が続く限り有効なので、子孫が引き継いで使うことができます。

永代使用料は立地、経営母体、区画の広さなどによっ

ポイント お墓の購入の流れ

1 どんなお墓にするのか考える

墓地の種類や管理のこと、家族の意見なども踏まえて、お墓のイメージを明確にする。

↓

2 墓地を決める

お墓参りのしやすさなども考慮して場所を検討し、資料を取り寄せる。複数の墓地を見学し、アクセスや雰囲気を確認する。

- お墓を建てる場所を検討する
- 希望する墓地や霊園の資料を取り寄せて見学する
- 条件に合う墓地が見つかったら予約する
- 墓地を決定して契約する

↓

3 墓石をつくる

墓石の希望を石材店に伝え、見積りをとる。墓石工事の契約時に内金を支払い、墓石が完成したら引き渡し後に墓石代の残額を支払う。

- 石材店から見積りをとる
- 石材店に墓石を注文する
- 墓石の引き渡し

て大きく異なり、比較的安い公営でも、東京都なら約35万円から1000万円と幅があります。**全国の平均金額は、60～80万円程度**となっています。墓石は材料費と工事費を合わせたもので、**石の種類やデザインなどにより、数十万円台から数百万円**と幅があります。

お墓を購入した後の管理と法要

お墓を建てたら、僧侶に**開眼《かいげん》供養《くよう》**と呼ばれる魂《たましい》入《い》れ（お墓に故人の魂を入れる儀式）や納骨（遺骨をお墓に納めて供養する）を依頼するのが一般的です。僧侶に渡す**お布施の目安は、開眼供養と納骨がそれぞれ3～5万円程度で、開眼供養と納骨をいっしょに行う場合は5～10万円程度**のようです。お布施以外にも、お車代を用意していっしょに渡します。金額は1万円ほどです。

また、一周忌法要や三回忌、七回忌などの法要を行うのが一般的ですが、この場合も僧侶にお経をあげてもらうため、**3～5万円のお布施が必要**となります。

お墓の購入後も、墓地を管理していくための費用として管理費を支払う必要があります。公営か民営かなど、墓地の種類（▼下）によって異なりますが、**年間5000～1万5000円程度**の金額を支払います。

ポイント お墓の種類

一般墓	一般的なオーソドックスなお墓。家単位で先祖代々引き継がれる。
永代供養墓	お寺や霊園が管理・供養するお墓。永代は永久の意味ではなく、17回忌、33回忌など決まった期限がある。期間が過ぎた遺骨は合祀される場合が多い。
個人墓、夫婦墓、両家墓など	家族の事情に合わせてさまざまな形式が選べる。何人用かによっても費用が異なる。ペットと入れるお墓などもある。
共同墓	大きなお墓にほかの人といっしょに合祀され、霊園がまとめて管理・供養する。
納骨堂	建物の中に棚などを設けて遺骨を納めるタイプ。利用期間に応じ使用料が異なる。
樹木葬	墓石の代わりに樹木を墓標とするお墓。利用期間は運営する企業によりさまざま。

ポイント 墓地の種類

寺院墓地

お寺の地所内にあり、お寺が運営・管理している。寺院墓地に入るには檀家である必要があり、承継を前提とする。指定の石材店から選ぶなど、デザインやスタイルに制約がある場合も。

公営霊園・墓地

宗教・宗派を問わず、承継である必要もない。お墓のスタイルも比較的自由度が高い。使用料は立地によって大きく違うが、民営より低い傾向。その自治体の住民に限るなど条件が厳しい。

民間霊園・墓地

公益法人や宗教法人の委託を受けて民営の企業が運営する墓地。宗教・宗派不問で購入時の条件も少ない。公営に比べ使用料や管理費が割高の傾向。デザインやスタイルの自由度は高いが、指定の石材店から選ぶところが多い。

お墓の引っ越しはどうすればいい？

【お墓を改葬するときの手続き】

専門家のひと言

- 改葬前に新しいお墓を手配しましょう。
- お墓のあるお寺や霊園に事情を説明し、感謝を伝えます。
- 改葬許可申請書を準備しましょう。

【お墓の引っ越しではお寺とのトラブルに注意】

故人を葬る機会に、お墓の建て直しを考える方もいるでしょう。たとえばお墓のある場所が遠方で、墓参りや維持管理の負担が大きい、お墓が古びてきたので新しくしたい、など事情はさまざまです。

お墓や遺骨の場所を移すことを「改葬」といいます。いわば、お墓の引っ越しです。墓石を撤去して遺骨だけ移す、墓石と遺骨を移す、お骨の一部を分骨して移すなど、いくつかの方法があります。改葬の際は、まず新しいお墓を決めてから、**現在のお墓のあるお寺や霊園などに許可をもらいます**（▼左ページ上）。

改葬で気をつけなければならないのが、お寺とのトラブル。お寺にとっては、改葬は檀家が離れることを意味します。管理費や護寺会費《ごじかいひ》、お布施といった収入が減るため、できれば改葬してほしくないのが本心なのです。

改葬にあたってはそのことを念頭におき、**こちらの事情をきちんと説明して理解してもらう**ようにしましょう。場合によっては「**離壇料**《りだんりょう》」という名目でお金を包むこともあります。これは、事前の取り決めなどがある場合を除き必ずしも渡す必要はなく、金額にも相場といったものはありません。ただし、なかには法外な金額を請求されたり、改葬に必要な改葬許可申請書（▼左ページ下）に署名・捺印をしてくれないといったケースもあります。

万が一、両者の話し合いで決着がつかない場合には、弁護士に依頼することになりますが、できればこうした事態は避けたいもの。**話を切り出すときは電話などではなく、対面で誠意をもって話すことが大切**です。

また、お寺との関係は自分だけで決められるものではありません。お寺に話をもち出す前に、親族ともきちんと話し合って、改葬の了解を得ておきましょう。

チェック! 改葬の手続き

1 改葬先を決める

新しい墓を購入し、永代《えいたい》使用料・管理料を納めて永代使用許可証（受入証明書）を発行してもらう。

2 改葬元の霊園に承諾を得る

お寺とトラブルにならないよう、理由をきちんと説明する。これまでの感謝の気もちを伝える。

3 改葬許可申請書を記入する

改葬元の市区町村で改葬許可申請書をもらい、必要事項を記入する。

4 双方の霊園の管理者から署名・捺印をもらう

改葬許可申請書に署名・捺印をもらう。改葬元、改葬先の霊園の双方のものが必要となる。

5 永代使用許可証の交付

改葬元の市町村役場に永代使用許可証を提出し改葬許可証を交付してもらう。

6 閉眼法用（御霊抜《みたまぬ》き）

改葬元で閉眼《へいげん》法要をし、遺骨を取り出す。

7 お墓の撤去

改葬元のお墓を解体・撤去して更地に戻す。

8 改葬許可証の提出

改葬先の霊園に改葬許可証と永代使用許可証を提出し、納骨の日時を決める。

9 開眼供養・納骨

新しいお墓で開眼《かいげん》供養を行い、納骨する。

［記入例］改葬許可申請書

※自治体によって書式は異なる。

- 改葬する遺骨の氏名・本籍等を記入
- 改葬先の住所を記入
- 改葬元の住所を記入
- 改葬先のお寺や霊園で記入
- 改葬元のお寺や霊園で記入

第　　　　号

改葬許可申請書

死亡者の本籍	東京都文京区湯島北１丁目２番				
死亡者の住所	東京都文京区湯島北１丁目２番３号				
死亡者の氏名	西東　一男		死亡者の性別	男（○）・女・不詳	
死亡年月日	○年　○月　○日				
埋葬または火葬の場所	○○霊園				
埋葬または火葬の年月日	○年　○月　○日				
改葬の理由	新しく墓地を購入したため				
改葬の場所	横浜市神奈川区神大寺北１丁目１番				
申請者	住所	横浜市神奈川区神大寺南１丁目２番	死亡者との続柄	長男	
申請者	氏名	西東　太郎	墓地使用者等との関係	本人	

上記のとおり改葬許可を申請します。

豊島区長

○年　○月　○日

申請者　西東　太郎　（西東）

申請者連絡先　045-0000-0000

現在埋葬場所管理者証明欄	改葬先管理者証明欄
上記について、埋葬または埋蔵（収蔵）されていることを証明します。	上記申請者の改葬場所の使用及び遺骨の受け入れについて支障のないことを証明します。
○年　○月　○日	○年　○月　○日
（管理者）	（管理者）
住所　横浜市神奈川区神大寺南１丁目2番	住所　横浜市神奈川区神大寺北1丁目1番
氏名　○○霊園　印	氏名　○○寺　印
電話　045-0000-0000	電話　045-0000-0000

お寺などに改葬の事情をきちんと説明しましょう

旧姓に戻したいときはどうする？

【復氏と子どもの姓の変更手続き】

専門家のひと言

配偶者が亡くなったら復氏届を提出して旧姓に戻すことができます。

子どもの姓の変更は家庭裁判所で手続きが必要に。

【旧姓に戻すと籍も故人とは別になる】

配偶者が亡くなると、婚姻前の姓に戻すことや、配偶者の親族との姻族《いんぞく》関係を解消する（▼P70）ことが可能です。

婚姻前の姓に戻すことを「復氏《ふくし》」といい、本籍地あるいは住所地の市区町村役場に復氏届を提出すると手続きは完了します（▼左ページ）。その際に**故人の親族からの同意は必要ありません**。復氏届を出した後は故人の戸籍から抜け、結婚前の戸籍に戻ります。または新たに分籍届を提出することにより、自分が筆頭者となって新しい戸籍をつくることもできます。

なお、姓が変わっても、婚姻によって生じた相手方との姻族関係は解消されず、義理の親子関係及び扶養《ふよう》の義務は継続されます。

【子どもの籍を移すには異なる手続きが必要】

子どもがいる場合、子どもの姓をそのままにするのか、自分の旧姓と同じ姓に変えるのかで手続きが異なります。**復氏によって姓が変わるのは故人の配偶者だけ**です。子どもは故人の戸籍に属しているため、姓も戸籍もそのままとなります。子どもを自分の戸籍に入れて姓も変更したい場合は、**家庭裁判所に「子の氏の変更許可申立書」を提出**し、許可を得る必要があります。その後、入籍届を提出して子どもを自分の戸籍に移します。

子どもの場合も故人の親族との姻族関係は継続します。たとえば故人の親、子にとっては祖父・祖母にあたる人との関係は解消しません。

なお、15歳以上の子の姓を、親が勝手に改めることはできません。

ポイント 復氏届と子の氏の変更許可申立書の手続き

復氏届

申請者	故人の配偶者本人
提出先	本人の本籍地 または住所地の市区町村役場
必要なもの	●復氏届 ●戸籍謄本（本籍地に届け出るときは不要）、婚姻前の戸籍謄本（元の戸籍に戻るときのみ） ●印鑑
期限	なし

※配偶者が外国人であった場合、亡くなった日の翌日から3か月以内に行う。期限を過ぎると家庭裁判所への申し立てが必要になる。

子の氏の変更許可申立書の手続き

申請者	子ども本人 （15歳未満の場合は子の法定代理人）
提出先	子どもの住所地の家庭裁判所
必要なもの	●申立書 ●申立人（子）の戸籍謄本、父・母の戸籍謄本 ●収入印紙800円分（子1人につき） ●その他：手続きする家庭裁判所のホームページなどで確認を
期限	なし

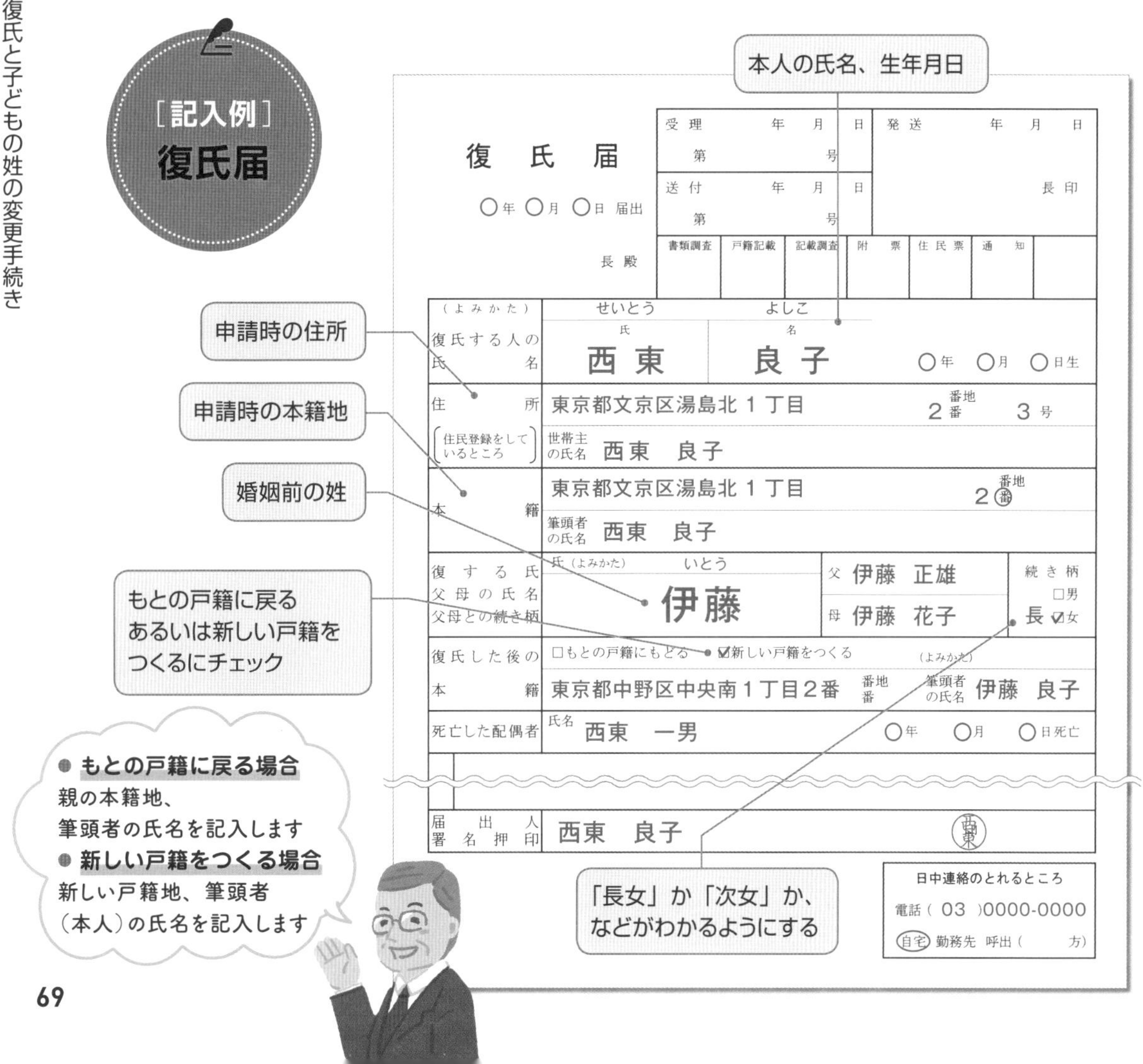

復氏届
○年 ○月 ○日 届出
長 殿
受理 年 月 日 第 号
送付 年 月 日 第 号
発送 年 月 日
長 印
書類調査 戸籍記載 記載調査 附票 住民票 通知
（よみかた） せいとう よしこ
復氏する人の氏名 氏 西東 名 良子 ○年 ○月 ○日生
住所（住民登録をしているところ） 東京都文京区湯島北1丁目 2番 3号
世帯主の氏名 西東 良子
本籍 東京都文京区湯島北1丁目 2番
筆頭者の氏名 西東 良子
復する氏 父母の氏名 父母との続き柄 氏（よみかた） いとう 伊藤
父 伊藤 正雄
母 伊藤 花子
続き柄 □男 長 ☑女
復氏した後の本籍 □もとの戸籍にもどる ☑新しい戸籍をつくる
東京都中野区中央南1丁目2番 番地 番 （よみかた） 筆頭者の氏名 伊藤 良子
死亡した配偶者 氏名 西東 一男 ○年 ○月 ○日死亡
届出人署名押印 西東 良子
日中連絡のとれるところ
電話（ 03 ）0000-0000
自宅 勤務先 呼出（ 方）

故人の親族と縁を切りたいときは？

【姻族関係の終了手続き】

【故人の親族と縁を切りたいときは】

配偶者が亡くなっても、配偶者の親族との関係、つまり姻族《いんぞく》関係は継続します。事情があって、配偶者の親族と縁を切りたいという場合には、姻族関係終了の手続きが必要となります。**姻族関係終了届を記入し、届出人の本籍地か住所地の市区町村役場へ提出**しましょう（▼左ページ）。なお、故人の親族の同意は必要ありません。

　復氏届と姻族関係終了届の大きな違いは、**姻族との関係が継続するかどうか**。そして切実な問題が、義理の親の介護です。姻族関係にある者同士には扶養《ふよう》義務があり、義理の親などが寝たきりになったら、世話を求められる可能性も。姻族関係終了には、そうしたリスクを前もって回避する意味があります。ただ実際にはよほどのことがない限り、そこまでの義務を負うことはないでしょう。

【メリットとデメリットをよく考えてから行う】

故人との間に子どもがいる場合、姻族関係終了届を出しても、**子どもと故人の父母などの親族との姻族関係は継続**されます。子どもにとっては祖父、祖母であることに変わりありませんが、姻族関係を終了すると交流がなくなってしまうことが多く、将来的に協力をお願いしたいことが出てきても、頼りづらくなるでしょう。

　それでも縁を切ることによるメリットのほうが大きいのであれば、手続きを行います。届け出に同意は必要ありませんが、事前に事情を説明して理解を得ることが望ましいでしょう。自分と同様、大切な存在を亡くした相手方の心情にも配慮しましょう。なお、**姻族関係を終了しても、亡くなった配偶者の遺産を相続する権利は失われません**。戸籍もそのままとなります。

専門家のひと言

- 姻族との縁を切りたいときは姻族関係終了届を提出します。
- 姻族関係の終了後も、亡くなった配偶者の遺産を相続できます。
- 姻族の扶養義務はなくなります。

ポイント 姻族関係終了届の提出

申請者	故人の配偶者本人
提出先	届出人の本籍地または住所地の市区町村役場
必要なもの	●姻族関係終了届 ●戸籍謄本 （故人の死亡事項が記載されている除籍謄本） ●印鑑 ●身分証明
期限	なし

姻族関係が終了しても、復氏届を提出しなければ姓や戸籍はそのままです

［記入例］姻族関係終了届

届出人の氏名・生年月日

姻族関係終了届

○年○月○日 届出

長 殿

受理　年　月　日 第　号			発送　年　月　日				
送付　年　月　日 第　号			長印				
書類調査	戸籍記載	記載調査					

（よみかた）	いとう　よしこ
姻族関係を終了させる人の氏名	氏 伊藤　名 良子　○年○月○日生
住所（住民登録をしているところ）	東京都中野区中央南１丁目 ２番地/番 ３号
	世帯主の氏名 伊藤　良子
本籍	東京都中野区中央南１丁目 ２番地/番
	筆頭者の氏名 伊藤　良子
死亡した配偶者	氏名 西東　一男　○年○月○日死亡
	本籍 東京都文京区湯島北１丁目 ２番地/番
	筆頭者の氏名 西東　一男
届出人署名押印	伊藤　良子　（伊藤）

日中連絡のとれるところ
電話（ 03 ）0000-0000
自宅 勤務先 呼出（　　方）

住所地の住所、世帯主の氏名

届出人の本籍、筆頭者の氏名

死亡した配偶者の氏名、本籍地

届出人の署名と捺印

復氏届によって旧姓に戻した後に提出する姻族関係終了届の例です

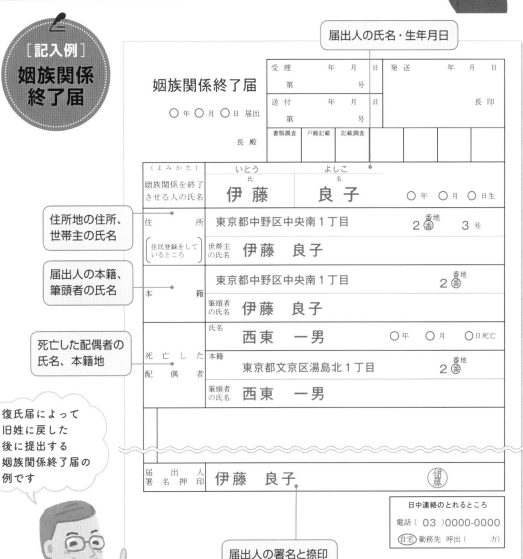

気になる疑問

その1

自分の地域は どれくらい葬儀とお墓にお金をかけてる?

葬儀やお墓をどうするか、ということには、家や土地にまつわる“しきたり”が絡んできます。そのため、葬儀のやり方や、それにかけるお金にも、意外と地方による特徴があらわれてくるのです。

実態を調査した「地方・都道府県別　終活に関する全国調査」では、葬儀費用の平均が一番高額だったのが富山県で169万円。もっとも低いのは広島県の81万円です。また葬儀時のお布施については、岩手県の42万円が最高。2位以下は宮城県、静岡県、長野県、山梨県と続きます。こうみると東日本に、葬儀にお金をかけるところが多いようです。

では、お墓についてはどうでしょうか。不動産価格が影響しているのか、関東地方が152万円と高額。一番低いのが九州・沖縄地方で111万円です。全国平均は135万円となっており、不動産価格のことがなければ、全国的に大きな開きはないと考えられます。一方、仏壇にかける費用には地域性があらわれています。最高額が中部地方で100万円、最低額が九州・沖縄地方の54万円です。

以上のようなことから、葬儀や仏壇まわりにお金をかけるのは、西日本より東日本が多いことが明らかになりました。ただし近年では、葬儀やお墓まわりを含めて、自分の人生の終わり方を自分で考えたいという人が増え、「終活」が進んでいます。生きている間に自分のお墓を購入する人も増えており、先祖代々の家族で入るお墓から、都会型の納骨堂や樹木葬といった個人墓へと、お墓のニーズも徐々に移行してきている傾向がみられます。お金のかけ方も今後変わっていくと考えられます。

● 葬儀やお墓の地域別平均額

(単位:円)

地域	葬儀費用	お墓購入	仏壇購入
全国	1,191,900	1,351,200	731,600
北海道・東北	1,276,200	1,312,000	609,600
関東	1,215,100	1,523,000	624,500
中部	1,301,100	1,486,000	996,300
近畿	1,169,900	1,176,900	828,500
中国・四国	1,061,400	1,400,600	720,500
九州・沖縄	1,114,500	1,110,100	543,300

出典:「地方・都道府県別　終活に関する全国調査」(2020年/鎌倉新書)

第2章

保険・年金の手続き

葬儀が終わったら速やかに、健康保険や介護保険、
公的年金の手続きを行う必要があります。
それぞれに期限が定められており、
必要な書類が異なるので、
漏れのないように確認して手続きを行いましょう。

健康保険の手続きはどうする？

【健康保険証の資格喪失と新規加入】

時期 国保は14日以内
健保は5日以内

専門家のひと言

- 国保は14日、健保は5日以内に資格喪失届を提出しましょう。
- 故人が会社員で遺族がその扶養に入っていた場合、国保への新規加入が必要です。

【健康保険の資格喪失届を提出したら新たな世帯主の健康保険証を受け取る】

日本には国民皆保険の制度があり、誰もが何らかの健康保険に加入するよう義務づけられています。保険にはおもに**自営業者などが加入している国民健康保険と、会社員が加入している健康保険（協会けんぽ・健康保険組合）**、公務員や私立学校の教職員が加入する共済組合、75歳以上で加入する後期高齢者医療制度があり、いずれも被保険者が死亡すると失効します。

国民健康保険とそれ以外の保険では、手続き先が異なります。まず、**国民健康保険の場合は市区町村役場へ、死亡後14日以内に保険証の返却と資格喪失届の提出**を行います。

自治体によっては死亡届提出で資格喪失となり、手続きが不要な場合もあります。世帯主が亡くなった場合、家族の国民健康保険証の書き替え手続きが必要になります。さらに、「葬祭費の請求」（▼P78）もいっしょに行うと効率的です。

窓口で「国民健康保険被保険者資格喪失届」に記入します。故人と世帯員の保険証を添えて提出し（▼左ページ下）、新たな健康保険証を発行してもらいましょう。

故人が健康保険の被保険者だった場合、5日以内に**会社に「健康保険・厚生年金保険被保険者資格喪失届」を提出**すると、退職の手続きなどといっしょに、会社側で手続きを行ってくれます。会社の担当者に確認し、扶養《ふよう》に入っていた家族分の健康保険証を返却しましょう。

また、扶養に入っていた遺族は健康保険が使用できなくなってしまうため、速やかに**国民健康保険の加入手続きを行います。届出先は居住地の市区町村役場**です。必要書類が自治体によって異なる場合もあるので確認しましょう。

ポイント 国民健康保険被保険者資格喪失届の提出

期限	死亡してから14日以内
提出先	故人の最後の住所地の市区町村役場
必要なもの	●故人及び世帯員全員の国民健康保険証 ●届出人の身分証明書 ●届出人の印鑑（スタンプ印は不可）

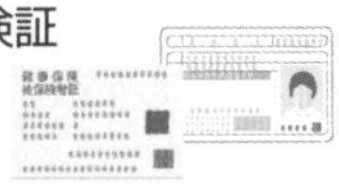

資格喪失届
届出日
XXXX年XX月XX日

ポイント 遺族の保険切り換え（健康保険→国民健康保険）

期限	死亡してから14日以内
提出先	遺族の最後の住所地の市区町村役場
必要なもの	●故人の退職日が確認できる書類 （社会保険の被保険者資格喪失証明書または雇用保険の離職票など） ●届出人の身分証明書 ●届出人の印鑑（スタンプ印は不可）

家族も世帯主を
変更した保険証を
発行してもらいます

※必要書類が自治体によって異なるため、事前に確認のこと。

［記入例］国民健康保険被保険者資格喪失届

故人の被保険者番号を記入

国民健康保険被保険者　資格喪失届

○○市	国民健康保険証の記号番号	届出日
(全部) / 一部	08－000000000000	○年　○月　○日

故人が世帯主なら「全部」にチェック

届出人		
住所	○○市　○○　1丁目　2番　3号	☑世帯主 □本人 □その他（　）
氏名	西東　一男	
電話（日中連絡先）		個人番号 9999 9999 9999

故人の住所と氏名

国民健康保険をやめる人		性別	続柄
1	フリガナ セイトウ　カズオ 氏名 西東　一男 生年月日 ○年○月○日　個人番号 9999 9999 9999	男	世帯主
2	フリガナ セイトウ　ヨシコ 氏名 西東　良子 生年月日 ○年○月○日　個人番号 8888 8888 8888	女	妻
3	フリガナ 氏名 生年月日 年　月　日　個人番号		

故人とその被扶養者である世帯員全員の氏名

それぞれのマイナンバーを記入

※様式は自治体によって異なり、届け出を郵送で行えるところもある。

高齢者医療や介護保険の手続きはどうする？

【後期高齢者医療・介護保険の資格喪失手続き】

時期 14日以内

専門家のひと言

- 後期高齢者医療、介護保険双方の手続きが必要です。
- 未払い保険料は相続人が負担します。

【65歳以上なら介護保険の資格喪失手続きも】

故人が75歳以上、もしくは65～74歳で一定の障害がある人は**後期高齢者医療制度**の対象となり、後期高齢者医療被保険者証が交付されます。こうした後期高齢者が亡くなった場合、**死亡後14日以内に資格喪失届を提出し、保険証を返却**します（▼左ページ上）。

届出先は市区町村役場です。国民健康保険の加入者と同様で、亡くなった際に葬祭費が支給されるので、いっしょに手続きを行っておくとよいでしょう。死亡届の提出により、資格喪失届が不要な場合もあります。

また、**介護保険の資格喪失の手続きも14日以内**に済ませます（▼左ページ下）。後期高齢者医療制度とは窓口が異なるので、役場で確認しましょう。

介護保険では、原則40歳以上の国民は全員加入し、毎月保険料を支払うことが義務づけられています。ただし手続きが必要なのは、介護保険証を交付されていた人で、**故人が65歳以上であるか、40歳以上65歳未満で要介護・要支援認定を受けていた場合**です。

手続きでは、後期高齢者医療制度、介護保険ともに、資格喪失届を提出して保険証の返却を行います。このとき、**未払い保険料があれば遺族が支払います**。加入者が死亡した翌日の前月分までの支払いが必要です。

死亡日によって、支払いが必要になる期間は異なります。たとえば次のようになります。

- 1月15日に亡くなった場合→前年12月分まで納付
- 7月30日に亡くなった場合→6月分まで納付
- 10月31日に亡くなった場合→10月分まで納付

払い過ぎた保険料がある場合は後で還付されます。資格喪失手続き後に、役所から届く通知書に従って手続きをしましょう。還付金は相続税の対象となります。

ポイント 後期高齢者医療資格喪失届の提出

期限	死亡してから14日以内
提出先	故人の最後の住所地の市区町村役場
必要なもの	●故人の後期高齢者医療被保険者証 ●限度額認定証（支給されていた場合） ●届出人の身分証明書　●届出人の印鑑（スタンプ印は不可）

ポイント 介護保険資格喪失届の提出

期限	死亡してから14日以内
提出先	故人の最後の住所地の市区町村役場
必要なもの	●介護保険被保険者証 ●限度額認定証（支給されていた場合） ●届出人の身分証明書　●届出人の印鑑（スタンプ印は不可）

※必要書類が自治体によって異なるため、事前に確認のこと。

［記入例］

● 後期高齢者医療資格喪失届

様式第５号（第４条関係）

後期高齢者医療資格取得（変更 喪失）届書

届出者名	西東　良子	本人との関係	妻
届出者住所	さいたま市中央区１丁目２番地３号	連絡先電話番号	048-000-0000

被保険者番号	87654321		
資格取得・変更年月日	○年 ○月 ○日		
喪失年月日	○年 ○月 ○日		
世帯主氏名	西東　一男	男・女	
世帯主生年月日	○年○月○日	世帯主との続柄	本人
同じ世帯で他に被保険者資格を有している方がいる場合の氏名及び被保険者番号			

	新規（変更・喪失）	変更前
フリガナ	セイトウ　カズオ	
氏名	西東　一男	
個人番号	999999999999	
生年月日	○年○月○日	年　月　日
住所	さいたま市中央区1丁目2番地3号	
届出区分		
届出事由	死亡	
所有手帳又は証書種類		

埼玉県後期高齢者医療広域連合長　あて

上記のとおり関係書類を添えて届出します。

○年○月○日

届出者　住所　さいたま市中央区１丁目２番地３号

氏名　西東　良子

届出人の氏名、故人との続柄、住所、連絡先

故人について記入

届出の理由を「死亡」とする

※様式は自治体によって異なる。

● 介護保険資格喪失届

「喪失」を○で囲む

様式第1号（第2条—第4条、第8条—第11条関係）

介護保険資格 取得・異動・喪失 届書

三島市長　あて

次のとおり被保険者資格の 取得・異動・喪失 について届け出ます。

届出者	氏名	西東 良子	被保険者との関係	妻
届出者	住所及び連絡先	三島市北田町１丁目２番地３号　電話番号 055-000-0000		
届出の理由		死　亡		
	氏名			
		年　月　日		
従前の住所				
1月1日における住所				

届出日	○年○月○日
取得・資格異動日・喪失	○年○月○日

取得事由	喪失事由	異動事由
転入	転出	氏名変更
職権復活	職権喪失	住所変更
65歳到達	死亡	世帯変更
適用除外	適用除外	65歳到達
非該当	該当	その他
その他	その他	

被保険者

個人番号	氏名	生年月日	性別	世帯主との続柄	被保険者番号	認定	介護保険施設入所	変更前の氏名
	セイトウ カズオ 西東 一男	○・○・○	男・女	本人	87654321	有・無	有・無	
		・　・	男・女					

届出人の氏名、故人との続柄、住所を記入

故人について記入

喪失事由は「死亡」を○で囲む

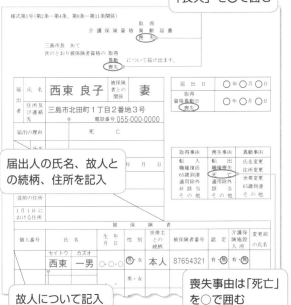

葬儀や埋葬についての補助制度はある？

【葬祭費・埋葬料の申請】

時期 2年以内

専門家のひと言

- 葬儀や埋葬にかかった費用の一部が支給されます。申請を忘れずに。
- 健康保険の資格喪失手続きと同時に行うと手間が省けます。

【故人の加入していた保険から葬祭費・埋葬料が支給される】

国民健康保険、健康保険、共済組合、後期高齢者医療制度などに加入していた方が亡くなった場合、**かかった葬祭費・埋葬料の一部が支給**されます（▼左ページ上）。一般に、**国民健康保険や後期高齢者医療制度からは「葬祭費」が、健康保険からは「埋葬料」が支給**され、名称や金額は制度などによって違いがあります。葬祭費は葬儀の翌日から2年以内、埋葬料は死亡の翌日から2年以内と期限があるので、忘れず申請しましょう。

故人が国民健康保険に加入していた場合は、上限額は**5～7万円、後期高齢者医療制度に加入していた場合は3～7万円程度**です。葬儀などを行わない場合は支給されません。届け出先は故人の住民票がある市区町村役場で、申請書は窓口に用意されています（▼P80～81）。

故人が**健康保険に加入していた場合、埋葬料として上限5万円が支給**されます。すでに退職していても、退職後3か月以内に亡くなった場合は、埋葬料が支払われます。このとき、国民健康保険に加入していたとしても、支払われるのは健康保険からの埋葬料のみで、両方は受け取れません。なお、**被保険者の家族が亡くなった場合は、「家族埋葬料」として5万円が支給**されます。

申請書は勤務先の健康保険組合または全国健康保険協会（協会けんぽ）に提出します（▼左ページ下）。

そのほか、業務に関係する理由で亡くなったり、通勤途中に亡くなったりした場合は、**労働者災害補償保険（労災保険）から葬祭料や遺族補償給付が支給**されます。労災であった場合、所定の書類に記入して所轄の労働監督署に申請しますが、会社が手続きを行ってくれることもあるため、まずは勤務先に確認しましょう。手続きの期限は葬祭料が2年、遺族補償給付が5年です。

チェック! 埋葬料（健康保険）の申請と受け取り手続き

ケース1 故人が会社員だった場合

健康保険から「埋葬料」が支給される

ケース2 会社員の家族が亡くなった場合

「家族埋葬料」が支給される

名称	埋葬料	家族埋葬料
受け取れる人	被保険者（故人）によって生計を維持されていた人で喪主を務めた人	被保険者本人（喪主）
条件	被保険者が死亡したとき	被扶養者が死亡したとき
支給額	上限5万円（かかった葬儀費用）	
申請先	勤務先の健康保険組合または協会けんぽ	
必要なもの	●健康保険埋葬料支給申請書（被保険者・家族） ●埋葬許可証、死亡診断書のコピー、除籍謄本など、死亡が証明できる書類 ●被扶養者以外が申請する場合、生計維持を確認できる書類 （住民票、仕送りの事実がわかる貯金通帳のコピーなど） ●葬儀費用の領収書　●印鑑（認印でOK。スタンプ印は不可）	
期限	死亡した日の翌日から2年以内	

［記入例］
健康保険被保険者埋葬料支給申請書

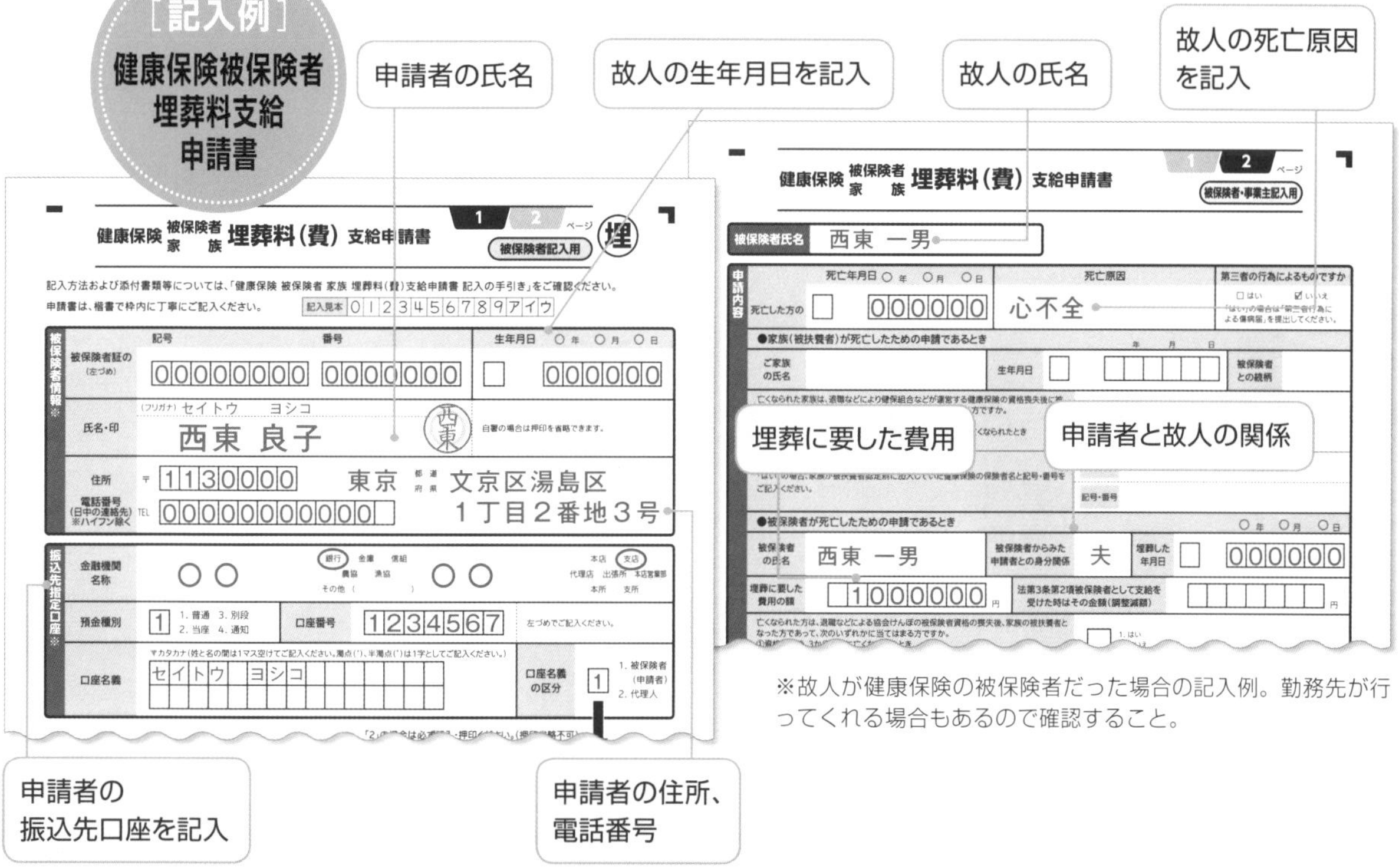

※故人が健康保険の被保険者だった場合の記入例。勤務先が行ってくれる場合もあるので確認すること。

チェック! 葬祭費（国民健康保険）の申請と受け取り手続き

名称	葬祭費
受け取れる人	葬儀を行った人、喪主など
条件	被保険者が死亡したとき
支給額	自治体によって異なる。上限3～7万円程度
届出先	故人の最後の住所地の市区町村役場
必要なもの	・国民健康保険葬祭費支給申請書 ・国民健康保険証 ・死亡診断書のコピー ・葬儀費用の領収書または会葬礼状 ・申請者の印鑑 （認印でOK。スタンプ印は不可） ・預金通帳など、振込先口座がわかるもの
期限	死亡した日の翌日から2年以内

● 葬祭費の支給対象となる場合

1 故人が国民健康保険の被保険者だった場合

2 後期高齢者医療制度の加入者が亡くなった場合

葬祭費の名称は自治体によって異なります

［記入例］ 国民健康保険葬祭費支給申請書

※様式は自治体によって異なる。

被保険者（故人）の葬儀をとり行った喪主の氏名を記入

故人の氏名・住所・生年月日などを記入

故人の申請者との続柄

喪主の振込口座を記入（喪主以外への振り込みの場合は委任状（▶P42）が必要）

国民健康保険葬祭費支給申請書

○年　○月　○日

（宛先）○○市長

住所　○○市 旭町 1丁目 2番（番地） 3号

申請者 （フリガナ）氏名　西東《セイトウ》 良子《ヨシコ》　（印）

電話　（0138） 00 － 0000

捨印

次のとおり国民健康保険葬祭費の支給を申請します。

申請金額	30,000円		
被保険者証の記号・番号	函 01 012345678	死亡者の住所および氏名	○○市 旭町 1丁目 2番（番地） 3号 氏名 西東 一男 （○歳） （　○年 ○月生）
世帯主との続柄	本人	死亡年月日	○年　○月　○日
申請者との続柄	夫	死亡の原因	心不全
振込みを希望する場合の金融機関	○○ 銀行・金庫・組合	○○ 本店・（支）店　店番号	口座番号 （普通）・当座 1234567
窓口での受取りを希望する場合の受取場所	1 市役所会計部　2 湯川支所　3 銭亀沢支所　4 亀田支所 5 戸井支所　6 恵山支所　7 椴法華支所　8 南茅部支所		

死亡事実については，住民基本台帳により確認済　印

…請者が葬祭を行う者で…ることの確認方法	被保険者証により同一世帯に属する者	印
	会葬礼状	印
	埋火葬許可証	印
	住民基本台帳により同一世帯に属する者	印

故人と喪主の世帯が別であった場合、申請者が喪主を務めたことを証明する書類（葬儀の領収書、会葬礼状など）が必要です

［記入例］後期高齢者医療葬祭費支給申請書

故人の被保険者番号を記入

故人のマイナンバーは記入しなくてもかまわない。記入した場合は、番号を確認できる書類が必要

後期高齢者医療葬祭費支給申請書及び葬祭給付金支給申請書

〇年　〇月　〇日

死亡者関係事項	被保険者番号	12345678	個人番号	999999999999
	被保険者氏名	(フリガナ) セイトウ　カズオ 西東　一男		
	生年月日	〇年　〇月　〇日		
	死亡年月日	〇年　〇月　〇日		
	葬祭執行年月日 (告別式の日)	〇年　〇月　〇日		
	他からの葬祭費等の支給有無	あり（　　　）・　なし	※社会保険等から葬祭費相当の支給を受けられる場合や交通事故等で相手方からの補償があ…ない場合があります。	

故人と喪主の続柄

豊島区長
上記のとおり葬祭費及び葬祭給付金の支給を申請します。

葬祭執行者	〒170-0000			振込口座	〇〇　銀行・信用金庫・信用組合
	住所	東京 都道府県　豊島 市区町村 千早1丁目2番地3号			〇〇　支店
	氏名	西東　良子	死亡者との続柄 妻		普通・当座　口座番号 1234567
	電話	03-0000-0000			カタカナ名義人　セイトウ　ヨシコ 西東　良子

捨印

喪主の
住所・氏名
などを記入

喪主の振込口座を記入

※ 葬祭執行者と振込口座名義人が異なる場合は、下記の「委任状」の記入が必要になり…

委任状	私＿＿＿＿＿＿は、下記の者を代理人と定め、葬祭費の受領に関…		
	受任者	住所	
		氏名	葬祭執行者との続柄（　　　）
		電話	（　　　）

喪主以外への振り込みの場合は委任状欄への記入が必要

…が、葬祭執行者と異なる場合に記入してください。

代理人	申請代理人	住所	
		氏名	印　葬祭執行者との続柄（　　　）
		電話	（　　　）

喪主以外の人が申請する場合に記入

区使用欄

区確認	□ 葬儀領収書 □ 証回収(保険証・減額証) □ 送付先変更(有・無) □ 収納状況確認 □ その他(　　　)	受付者	受付年月日			備考欄
			受付番号			
			入力		検査	保留

※様式は自治体によって異なる。

高額になった医療費は免除してもらえる？

【高額療養費の申請】

時期 2年以内

専門家のひと言

- 医療費の一部が払い戻される制度があります。
- 故人の医療費が高額だった場合、必ず申請をしましょう。

【高額な医療費を払った場合 一部が払い戻される】

故人が生前、高額な医療費を支払っていた場合は、**高額療養費制度**によって、その一部が払い戻されます。

国民健康保険や健康保険、共済組合、後期高齢者医療制度などの加入者は、実際にかかった医療費の1～3割の自己負担分を支払っています。しかし医療費が高額になる場合は、高額療養費制度で一定額を超えた分の支払いを免除してもらえるのです。70歳以上の人は、病院などの窓口負担は自己負担限度額までになり（例外あり）、限度額は**年齢や所得に応じて異なります**（▼P84）。70歳未満の人と、70～74歳で「現役並みⅠ・Ⅱ」の人は、あらかじめ「限度額適用認定証」を発行してもらい、提示することで負担が自己負担限度額までに抑えられます。

ただし、健康保険でカバーできない治療や、個室などを利用した場合に大部屋との差額を患者が負担する差額ベッド代、入院中の食事代などは対象外となります。

また申請期限は**医療サービスを受けた翌月1日から2年以内**です。高額療養費は本来受給者本人が申請しますが、受給者が亡くなった場合は相続人が申請します。**払戻金は相続財産となり、相続税の対象**となります。

70歳未満で1か月の医療費の負担金が限度額を超えた場合は、**受診した月の約3か月後に、高額療養費の申請の通知書が世帯主宛てに届きます**。通知内容に従って手続きしましょう（▼左ページ下）。

国民健康保険や健康保険、共済組合では、かかった医療費を世帯内で合算し、高額療養費として申請することができます。しかし**同一世帯内に75歳未満の人と75歳以上の人がいた場合、前者は国民健康保険あるいは健康保険、共済組合、後者は後期高齢者医療制度の加入者となり、かかった医療費を合算できないので注意**が必要です。

ポイント 高額療養費のしくみ

加入している保険で定められている負担割合が一定額を超えた場合、その差額が高額療養費制度によって支払われます。

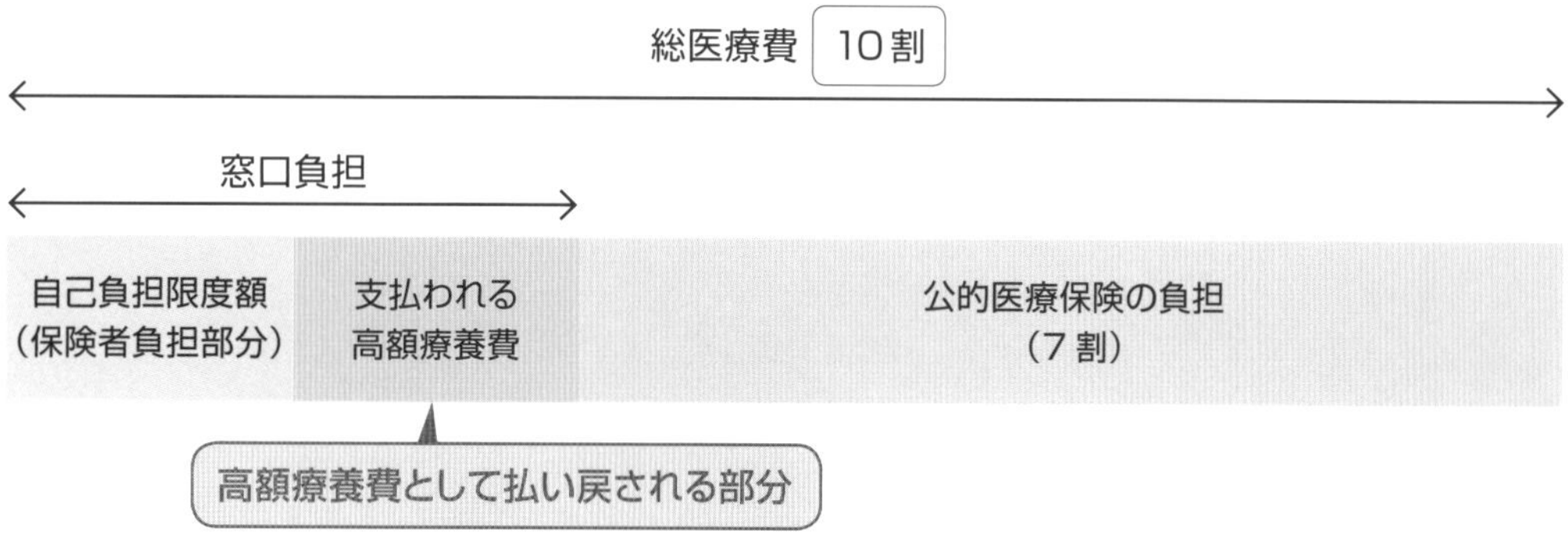

※総医療費とは、保険適用される診察費用の総額（10割）。

多数回該当とは?

知っておこう!

高額療養費制度を利用した月以前の１年間で、３か月以上、高額療養費の支給（払い戻し）を受けた場合は、４か月目から「多数回該当」となり、自己負担限度額がさらに軽減されます。たとえば70歳未満で自己負担限度額が5万7,600円の場合は、４か月目からは限度額が4万4,400円になります。

チェック! 高額療養費申請の手続き

申請者	遺族
提出先	●国民健康保険の場合：故人の最後の住所地の市区町村役場 ●会社員の場合：健康保険組合または協会けんぽ
必要なもの	●高額療養費支給申請書 ●医療機関の領収証 ●市区町村役場が発行する非課税証明書（低所得者の場合） ●高齢者受給者証（70歳以上の場合） ●預金通帳 ●印鑑 ●故人との続柄のわかる戸籍謄本など
期限	医療サービスを受けた翌月１日から２年以内

チェック！ 高額療養費の自己負担限度額

70歳未満の場合

所得区分（標準報酬月額）	自己負担限度額	
	外来・入院	多数回該当※2
83万円以上	25万2,600円 ＋（総医療費※1 － 84万2,000円）× 1%	14万100円
53万～79万円	16万7,400円 ＋（総医療費 － 55万8,000円）× 1%	9万3,000円
28万～50万円	8万100円 ＋（総医療費 － 26万7,000円）× 1%	4万4,400円
月額26万円以下	5万7,600円	4万4,400円
市区町村民税の非課税者または生活保護者	3万5,400円	2万4,600円

※1：総医療費とは保険適用される診察費用の総額（10割）。
※2：療養を受けた月以前の1年間に、3か月以上の高額療養費の支給を受けた（限度額適用認定証を使用し、自己負担限度額を負担した場合も含む）場合には、4か月目から「多数回該当」となり、自己負担限度額がさらに軽減される。

70歳以上の場合

被保険者の所得区分		自己負担限度額	
		外来（個人ごと）	外来・入院（世帯）
①現役並み所得者	現役並みⅢ（標準報酬月額83万円以上で高齢受給者証の負担割合が3割の方）	25万2,600円+（総医療費－84万2,000円）×1%［多数回該当：14万100円］	
	現役並みⅡ（標準報酬月額53万～79万円で高齢受給者証の負担割合が3割の方）	16万7,400円+（総医療費－55万8,000円）×1%［多数回該当：9万3,000円］	
	現役並みⅠ（標準報酬月額28万～50万円で高齢受給者証の負担割合が3割の方）	8万100円+（総医療費－26万7,000円）×1%［多数回該当：4万4,400円］	
②一般所得者	①および③以外	1万8,000円（年間14万4,000円）	5万7,600円［多数回該当：4万4,400円］
③低所得者	Ⅰ※1	8,000円	1万5,000円
	Ⅱ※2		2万4,600円

※1：被保険者とその扶養《ふよう》家族すべての方の収入から必要経費・控除額を除いた後の所得がない場合。
※2：被保険者が市区町村民税（所得に応じて課税される市町村民税、固定資産税など市町村が課税する税）の非課税者等である場合。

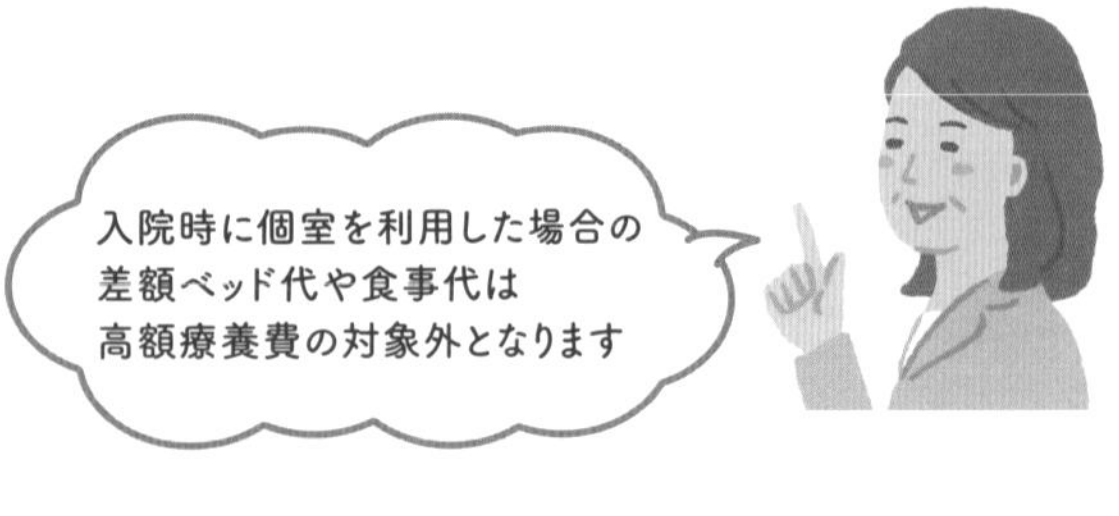
入院時に個室を利用した場合の
差額ベッド代や食事代は
高額療養費の対象外となります

［記入例］健康保険高額療養費支給申請書

※様式は保険者・自治体によって異なる。

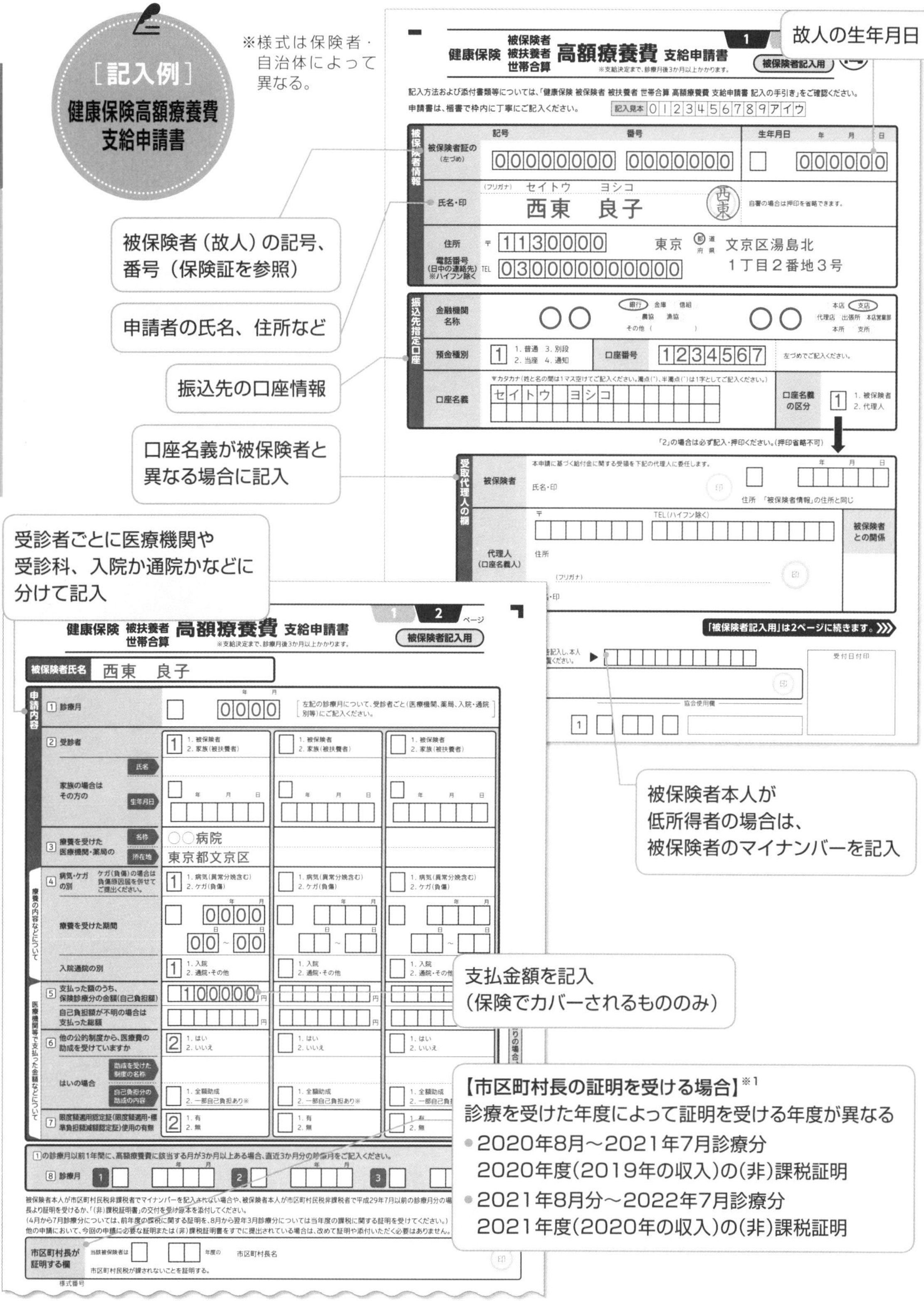

※1：被保険者本人が市区町村民税非課税者でマイナンバーを記入しない場合や、被保険者本人が市区町村民税非課税者で2017年7月以前の診療月分の場合に市区町村長の証明もしくは（非）課税証明書の添付が必要。

故人の年金はどうやって停止すればいい？

【年金の受給停止手続き】

時期 国民年金は14日以内
厚生年金は10日以内

専門家のひと言

- 速やかに年金受給停止の手続きを行いましょう。
- マイナンバーを収録していた場合は手続きの必要はありません。

【過払いの年金は後で返還手続きが必要に】

故人が生前に**年金を受け取っていた場合は、速やかに年金受給権者死亡届を提出**しましょう（▼左ページ）。受給停止の手続き期限は、**国民年金なら死亡後14日以内、厚生年金は死亡後10日以内**です。

手続きをしないとそのまま年金が振り込まれ、後日、もらいすぎた年金を改めて返還しなくてはいけなくなります。面倒な手続きが増えてしまうので、忘れないうちに処理しておきましょう。

まずは故人が加入していた年金を確認しましょう。会社員や公務員の場合、国民年金、厚生年金の2つに加入しており、自営業者や無職、農業従事者などは国民年金のみです。

原則、65歳以上で公的年金の受給資格を満たしている人なら、老齢基礎年金あるいは老齢厚生年金を受け取っています。**受給資格とは、保険料を納めた期間と保険料の免除を受けた期間などが合わせて10年（120月）以上あること**です。

また、障害をもつ人の場合は、障害基礎年金あるいは障害厚生年金が支給されています。

知っておこう！

マイナンバーが収録されていれば手続きの必要はない

年金の受給を停止する場合には、通常であれば年金受給権者死亡届に必要事項を記入し、故人の年金証書、死亡診断書などとともに年金事務所あるいは年金相談センターへ提出します。ただし、日本年金機構にマイナンバーが収録されている人は、年金受給権者死亡届を提出する必要はありません。住民基本台帳ネットワークシステムにより、国や自治体が行うサービスにおいて、住所や氏名変更、死亡などの情報が共有されるようになったためです。マイナンバーの収録状況は「ねんきんネット」や年金事務所で確認できます。

［記入例］年金受給権者死亡届

故人のマイナンバーまたは基礎年金番号（年金コード）

複数の年金を受けていた場合はすべての年金コードを記入

届書コード	処理区分コード	届書
8501		

国民年金・厚生年金保険・船員保険・共済年金・年金生活者支援給付金

受給権者死亡届（報告書）

※基礎年金番号（10桁）で届出する場合は左詰めでご記入ください。

死亡した受給権者	❶個人番号（または基礎年金番号）および年金コード	個人番号（または基礎年金番号）	年金コード（複数請求する場合は右の欄に記入）	
		999999999999	0000	
	❷生年月日	○○年○○月○○日		
	㋐（フリガナ）	セイトウ	カズオ	
	氏名	（氏）西東	（名）一男	
	❸死亡した年月日	○○年○○月○○日		

届出者	❹（フリガナ）	セイトウ	ヨシコ	❺続柄	※続柄
	氏名	（氏）西東	（名）良子 ㊞（西東）	妻	
	※❻未支給有無	❼郵便番号	㋑電話番号		
		113－0000	03-0000-0000		
	❽（フリガナ）	※住所コード	ブンキョウク	ユシマ	
	住所		文京 区	湯島北1丁目2番地3号	

届出人の氏名

故人と届出人の続柄

日中連絡がとれる電話番号を記入

◎　未支給の年金・給付金を請求できない方は、死亡届（報告書）のみ記入してください。

◎　死亡届のみを提出される方の添付書類

1．死亡した受給権者の死亡の事実を明らかにすることができる書類
　（個人番号（マイナンバー）が収録されている方については不要です）
　・住民票除票（コピー不可）
　・戸籍抄本
　・死亡診断書（コピー可）　　などのうち、いずれかの書類

2．死亡した受給権者の年金証書
　年金証書を添付できない方は、その事由について以下の項目に○印を記入してください。

未支給の年金を請求しない場合の添付書類

（事由）

ア．廃棄しました。　（　年　月　日）
イ．見つかりませんでした。今後見つけた場合は必ず廃棄します。
ウ．その他（　）

年金証書を添付できない場合、その理由を○で囲む。
「ウ」の場合は具体的な理由も記述

㋕備考	

年　月　日 提出	
年金事務所記入欄	
※遺族給付同時請求	有（上・外）・無
※未支給請求	有・無

故人のマイナンバー・基礎年金番号は、マイナンバーカードや通知書、年金証書、年金手帳などで確認しましょう

未支給の年金はどう受け取る？

【未支給年金の請求手続き】

時期 年金の支払日の翌月1日から5年以内

専門家のひと言

● 未支給年金があれば、受給停止の手続きと同時に請求しましょう。

【故人と生計をともにしていれば死亡した月までの年金が受給できる】

年金の受給停止手続きの際、同時に未支給年金の請求も行っておきましょう。**年金は偶数月の15日に後払いで2か月分が支払われるため、死亡した月の分を受け取っていない場合**もあります。

たとえば4月に亡くなった場合、4月分までは受け取る資格がありますが、支払われるのは2か月先の6月です。そのため、前もって請求手続きをしておきます。「未支給年金・未支払給付金請求書」に記入し、左ページ上に記した必要書類とともに故人の居住地の年金事務所や年金相談センターへ提出しましょう。

ただし、未支給年金を請求できる人には条件があります。**故人と生計をともにしていた遺族**であり、その優先順位が決まっています。

表に示した遺族のうち、**優先順位がもっとも高い人が請求**をします。同順位者が2人以上いた場合、そのうちの1人が全員のために代表して請求します。その人に全額が支払われますが、受け取る権利は同等にあるため、後で分け合うこととなります。

未支給年金は相続税の対象とはなりませんが、受け取った人の一時所得の扱いとなります。一時所得が合計50万円以上となった場合には確定申告が必要です。

ポイント 未支給年金の請求の優先順位

未支給年金は、次の優先順位で請求できます。

第１順位	配偶者
第２順位	子
第３順位	父母
第４順位	孫
第５順位	祖父母
第６順位	兄弟姉妹
第７順位	それ以外の３親等以内の親族

ポイント 公的年金受給停止および未支給年金請求の手続き

申請者	故人と生計をともにしていた受給資格のある遺族
提出先	故人の居住地の年金事務所、あるいは所轄の年金相談センター
必要なもの	●故人の年金証書 ●故人の死亡の事実を明らかにできる書類 （戸籍謄本、抄本、死亡診断書のコピー、除住民票など） ●故人と請求者との間柄を証明できる書類 （市区町村長の証明書、戸籍謄本もしくは抄本。住民票は不可） ●故人の住民票（除票）と請求者の世帯全員の住民票 ●故人と請求する人が別世帯の場合は「生計同一関係を証明する書類」 （生活費の振り込みに使った通帳など） ●預金通帳　など
期限	受給停止手続きは、国民年金は死亡日から14日以内、厚生年金は死亡日から10日以内

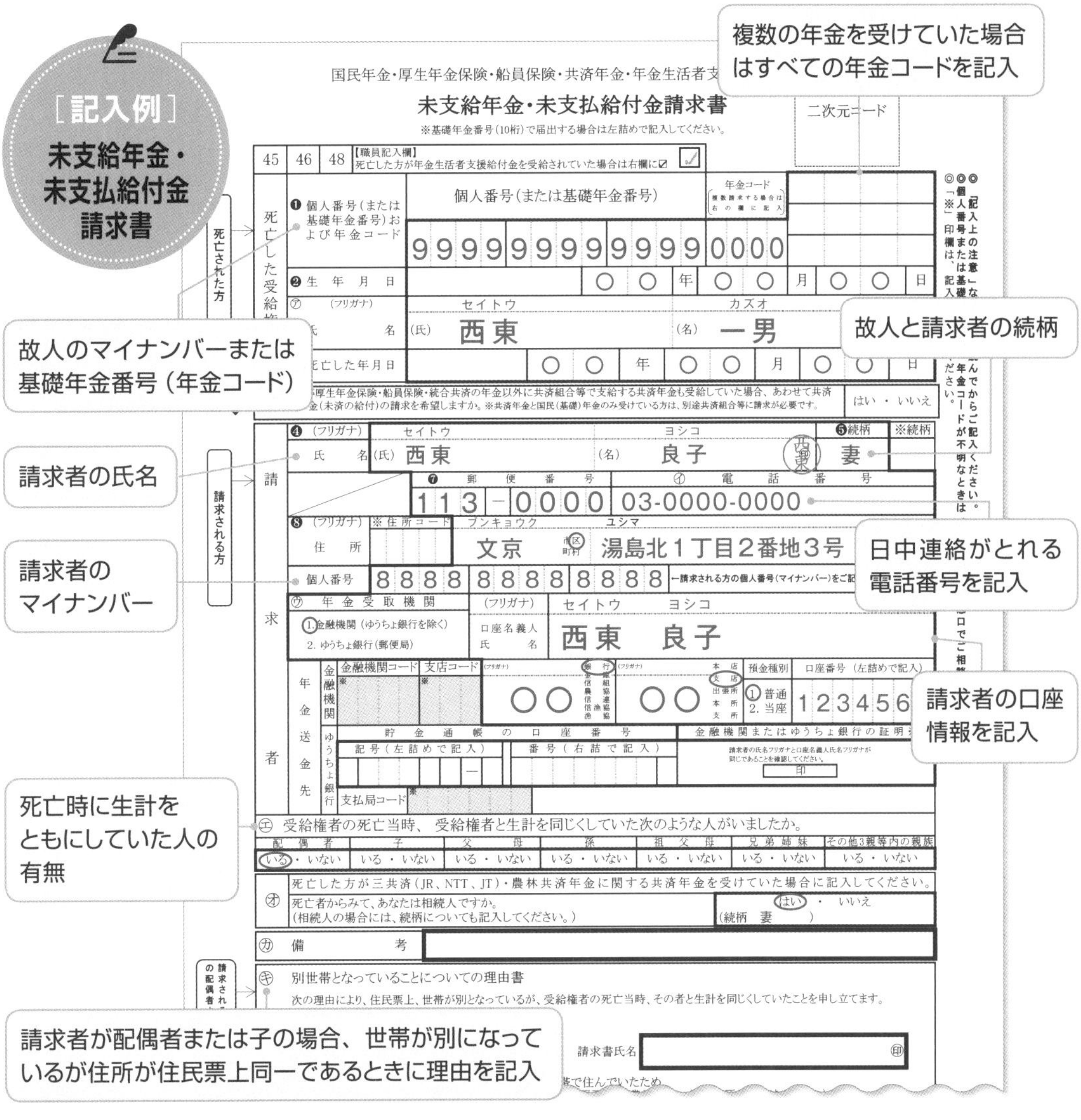

遺族が受け取れる年金とは？

【遺族が受け取れる公的年金】

時期 5年以内

専門家のひと言

- 故人に生計を維持されていた遺族には遺族年金が支給されます。
- 遺族年金の金額については、年金事務所に確認しましょう。

【遺族年金を受け取るにはいくつかの条件がある】

公的年金には**遺族年金**といって、被保険者によって生計を維持されていた家族に支払われる年金があります。ただし、すべての人が受け取れるわけではありません。保険料の納付状況、故人の職業や子どもの有無、婚姻期間などによって受給できるかどうかが決まり、金額もそれぞれ異なります。また、故人の加入していた年金の種類によっても違います（▼左ページ上）。

まず、自営業などで**国民年金に加入していた場合は、遺族基礎年金（▼P94）、もしくは寡婦《かふ》年金または死亡一時金（▼P96）が支給**されます。遺族基礎年金の給付の条件は、**18歳未満（18歳の年度末まで）の子ども（または1級または2級の障害がある子は20歳未満）がいること**です。この条件に当てはまらない場合、寡婦年金か死亡一時金のいずれかを選択します。

寡婦年金とは、**国民年金の保険料納付期間と、免除期間の合計が10年以上ある人が年金をもらわずに亡くなった場合**に妻に支払われる年金です。

会社員、公務員などで**厚生年金に加入していた場合は、遺族基礎年金と遺族厚生年金（▼P94）が支給**されます。受け取るには故人が要件を満たしていること（▼左ページ下）と、遺族自身が故人によって生計を維持されていたことが条件となります。

遺族厚生年金では、配偶者または子どもだけでなく父母、孫、祖父母なども、故人によって生計を維持されていたのであれば支給の対象となります。なお、この場合も、子どもや孫は18歳未満の者をさします。配偶者は子どもがいるか、子どもがいなくても30歳以上であれば、前年の年収が８５０万円以上か、再婚しない限り、遺族厚生年金を受け取ることができます。

ポイント 配偶者が受け取れる遺族年金の種類

子どもがいる(18歳未満)

- 故人が自営業の場合 ➡ 遺族基礎年金
- 故人が会社員、公務員の場合 ➡ 遺族基礎年金 ＋ 遺族厚生年金

子どもがいない(もしくは18歳以上)

- 故人が自営業の場合 ➡ 寡婦年金(妻のみ)または死亡一時金
- 故人が会社員、公務員の場合
  - ➡ 配偶者が40歳未満 ➡ 遺族厚生年金
  - ➡ 妻が40～64歳 ➡ 遺族厚生年金 ＋ 中高齢寡婦加算

ポイント 遺族年金を受給できる要件

年金を受け取るには、故人が以下の要件のいずれかを満たしている必要があります。また、保険料の滞納がある場合は受給できなくなることがあります。

遺族基礎年金	① 国民年金の被保険者である ② 国民年金の被保険者だった60～64歳で、日本国内に住所がある ③ 受給資格期間が25年以上ある※ ④ 18歳未満の子がいる ⑤ 受給者の前年の年収が850万円未満
遺族厚生年金	① 厚生年金の被保険者である ② 被保険期間中のケガや疾病が原因となって、初診日から５年以内に死亡した 　１、２級の障害厚生年金の受給者が死亡 ③ 受給資格が25年以上ある※ ④ 受給者の前年の年収が850万円未満

原則 いずれも①② の場合には、保険料納付の期間(免除期間を含む)が加入期間の３分の２以上必要

※ただし2026年４月１日以前、死亡時に65歳未満であれば、保険料の滞納がなければ受けられる。

知っておこう!

共済年金はなくなり、厚生年金になった

かつては、会社員は厚生年金、公務員は共済年金と、異なる母体で運営されていましたが、2015年10月より年金制度のしくみが変わり、共済年金も厚生年金へと一元化されました。これにともない、受給資格条件や保険料も統一されています。年金制度はもともと複雑なうえ、こうした制度改革も行われ、わかりにくくなっています。年金事務所や年金相談センターなどに問い合わせ、どのような年金が受け取れるのかを確認しましょう。

遺族年金の手続きはどうする？

【遺族年金の請求手続き】

時期 5年以内

専門家のひと言

- 5年以内に手続きをしないと無効になってしまうので注意を。
- 年金請求書に必要書類を添え役場の年金窓口や年金事務所に提出します。

【請求に必要な書類を事前に確認しておく】

遺族年金には請求期限があり、死亡日から5年以内（死亡一時金は2年以内）に手続きをしなければ無効になってしまいます。

手続きは、**国民年金のみならば市区町村役場の年金窓口で、厚生年金の場合は年金事務所、年金相談センター**で行います。「年金請求書」に記入し（▼左ページ）、必要書類を添えて提出しましょう。年金請求書は日本年金機構のホームページでもダウンロードできます。

年金手帳等のほか、死亡診断書、住民票や所得証明など、必要な書類が多数あります。何度も手続きに行くことにならないよう、事前に確認して、しっかり準備をしておきましょう。

手続きを済ませると、**約1か月後に年金証書や年金決定通知書、パンフレットが届きます。実際の年金を受け取れるようになるのは、さらに1～2か月後が目安**で、偶数月に2か月分が振り込まれます。

ポイント 遺族年金の請求手続き

請求先	国民年金のみの場合： 住所地の市区町村役場（年金課） 厚生年金の場合： 年金事務所または年金センター
提出書類	年金請求書
必要なもの	・故人の基礎年金番号通知書または年金手帳、年金証書等 ・戸籍謄本 （亡くなった日以降で、提出日の前6か月以内に交付されたもの） ・世帯全員の住民票の写し、故人の住民票の除票（マイナンバーの提示で省略できる） ・配偶者と子の所得証明書、課税証明書等、所得額が証明できるもの。子が高校生の場合は在学証明書 （マイナンバーの提示で省略できる） ・死亡診断書のコピー ・預金通帳　・印鑑

［記入例］
年金請求書

故人のマイナンバーあるいは基礎年金番号を記入。
基礎年金番号が2つ以上ある場合は窓口に申し出ること

遺族基礎年金のみの場合は、
「国民年金基礎年金請求書」という書類に記入する

年金請求書（国民年金・厚生年金保険遺族給付）
〔遺族基礎年金・特例遺族年金・遺族厚生年金〕

様式第105号

7 3 1 届書

年金コード 1 4

○　　のなかに必要事項を記入してください。（◆印欄には、なにも記入しないでください）
○黒インクのボールペンで記入してください。鉛筆や、摩擦に伴う温度変化等により消色するインクを用いたペンまたはボールペンは、使用しないでください。
○フリガナはカタカナで記入してください。
○請求者自ら署名する場合は、請求者の押印は不要です。

二次元コード

⑨ 実施機関等 受付年月日

基礎年金番号が交付されていない方は、❶、❸欄に個人番号をご記入ください。
基礎年金番号（10桁）で届出する場合は左詰めでご記入ください。
個人番号（マイナンバー）については、10ページをご確認ください。

死亡した方
- ❶個人番号（または基礎年金番号）：9 9 9 9 9 9 9 9 9 9 9 9
- ❷生年月日：○○年○○月○○日
- 氏名：（フリガナ）セイトウ カズオ　（氏）西東　（名）一男
- 性別：1. 男（○）　2. 女

請求者
- ❸個人番号（または基礎年金番号）
- ❹生年月日：○○年○○月○○日
- 氏名：（フリガナ）セイトウ ヨシコ　（氏）西東　（名）良子　㊞
- ⑳続柄：妻　◆
- 性別：1. 男　2. 女（○）
- 郵便番号：1130000
- ㉒住所：（フリガナ）ブンキョウク ユシマキタ チョウメ バンチ ゴウ　文京 市・区（○）・町・村　湯島北1丁目2番地3号
- ＊電話番号1：（ 03 ）－（ 0000 ）－（ 0000 ）
- ＊電話番号2：（　　）－（　　）－（　　）

❺記録不要制度：（厚年）（船員）（国年）（国共）（地共）（私学）　送信
❻作成原因：01 02
❼進達番号　❽別紙区分　❿船戦加　⓫重無
⓬未保　⓭支保　⓮受給権者数　⓯長期

原則として
住民票の住所を記入

社会保険労務士が
提出を代行した
場合に記入

社会保険労務士の提出代行者印　㊞

＊日中に連絡が取れる電話番号（携帯も可）をご記入ください。
＊予備の電話番号（携帯も可）があればご記入ください。

受け取り用の
金融機関口座情報

…上のときは、そのうちの1人についてこの請求書にご記入ください。
…いては、「年金請求書（国民年金・厚生年金保険遺族給付）（別紙）」（様式第106号）に記入し、この年金請求書に添えてください。

年金送金先
- 受取機関：1. 金融機関（ゆうちょ銀行を除く）　2. ゆうちょ銀行（郵便局）
- 口座名義人氏名：（フリガナ）セイトウ ヨシコ　（氏）西東　（名）良子
- ㉓金融機関：㉔金融機関コード ◆　㉖支店コード ◆
- （フリガナ）○○ 銀行・金庫・信組・農協・信連・信漁連・漁協
- （フリガナ）○○ 本店・支店・出張所・本所・支所
- ㉗預金種別：1. 普通　2. 当座
- ㉘口座番号（左詰めで記入）：1234567
- ㉓ゆうちょ銀行：㉘貯金通帳の口座番号　記号（左詰めで記入）　－　番号（右詰めで記入）
- 金融機関またはゆうちょ銀行の証明※　貯蓄預金口座または貯蓄貯金口座への振込みはできません。
- 請求者の氏名フリガナと口座名義人氏名フリガナが同じであることを確認してください。　印
- ㉕支払局コード：0 1 0 1 6 0

※通帳等の写し（金融機関名、支店名、口座名義人氏名フリガナ、口座番号の面）を添付する場合、証明は不要です。

加算額の対象者または加給金の対象者
- 氏名：（フリガナ）（氏）（名）　㉙生年月日：年 月 日　障害の状態に ある・ない　◆㉙診
- 個人番号
- 氏名：（フリガナ）（氏）（名）　㉙生年月日

連絡欄

…フィルムの送付 … 枚
…ムの返 … 月

…目以降は余白等にご記入ください。

1

生計を同じくしている
子どもがいる場合に記入

請求書は注意事項が書かれた解説も含め全12ページで構成されています。
記入が必要な用紙は人により異なるため、注意事項を確認しながら記入しましょう

遺族年金はどれくらいもらえる?

【遺族基礎年金と遺族厚生年金】

時期 5年以内

専門家のひと言

- 遺族基礎年金は18歳未満の子がいる場合に受け取れます。
- 遺族厚生年金は要件によって金額が異なるので、確認しましょう。

【遺族基礎年金の金額は子どもの数によって変わる】

遺族基礎年金とは、故人が国民年金もしくは厚生年金に加入していて、かつ18歳未満の子どもがいる場合に受け取ることができる年金です。遺族基礎年金の支給額は、67歳以下の例で**「年額81万６０００円＋子の加算額」です。子の加算額は、第１・２子は１人あたり23万４８００円、第３子以降は各７万８３００円です**（▼左ページ上）。

配偶者ではなく子どもが遺族年金を受け取る場合は、年額81万６０００円に２人目以降の子の加算額となります。つまり、子どもが受給者本人のみの場合は加算されません。故人が国民年金だけに加入していて、なおかつ子どもがいない場合には配偶者は遺族基礎年金を受け取ることができません。寡婦《かふ》年金、あるいは死亡一時金のいずれか受給資格を満たすほうを受け取ります（▼P96）。

【遺族厚生年金の支給額はもともとの年金のおおよそ4分の3】

遺族厚生年金とは、**故人が厚生年金の加入者だった場合に、生計を維持されていた妻、子・孫、55歳以上の夫、父母、祖父母などが受け取れる年金です。**支給額は、**故人が受け取るはずだった年金の４分の３ほどです。**たとえば**夫の死亡時に妻が30歳以上なら、遺族厚生年金は再婚したり、年収が８５０万円以上にならない限りずっと給付**されます。妻が30歳未満で子がない場合、支給は５年と決まっています。

妻が40歳以上で、18歳未満の子どもがいない場合は、「**中高齢寡婦加算**」が支給されます（▼左ページ下）。支給額は年額61万２０００円で、妻が65歳に達するまで受け取れます。65歳以降は経過的寡婦加算が支給されます（妻が１９５６年４月２日以降生まれの場合は支給なし）。

※ここで説明した金額はあくまで目安なので、詳細は年金センターなどで確認しましょう。

チェック! 遺族基礎年金の受給額

国民年金、厚生年金の被保険者遺族で、18歳未満の子どもがいる家庭には「遺族基礎年金」が支給されます。

子のある配偶者が受け取る場合

※67歳以下の場合(受給額は2024年4月～2025年3月)
68歳以上は基本額が81万3,700円

年額81万6,000円 ＋ 子の加算額 ＝ 支給額(年額)

子の数	基本額	加算額	合計
1人	81万6,000円	23万4,800円	105万800円
2人	81万6,000円	46万9,600円	128万5,600円
3人	81万6,000円	54万7,900円	136万3,900円

子の加算額

第1子・第2子▶23万4,800円
第3子以降▶7万8,300円

子が受け取る場合

(年額81万6,000円 ＋ 第2子以降の加算額) ÷ 子の数 ＝ 1人あたりの支給額

子の数	基本額	加算額	合計
1人	81万6,000円	0円	81万6,000円
2人	81万6,000円	23万4,800円	105万800円
3人	81万6,000円	31万3,100円	112万9,100円

子の加算額

第2子▶23万4,800円
第3子以降▶7万8,300円

ポイント 中高齢寡婦加算の例

故人が厚生年金の被保険者であった場合、子どもがいない、あるいは18歳に達し、遺族基礎年金の対象から外れた妻に対して支給されるのが「中高齢寡婦加算」です。受け取れる期間は下の図の通りです。自身の老齢年金の支給が開始される65歳まで受け取れます。

• 18歳未満の子がいない場合

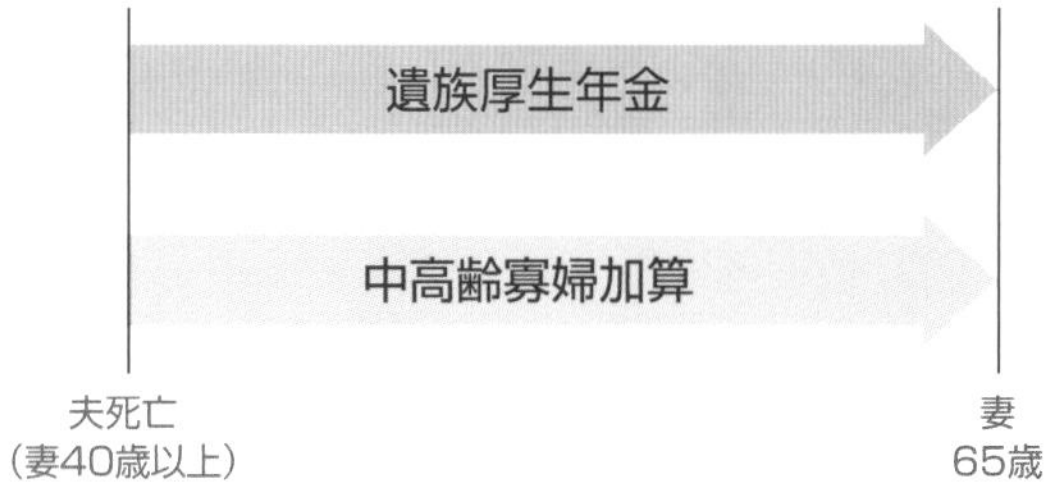

遺族基礎年金の対象外で妻が40歳以上なら中高齢寡婦加算が支給される。

• 18歳未満の子がいる場合

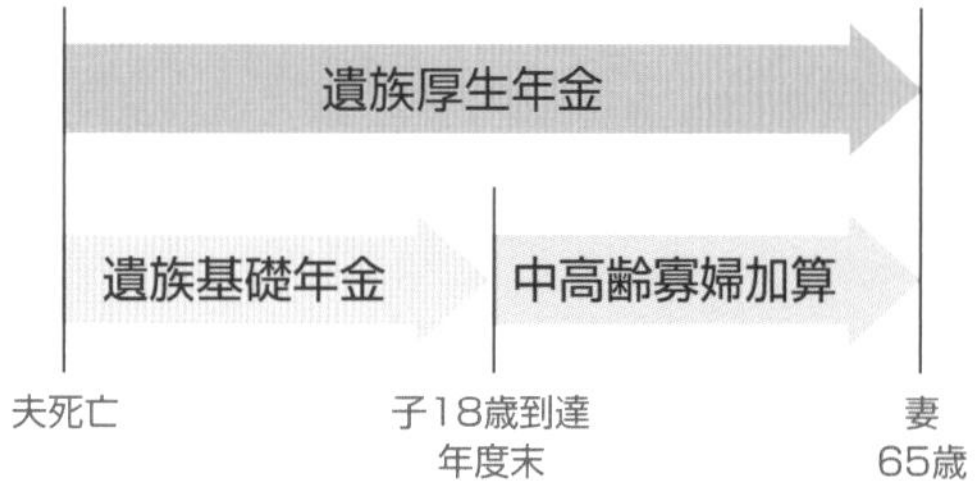

子が18歳になったら遺族基礎年金が打ち切られ、中高齢寡婦加算の支給が開始される。

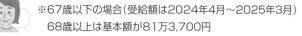

死亡一時金と寡婦年金のどちらを選べばいい？

【死亡一時金と寡婦年金】

時期 2年以内

専門家のひと言

- 死亡一時金は優先順位の高い遺族がもらえます。
- 寡婦年金と死亡一時金は併給できないため、どちらかを選択します。

【死亡一時金か寡婦年金か今後の人生設計を含めて考える】

死亡一時金は、国民年金の保険料を納めた月数が36月以上ある場合、故人と生計を同じくしていた遺族が受け取れます。①配偶者　②子　③父母　④孫　⑤祖父母　⑥兄弟姉妹の順位の高い者に、保険料を納めた月数に応じた金額が支給されます（▼左ページ下）。故人が老齢基礎年金や障害基礎年金を受けていないことが条件です。

寡婦《かふ》年金は、妻が10年以上故人と婚姻関係にあり、故人によって生計を維持されていた場合に60歳から65歳まで受け取れる年金です（▼左ページ上）。支給額は、故人が受け取るはずだった**老齢基礎年金の年額の４分の３**です。ただし、故人がすでに老齢基礎年金を受け取っていたり、妻が老齢基礎年金を60歳から繰り上げ受給している場合、寡婦年金は支給されません。

死亡一時金と寡婦年金のどちらの受給資格もある場合は、基本的に金額が高い方を選択しますが、今後の人生設計を考慮する必要があります。将来、老齢基礎年金を繰り上げて受け取ることを選択した場合、寡婦年金は受け取ることができないため、繰り上げ受給の老齢基礎年金と寡婦年金の額を天秤にかけて、いずれか多いほうを受給するという考え方もあるでしょう。ただし、繰り上げ受給は本来受け取れるはずの額よりも月当たり０・４％（１９６２年４月１日以前生まれの人は０・５％）減額されるので、状況が許すなら避けたほうが賢明です。

また、60歳になるまでに再婚した場合も寡婦年金は支給されなくなります。今後、何が起こるかわからないことを考えると、今のうちに確実にもらえる死亡一時金を受け取っておいたほうがよいかもしれません。**死亡一時金の請求手続きは、死亡後２年以内**という期限があるので、早めに決断して手続きを行いましょう。

ポイント 寡婦年金の受給条件

以下のすべてに該当する場合、寡婦年金が受給できます。

10年以上の婚姻関係が必要です

- □ 保険料納付期間と保険料免除期間が合わせて10年以上ある
- □ 10年以上故人と婚姻関係にある
- □ 故人に生計を維持されていた
- □ 故人が老齢基礎年金や障害基礎年金を受けていない
- □ 本人が老齢年金の繰り上げ受給をしていない

チェック! 死亡一時金の金額

保険料納付月数	金額
36月以上180月未満	120,000円
180月以上240月未満	145,000円
240月以上300月未満	170,000円
300月以上360月未満	220,000円
360月以上420月未満	270,000円
420月以上	320,000円

死亡した月の前月までに
付加保険料納付済み
期間が 36 月以上ある
場合は、上記の金額に
8,500 円が加算されます

知っておこう!

夫の受け取れる遺族年金は?

遺族基礎年金は従来、子のある「妻」、つまり女性のみに受給資格がありました。しかし2014年４月からは制度が見直され、生計を維持されていた配偶者で子がある場合、夫も遺族基礎年金を受給できるようになりました。遺族厚生年金では以前より、夫も支給対象に含まれています。ただし夫については妻の死亡時に55歳以上という年齢条件があります。支給開始は60歳からですが、遺族基礎年金を受給中の夫(子どものいる夫)に限り、60歳未満でも受け取れるようになっています。

- 妻を亡くした夫が遺族年金を受け取れる場合

ケース１

18歳未満の子がいる場合

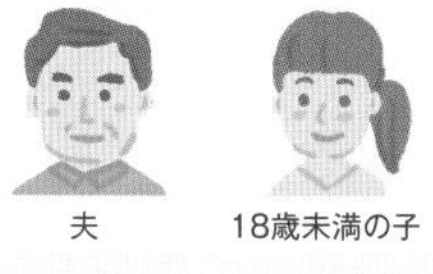
夫
18歳未満の子

夫は遺族基礎年金を受け取れる

ケース２

妻が会社員(厚生年金の加入者)だった場合

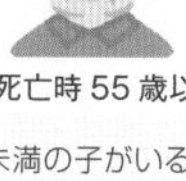

夫は遺族厚生年金を受け取れる※

夫(妻の死亡時 55 歳以上、年収 850 万円未満)

※18歳未満の子がいる場合は遺族基礎年金も受け取れる。

年金を2種類受け取れる場合もある？

【遺族年金の併給と受給権の喪失】

【国民年金と厚生年金に加入していれば併給できる場合も】

遺族年金を考えるときに大前提となるのが、**年金は1種類しか受け取ることができない**ということです。公的年金には原則65歳から受け取れる老齢年金、障害のあるときに受け取れる障害年金、そして遺族年金の3種類がありますが、この3種類のうち、受け取れる年金はひとつだけです。

ただし、**国民年金と厚生年金の両方に加入していた場合は、併給されることもあります**（▼左ページ）。

【環境が変わると遺族年金の受給権が消失することも】

遺族年金は、それぞれ受け取れる期間が決まっていますが、その期間中であれば、必ず受給できるというわけではありません。次のように遺族の環境が変わって条件に合致しなくなった場合には、遺族年金の**受給権を失う**ことになります。

① 死亡したとき
② 婚姻したとき（事実婚を含む）
③ 故人と離縁し、親族関係がなくなったとき
④ 子、孫の場合は18歳（障害がある場合は20歳）になった年度の3月31日に達したとき、または20歳未満で障害等級1級・2級の障害状態に当てはまらなくなったとき
⑤ 直系血族及び直系姻族以外の人の養子になったとき
⑥ 父母、祖父母、孫であった場合は、故人の死亡当時胎児であった子が生まれたとき

以上の場合は、該当する日から10日以内（遺族基礎年金のみの場合は14日以内）に年金事務所等に届け出ることになります。

専門家のひと言

● 複数の年金受給資格をもつ夫が亡くなると、妻は65歳以降に併給可能です。
● 条件に合致しなくなると受給権を失います。

ポイント 遺族年金とそのほかの年金の併給

公的年金は原則、1人1年金ですが、65歳以上については以下のように、遺族厚生年金とそのほかの年金の一部または全部を受け取ることができます。ただし、遺族基礎年金と老齢基礎年金は併給できません。

ケース 1 妻が老齢基礎年金を受け取っており、老齢基礎年金と老齢厚生年金を受け取っていた夫が亡くなった

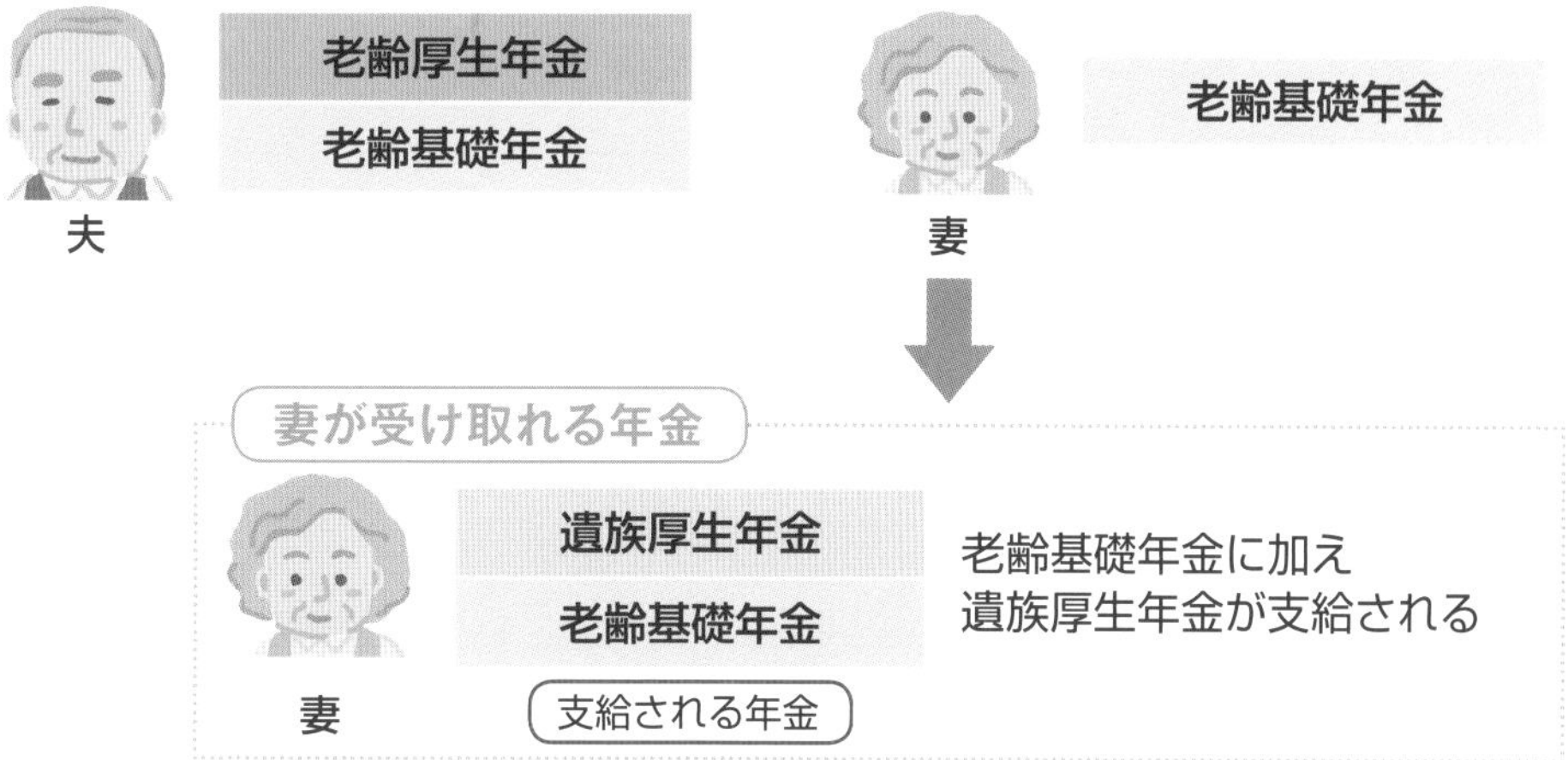

ケース 2 夫、妻ともに老齢基礎年金、老齢厚生年金を受け取っており、夫が亡くなった

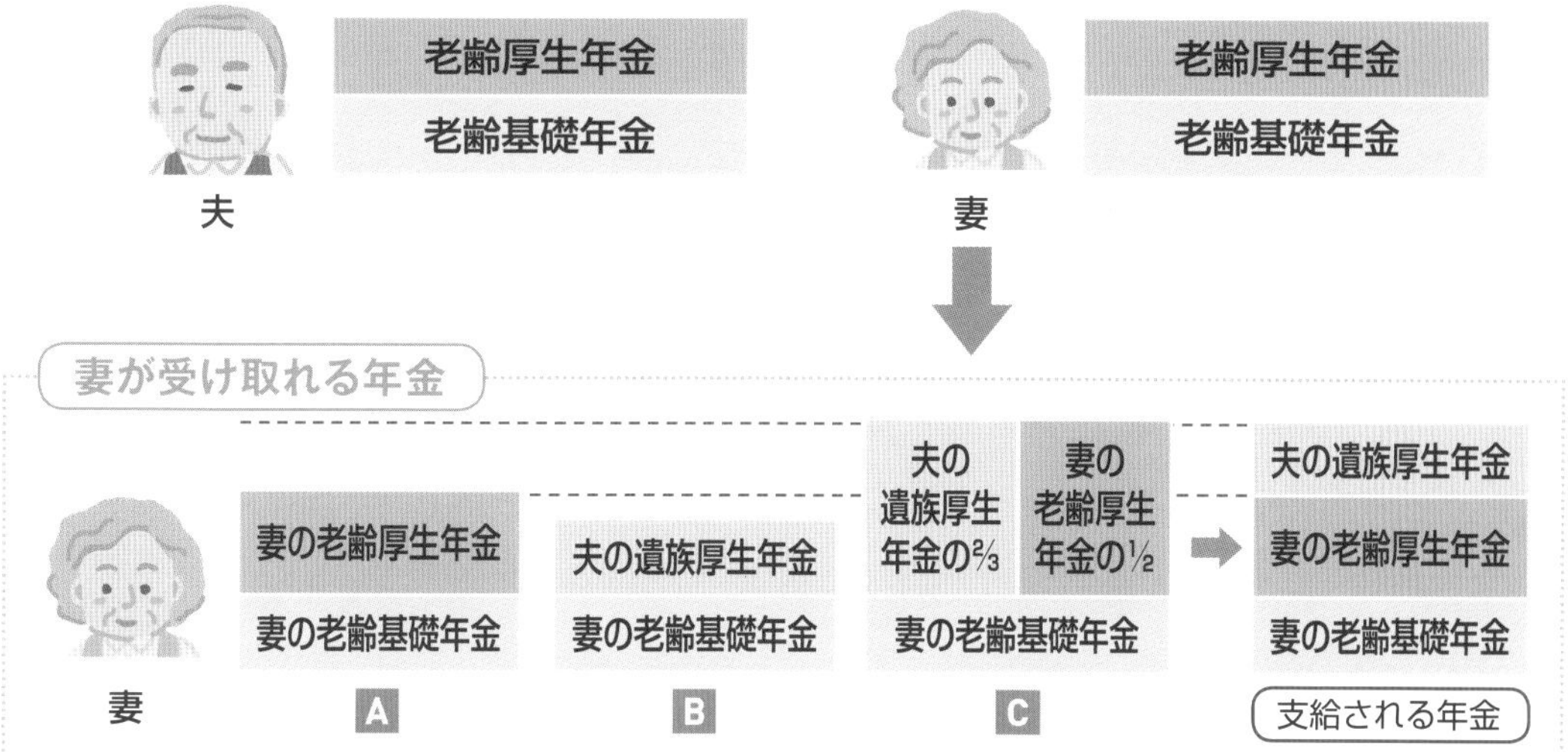

- BまたはCがAの金額を上回る場合、より高いほうとAの差額が遺族厚生年金としてAに加えて支給される
- AがBCを上回る場合、遺族厚生年金は受け取れない

気になる疑問

その2

パートナーができたら年金はどうなる？

厚生労働省がまとめた「厚生労働白書」（2020年）では、2040年に65歳になる人は、女性の2割が100歳まで、男性の4割が90歳まで生きると推計されています。このことから、人生100年時代がいよいよ到来したことが予想できます。

実際に、周囲の60代以上の人たちを見ても、体力的にも精神的にも若々しく、アクティブな人が多いようです。年齢に関係なく自分磨きを怠らず、魅力的な人が増えています。

それらを考えると、配偶者が亡くなった後の長い人生のうちには、もう一度運命の出会いが訪れるという可能性も低くはないかもしれません。そうなった場合のお金のことについてもあらかじめ考えておきたいものです。互いに子どもをもつ者同士の再婚では相続関係のもめ事が起こりやすいことも、視野に入れておく必要があります。

たとえば再婚した場合には、もともと配偶者がもらえていた遺族年金はどうなるのでしょうか？　結論としては、再婚したら遺族年金はもらうことができなくなります。入籍しない事実婚の場合も、同居して生計を同じくしているパートナーがいれば、原則受給はできません。

では、老後にもらう年金はどうでしょうか。自身が再婚後も働いて、会社の厚生年金あるいは国民年金に保険料を納めていれば、老後にもらえる年金額には変更がありません。しかし、再婚相手が会社員で厚生年金に入っており、たとえば妻がその扶《ふ》養《よう》に入る場合は、国民年金の第3号被保険者となり、国民年金の保険料の負担はなくなります。会社員として働いていた時期があった人は、老後、会社員のときに納めていた厚生年金の分に加えて老齢基礎年金を受け取ることができます。

再婚した場合は、遺族年金が受給できなくなる。新たなパートナーとは年金のこともあらかじめ話し合っておきたい。

第3章

遺産相続の手続き

人が亡くなると、残された遺族などが遺産を相続します。
遺言書の有無や相続人数、相続財産の内容によって
手続きが変わってくるので、相続の基本ルールに従い、
名義変更など、自分に必要な手続きを
よく確認して進めましょう。

相続はどのような流れで行われる?

【相続の基本知識】

時期 3か月以内

専門家のひと言

死亡と同時に、相続が自動的に発生します。借金などの負の遺産もあります。相続するか否かは3か月以内に決める必要があります。

【資産の多少にかかわらず誰にでも相続は発生する】

人が亡くなると、亡くなった人の財産を遺族などが引き継ぐ「相続」が発生します。相続というと、資産家だけに関係があることのように思えますが、そうではありません。**家や土地、車やお金などだけでなく、「借金」も財産のひとつです。**知らずに相続してしまったら、財産を引き継いだ人に返済の義務が生じることになります。

また引き継ぐ財産には相続税といって、税金がかかる可能性があります。自宅の地価が予想以上に高く、莫大な相続税がかかってしまった、ということもあります。

このように、資産の多い少ないにかかわらず、人が亡くなれば必ず相続のことを考える必要があります。

相続の手続きでは、財産を所有していた人を「被相続人」、財産を継ぐ人を「相続人」といいます。財産を受け継ぐことができるのは、原則として配偶者や子どもなど、被相続人の遺族（法定相続人）です。そのほか遺言書により、被相続人の意思で法定相続人以外に財産を遺すこともできます。**遺言により財産を譲ることを遺贈《いぞう》と**いい、**遺贈を受ける人を受遺者**と呼びます。

相続の手続きには期限があり、故人の遺品整理を行いながら、さまざまな手続きを進めていかなくてはなりません（▼左ページ）。まず、**相続するか否かを自分に相続があることを知ってから3か月以内に決める必要があります。**つまりそれまでに、故人の財産や借金をすべて把握する必要があるということです。また遺言書の有無（▼P104）を確認し、相続人全員で遺産分割について取り決め（▼P114）なければなりません。さらに、**死亡後4か月以内に準確定申告、10か月以内に相続税の申告、納税の手続きを行う必要があります。**近年では相続税対策（▼P216）として、生前贈与を行う人も増えています。

ポイント 相続手続きの流れ

1 被相続人の死亡 相続開始

2 死亡届の提出 7日以内※

※死亡の事実を知った日から7日以内

3 遺産についての調査

- 遺言書の有無
- 法定相続人の該当者
- 遺産の内容、総額

4 遺産相続　または　相続放棄を決める
限定承認、相続放棄の場合は
家庭裁判所に申請 3か月以内※

※相続の開始があったことを
知ったときから3か月以内

5 準確定申告 4か月以内

6 遺産分割
遺言書に従う、または遺産分割協議を行う

7 遺産分割協議書の作成

8 相続財産の名義変更や登記を行う

9 相続税の申告と納付 10か月以内

知っておこう！

財産の遺し方には3つの方法がある

財産を受け継ぐ方法は、人が亡くなって自動的に発生する「相続」のほか、遺言による「遺贈」、生前に財産を分け与えておく「贈与」の、大きく分けて３通りがあります。相続では、遺言書等で財産を遺す人の意思は実現できますが、配偶者や子など、一定の親族関係にある人にも財産が引き継がれることになります。これに対し遺贈や贈与では、被相続人の意思で財産の分け方を決めることができ、親族関係のない他人にも財産を遺せます。遺贈はおもに遺言書などにより行うもので、贈与は生前に交わす契約に基づいて財産を贈ります。

遺言書の種類は？どんな効力がある？

【遺言書の確認】

時期 **3**か月以内

専門家のひと言

遺言書の種類は3つ。
開封は家庭裁判所で行います。
破ったり隠したりすると、
相続人の資格を失うので
注意が必要です。

【遺言は法定相続よりも優先される】

相続が発生したら、まずはじめに確認しておきたいのが遺言書の有無です。

遺言では、故人が自分の意思で、誰にどう財産を分けるかを決められます。これを「**指定相続分**」といい、**法定相続人に認められた「法定相続分」**（▼P114）**より優先される**ことになっています。

通常、遺言書は亡くなった後に遺族がすぐ見つけられる場所に保管されています。また弁護士に預けたり、法務局で保管してもらえる制度を利用したりしている可能性もあります。

遺言書には一般的に3つの種類があります（▼左ページ）。**1つ目が財産を遺す「遺言者」の自書による「自筆証書遺言」**。財産目録以外は全文自筆であること、署名押印、作成日付の明示など、一定の方式を満たしている必要があります。2020年7月10日から、法務局での保管制度が始まりました。

2つ目は、遺言者の口述をもとに公証人が作成する「公正証書遺言」です。原本、正本、謄本《とうほん》の3通が作成され、原本が公証役場に保管されています。

3つ目が、「秘密証書遺言」です。内容が遺言者以外には秘密にされる遺言書で、遺言者が作成後、封印してから公証役場で公証人と証人の立ち会いのもと、秘密証書遺言の手続きを行います。作成されるのは1通のみで、手続きを終えた後は遺言者自身が保管します。

公正証書遺言以外の遺言書は、家庭裁判所で検認（▼左ページ右下）を受けます（法務局に保管してある自筆証書遺言は除く）。開封すると罰せられるので注意が必要です。また、破ったり隠したりすると「欠格《けっかく》」となり、相続の権利がなくなるので大切に保管しましょう。

ポイント 遺言の方式とその様式

一般方式

1 自筆証書遺言

遺言者が自書し、署名、押印されているもの。目録のみ、パソコンや通帳等のコピーでOK。作成日付が明示されている必要があり、修正の跡があった場合、訂正印と署名がなければ無効となる。

2 公正証書遺言

遺言内容を口述して公証人に作成してもらう。遺言者が公証役場に行くか、自宅や病院等に公証人に来てもらうこともできる。作成後、遺言者、2名以上の証人が内容に相違ないことを確認し、署名・押印する。原本のほか2通の写しが作成され、原本は公証役場に保管される。手数料のほか正本《せいほん》、謄本《とうほん》作成の費用がかかる。

3 秘密証書遺言

証人や公証人などの第三者にその内容は知られず、遺言書の存在のみ明らかになっているもの。遺言者が自書、署名、押印し、封印した後、証人2名の立ち会いのもと公証人に提出する。公証人は遺言者の遺言である旨の申述を封筒に記載して、公証人・遺言者・証人による署名・押印を行う。遺言書は本人により保管される。

特別方式

1 一般危急時遺言（臨終遺言）

病気や事故などで余命が残り少ないなど、すぐに遺言書を作成しなければならない事情があるときに行う。遺言者が証人に口頭で遺言を伝え、証人が代筆し、そのほかの証人が署名捺印を行うことで成立する。

2 遠隔地遺言

伝染病などによって隔離状態になっている人や、航海中など長期間陸地から離れている人などが行う。遺言者だけでなく、立会人の署名捺印も必要となる。

知っておこう!

家庭裁判所で行われる「検認」とは?

遺言書の検認とは、相続人に対して遺書の存在とその内容を知らせるとともに、その形状を確認して、偽造・変造がされていないかをチェックする手続きです。また、封印されている場合も家庭裁判所において相続人の立ち会いのもと開封することになっています。「公正証書遺言」以外の遺言書が見つかったら、すぐに家庭裁判所に提出し、検認の準備をしましょう。2020年7月10日に始まった自筆証書遺言の法務局保管制度を利用した場合は、検認が不要です。

誰が相続人なのかはどうやって調べる？

【法定相続人の特定】

時期　3か月以内

専門家のひと言

法定相続人には、配偶者を筆頭に優先順位があります。
故人の出生にさかのぼり戸籍を調べる必要があります。

【相続人を確定するため戸籍調査を行う】

財産の相続が法律で認められている人のことを法定相続人といいます。財産を引き継ぐ割合や優先順位についても定められており、遺言書がない場合はこの順位に従って相続します。配偶者は、常に相続人となります。ほか**の相続人は子・父母・兄弟姉妹のいずれか相続順位の高い人となります。相続順位は第1順位は子、第2順位は父母、第3順位は兄弟姉妹**とされています。上位の相続人がいれば、下位の人が相続することはできません。ただし、上位の相続人が全員相続を放棄した場合、次の順位の人が相続人になります。

　子どもは実子や養子、嫡出子《ちゃくしゅつし》、非嫡出子の別にかかわらず、第1順位として相続する資格をもちます。ただし非嫡出子については、母親の相続人となることはできますが、父親の相続人となるためには、「認知」されていなければなりません。

　夫の死亡時、妻が妊娠していた場合、おなかにいる赤ちゃんにも相続権があり、生まれた時点で相続人となります。その場合、赤ちゃんの代理人を立てますが、自身も相続人である母親は代理人にはなれません。

　相続の手続きでは、まずはこれら相続人を確定し、その順位を確認しなければなりません。そのために行うのが**戸籍調査**です。本籍地から戸籍謄本《とうほん》を取り寄せて調べますが、戸籍地を変えたり、婚姻などによって転籍している場合は、情報が分散してしまっています。相続における戸籍調査では婚姻歴や認知された子の有無などを調べる必要があるので、本人の出生から死亡時までの戸籍謄本をすべて取り寄せましょう（▼左ページ）。**戸籍謄本を請求できるのは、基本的には配偶者や直系親族のみですが、弁護士などの代理人に委任することもできます。**

ポイント 故人の戸籍謄本の請求

請求者	配偶者及び直系親族
請求先	故人の本籍地の市区町村役場
必要なもの	●戸籍申請書(名称は自治体により異なる) (戸籍を取り寄せたい人の本籍地、氏名、生年月日、必要な枚数、用途を記載) ●顔写真のついた身分証明書のコピー　●印鑑　●委任状　●手数料(450円程度)
郵送の可否	可。申請書に押印し、必要書類、返信用封筒と手数料分の定額小為替を同封して郵送する。事前に電話で問い合わせるとよい

［記入例］
戸籍証明書等請求書

戸籍の筆頭者名

戸籍謄本を取り寄せたい故人の氏名と、必要な書類の枚数

書類の用途

故人との続柄

添付書類がある場合はあてはまるものにチェックする

請求者の住所、氏名、連絡先

戸籍証明書等請求書（郵送用）

殿　　○年　○月　○日

本籍	東京都文京区１丁目　２番地		
筆頭者氏名	西東　一男　※戸籍に最初に記載されている方で、亡くなっていても変わりません。 生年月日：○年○月○日		
必要な証明	いずれかに○（○が無いときは謄本交付）	必要な方の氏名/生年月日	必要通数
戸籍（450円/通）	謄本（全員）　抄本（個人）	西東　一男　○年○月○日	1 通
除籍（750円/通）	謄本（全員）　抄本（個人）	年　月　日	通
改製原戸籍（750円/通）	謄本（全員）　抄本（個人）	年　月　日	通
附票（300円/通）	謄本（全員）　抄本（個人）	年　月　日 必要な住所⇒　年頃住んでいた・・・・・	通
身分証明（300円/通）	・だれの（　　） 年　月　日		通
受理証明書（350円/通）	・届出日　年　月　日（　　）届 ・だれの　（　　）		通
その他の証明	具体的な内容		通

使い道

理由

□パスポート手続き　□免許・資格等申請　□婚姻届等の戸籍届出
□年金の手続き　□ビザ申請
☑相続手続きで使用・・・***下記事項もご記入***ください
今回は（　西東　一男　）が死亡したことによる手続きで・・・
・（　　）の亡くなったことがわかるもの　・・・（　）通
・（　西東　一男　）の出生から（死亡・現在）まで　・・・各（　1　）通
・（　　）の婚姻から（死亡・現在）まで　・・・各（　）通
・（　　）と（　　）の関係がわかるもの　・・・（　）通
□その他（具体的にご記入ください）

提出先

請求者	住所	〒113-0000　東京都文京区湯島北１丁目２番３号
	フリガナ 氏名	西東《セイトウ》　良子《ヨシコ》
	電話番号	※日中連絡のつく番号　03（　0000　）0000
	筆頭者との関係	本人　・夫　・妻（○）・　子　・　父母　・　祖父母　・　孫　・　代理人　・　その他（
同封書類		□手数料（定額小為替）【　円】　□　返信用切手　【　円】 □返信用封筒（住所・宛名記載のもの）　※下記本人確認書類で確認出来ない住所へは返送できません □本人確認書類の写し（公的な機関が発行している証明書で、請求者の住所の記載があるもの）例：健康保険証 □請求者と対象者の関係がわかる戸籍の写し（江東区の戸籍で関係が不明な場合） □江東区の前後の戸籍の写し（除籍・改製原戸籍をご請求の場合で、すでにお持ちであれば） ※その他、代理人の場合は委任者作成の委任状、第三者の場合は関係を証明する資料の添付が必要になります。
最近２週間以内の戸籍の届出		出生・死亡・婚姻・離婚・その他（　　）届出、該当者（　　） 月　日　（　　）市区町村届出

裏面・注意事項

様式はとくに決まっておらず、便せん等に必要事項を記入しても問題ありません。ダウンロードできる自治体もあるので確認してみましょう

相続人が亡くなっている場合はどうなる？

【代襲相続】

時期 3か月以内

専門家のひと言

子が親より先に亡くなっていた場合は代襲相続が起こります。被相続人の兄弟姉妹の子も代襲相続ができます。

【子が相続できない場合 孫が相続することになる】

法定相続人は第1順位が子、第2順位が父母（亡くなっている場合には祖父母）、第3順位が兄弟姉妹と優先順位が定められています（▼左ページ上）。

このうち、第1順位の子、第3順位の兄弟姉妹に関しては、相続人が亡くなってしまった場合などに本来相続するはずだった人の子が相続します。このような相続の形を「**代襲《だいしゅう》相続**」、相続する人のことを「**代襲相続人**」といいます（▼左ページ下）。代襲相続では相続人の子や孫というように、直系の子孫である「直系卑属《ひぞく》」であれば、何代にもわたって相続権を受け継ぐことができます。

なお、相続税の計算をする場合の法定相続人には、代襲相続人も1人と数えます。たとえば、子が亡くなり孫2人が代襲相続人となる場合、法定相続人は2人です。

代襲相続はそのほか、何らかの理由で相続人にその資格がなくなった場合にも行われます。考えられる例のひとつ目が「**相続欠格《けっかく》**」です。たとえば、**被相続人あるいは先順位や同順位の相続人を死亡に至らせた、あるいは至らせようとしたことで刑に処せられた場合、相続人としての資格を失います**。

2つ目は、「**相続人の廃除**」と呼ばれる場合です。**被相続人を虐待したり、著しく侮辱したりした場合、被相続人は家庭裁判所に申し立て、その人を相続人から廃除することができます**。

相続廃除は生前のみならず、遺言書でも有効です。ただし相続廃除の対象となるのは、「遺留分《いりゅうぶん》」（▼P116）を請求する権利を有する相続人のみです。つまり被相続人の兄弟姉妹については、相続廃除は行われません。

なお、父母、祖父母などの「直系尊属《そんぞく》」やその配偶者は、代襲相続の権利をもちません。

ポイント 相続人の範囲と順位

より順位の高い人が相続人となりますが、亡くなっていたり、相続人としての資格を失った場合に、次の順位の人が繰り上がります。

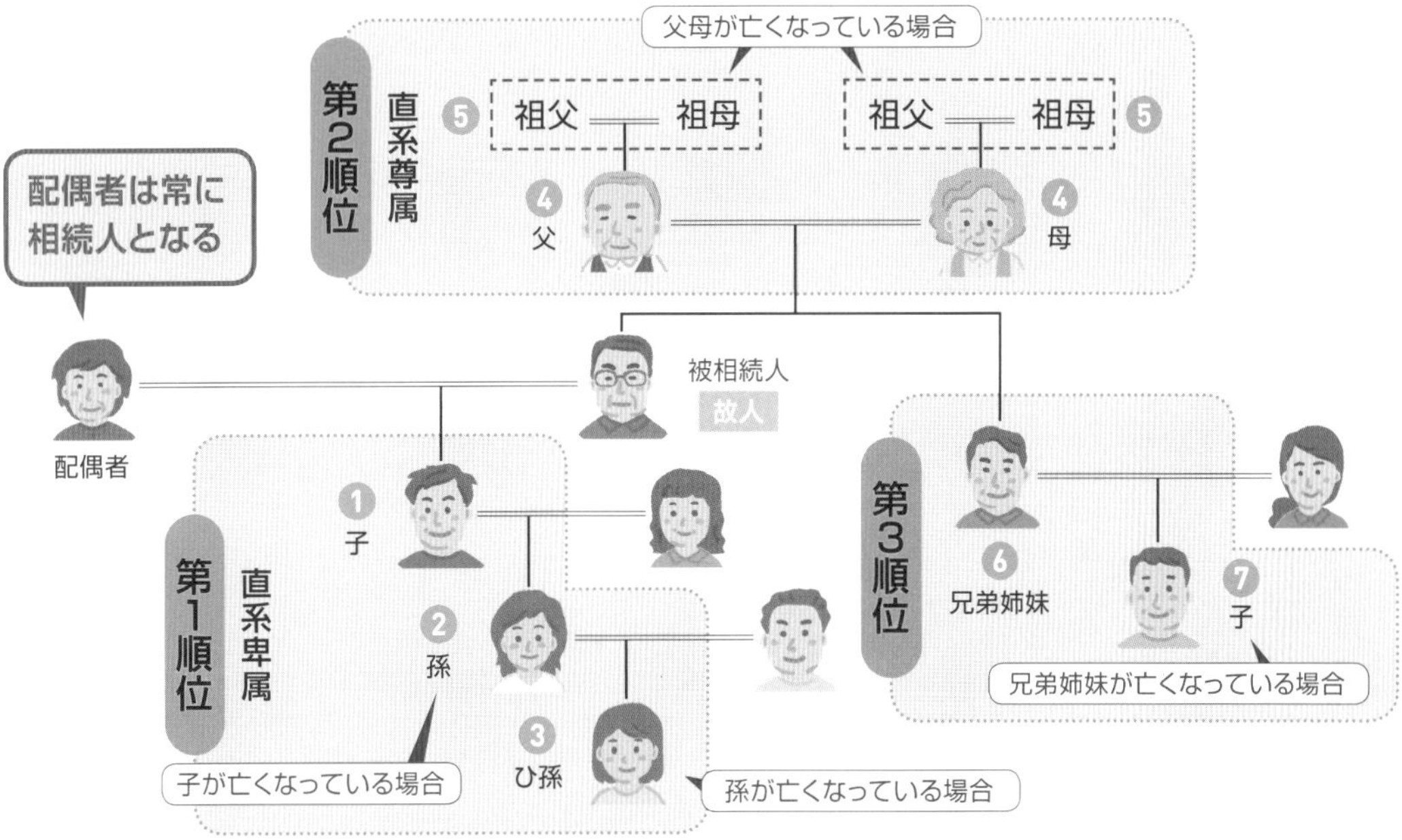

ポイント 代襲相続の例

直系卑属が代襲する

例 先に亡くなっていた長男の相続権を、孫が代襲する。

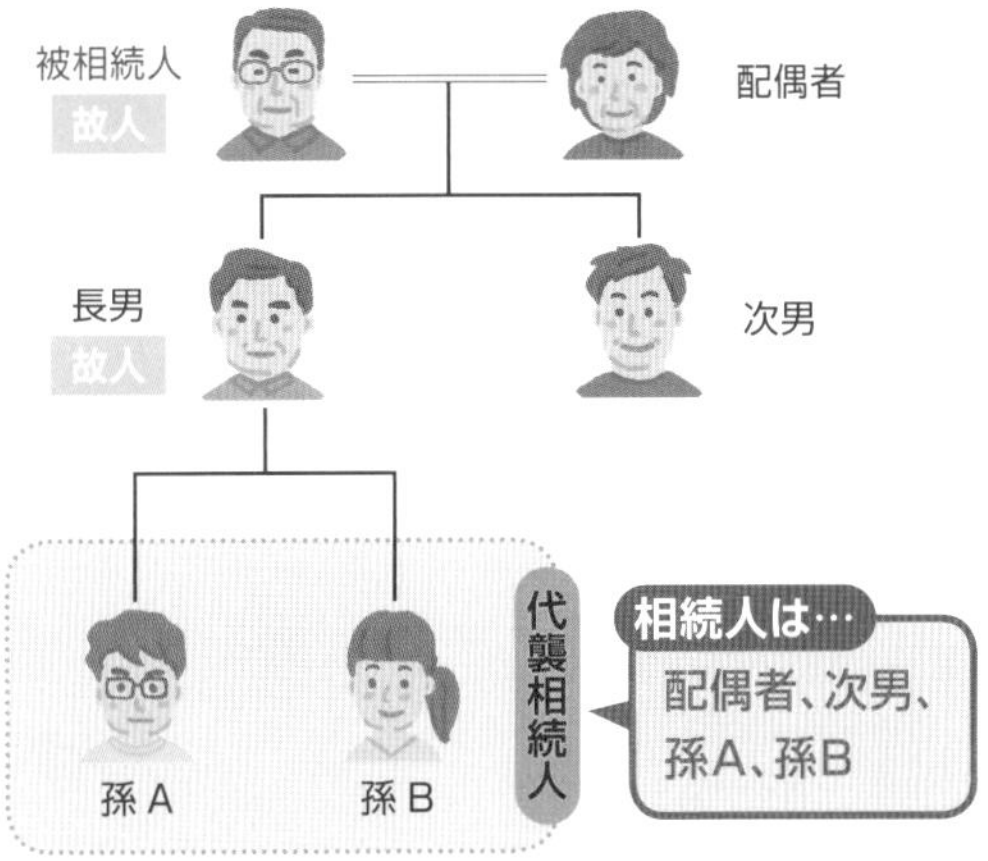

兄弟姉妹の子が代襲する

例 先に亡くなっていた姉の相続権を、姉の子(甥《おい》)が代襲する。

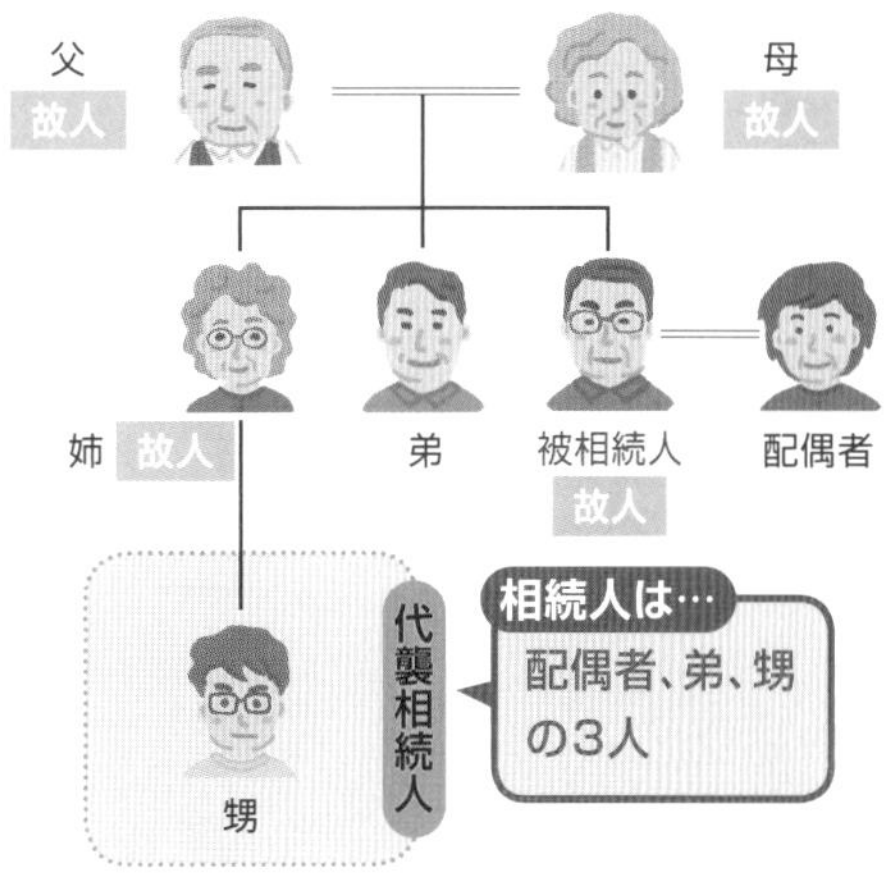

どんなものが財産で、課税の対象になる？

【財産・負債の調査】

時期 3か月以内

専門家のひと言

葬儀費用や香典は相続財産に含まれません。死亡保険金は相続税の対象となります。

【死亡保険金の一部は相続財産として扱われる】

相続を行うには、故人の有していた財産や負債をすべて洗い出し、相続財産がどれだけあるかを確認します。財産というものは土地やお金といった、受け継ぐことによってプラスになるものだけでなく、**借金などのマイナスになるものも含みます**（▼左ページ上）。両方を十分に把握して、不利にならないような相続の仕方を考えることが大切です。

故人の所有財産のうちには、相続の対象にならないものも存在します。たとえば葬儀費用や香典は相続財産には含まれません。

ややこしいのが、生命保険の保険金です。死亡保険金は被保険者の死亡によって加わる財産ですが、民法上の相続財産には含まれません。しかし、相続税法上は相続財産とみなして相続税の計算の対象としています。このような財産をみなし相続財産と呼びます。死亡退職金などもみなし相続財産になります。

たとえば、**故人が契約者で、配偶者などの法定相続人を受取人に設定した場合、みなし相続財産として相続税の対象になります**。といっても全額ではなく、相続人１人あたり５００万円の非課税枠が設けられています。

いっぽう、生命保険は契約の仕方で、ほかの税金の対象になる場合もあります（▼左ページ下）。たとえば妻が契約者で故人が被保険者、受取人も妻というような場合は、相続財産とはなりません。通常は妻の一時所得として扱われ、その一部が所得税や住民税の課税対象となります。

ただし、契約者が妻でも、故人が保険料を負担していた場合には、その負担した部分の割合はみなし相続財産になります。また、故人が契約・保険料を負担し、被保険者がほかの者の保険については相続財産となります。

チェック！ 財産の種類と相続

相続財産には、以下のように形があるものもあれば、権利のように見えないものも含まれます。また、借財のようなマイナスの財産もあります。遺産調査ではしっかり調べましょう。

	相続財産となるもの	相続財産に含まれないもの
プラスの財産	●墓地・墓石・仏壇・位牌等の祭祀財産 ●土地・建物 ●預貯金、株券・債券等の有価証券 ●自動車・宝石・骨董品等 ●売掛金・貸付金・未収債権 ●借地権・借家権・貸借権 ●損害賠償請求権・慰謝料請求権 ●著作権 ●特許権・商標権・実用新案権など 	●香典 ●生命保険金（ただし、一定額以上はみなし相続財産になる） ●死亡退職金（ただし、一定額以上はみなし相続財産になる） ●寄付をした相続財産
マイナスの財産	●住宅ローンなどの借入金返済債務（団体信用生命保険付きローンは相殺される） ●買掛金 ●損害賠償債務 ●保証・連帯保証債務 ●未払金（税金、家賃、医療費など） 	

チェック！ 生命保険金と税金

生命保険の保険金は、契約者と受取人により、税金の種類が異なります。また法定相続人が受取人に指定されていた場合、1人あたり500万円の贈与税の非課税枠があります。

契約者（保険料負担者）	被保険者	保険金受取人	対象となる税金
故人	故人	配偶者・子	相続税
配偶者	故人	配偶者	所得税
配偶者	故人	子	贈与税
故人	故人	法定相続人以外	相続税（非課税枠なし）

財産はどう調べて、どう整理すればいい？

【財産目録の作成】

時期 3か月以内

専門家のひと言

財産調査を行い、財産目録を作成しましょう。財産の評価額は時価で決めます。

【財産目録を作成し相続財産を確定する】

相続は、相続財産を確定することから始めます。財産調査を行い、評価額の算定を行いましょう。遺産分割の際の評価額は、遺産分割協議（▼P130）を行う時点での時価で決めます。また、財産調査では**貸金庫の有無**についても確認します（▼下図）。故人が生前利用していた場合には、その中身も相続財産となります。預金通帳で貸金庫の利用料が引き落とされていないかを調べましょう。

相続財産の確定に欠かせないのが財産目録です。故人が財産目録を遺していれば、それをベースに作成します。

財産目録には、動産（預貯金や有価証券、自動車など）・不動産、負債などを項目ごとに整理し、金額を書き込みます。故人の通帳や郵便物を見ながら、できるだけ正確に書きましょう（▼左ページ下）。

ポイント　貸金庫を開けるのに必要な手続き

遺言執行人（▼P119）がいる

遺言執行人が指定された遺言書と以下の書類を準備したうえで、遺言執行人が開けることができる。

遺言執行人がいない

以下の書類を準備し、相続人全員の立ち会いのもと開ける必要がある（委任状があれば全員の必要はない）。

●手続きに必要な書類

- □ 相続に関する依頼書(各金融機関所定のもの)、キャッシュカード、貸金庫のカギ、貸金庫の利用カード
- □ 故人の出生から死亡までの戸籍謄本《とうほん》
- □ 相続人全員の戸籍抄本《しょうほん》あるいは戸籍謄本
- □ 相続人全員の印鑑証明書

チェック! 財産の調べ方

財産の種類	調査内容	調査に必要な書類	その他・調べられる手段
不動産	所在地(地番) 面積・評価額	固定資産税納税通知書	法務局で「不動産登記簿謄本」を取得 市区町村で「名寄帳」を取得
預貯金	銀行名・支店名 預金の種類・口座番号 預金残高・既経過利息	通帳・ キャッシュカード	銀行で「残高証明書」 「既経過利息計算書」を取得
有価証券	取引会社・銘柄・株数・評価額	取引報告書	証券会社で 「残高証明書」を取得
保険	保険会社・証券番号 保険金額・受取人	保険証券	保険会社に 契約内容を照会する
負債・ローン	負債額・借入先	●カード類 ●借用書 ●請求書 ●督促状	KSC、CIC、JICCなどに電話し、調査を依頼
未払いの税金 公共料金・医療費	未払い額・支払先	●請求書 ●引き落としに用いていた口座の貯金通帳	市区町村役場、各インフラ会社・医療機関に問い合わせる
自動車・家財道具 美術骨董品など	自動車→下取り査定価格 家財→再調達に必要な金額 宝飾品・美術骨董品→時価、鑑定価格		高価なものは、専門家に鑑定を依頼する 金は相場を調べる

［記入例］
財産目録

登記簿謄本もしくは固定資産評価証明書を取得し記入

銀行・証券会社より残高証明書を取得し、1円単位で正確な金額を記入

借金などのマイナスの財産も確認し記入

月　日現在

遺産目録（土地）

所在	地番	地目	面積(㎡)	備考／概算評価額	承継者
文京区湯島北	1-2-3		120（36坪）	調査中 円	

評価額小計（単位：円）

遺産目録（建物）

家屋番号	種類	構造	面積(㎡)	備考／概算評価額	承継予定
				固定資産評価額 円	

評価額小計（単位：円）

遺産目録（預貯金・有価証券）

番号	品目	口座番号・証券番号	単位	数量（金額）	備考／概算評価額	承継予定
1	○○(株)の上場株	○○証券○○支店	円	500枚	1,000,000	
2	普通預金	○○銀行○○支店	円		10,153,386	
3			円			
9			円			

概算評価額小計（単位：円）

みなし財産目録（保険等）

番号	品目	口座番号・証券番号	単位	数量（金額）	備考／概算評価額	承継予定
			円			
			円			

概算評価額小計（単位：円）

債務

番号	番号	名目	単位	金額	備考
1		○○銀行○○支店	円	1,253,400	
2			円		

概算評価額小計（単位：円）

概算評価額総合計　　円　※基礎控除額　　万円

財産目録は遺産分割協議のときにも必要になります。
公の機関に提出するものではないので、特に書式は定められていません

相続人のあいだで財産はどう分ける？

【相続財産の分け方と法定相続分】

時期 10か月以内

専門家のひと言

遺言書がないときは法定相続分が分配目安に。配偶者の取り分が優先され、残りを法定相続人で分け合うと考えます。

【法定相続分を基準に話し合って決める】

遺言書が遺されていなかった場合は、法定相続人が集まり、故人の財産をどのように分け合うかを話し合う、**遺産分割協議**（▼P130）を行います。誰がどれだけ受け継ぐかの割合は相続人同士で決めてかまいませんが、話し合いだけではまとまらない場合もあります。そこで目安となる分け方が民法で定められています。これを「**法定相続分**」といいます（▼左ページ）。この法定相続分を基準に、それぞれの事情を考慮しながら決定するのが一般的です。

法定相続分は、法定相続人の順位とその組み合わせによって違います。まず配偶者の取り分があり、残りをほかの法定相続人で均等に分けると考えるとわかりやすいでしょう。相続人が配偶者のみの場合は、1人ですべてを相続します。

①配偶者と子

財産の2分の1を配偶者、2分の1を子が相続します。子が2人以上いる場合は、その頭数で均等に分けます。

②配偶者と直系尊属

被相続人に子がいない場合は、3分の2を配偶者が、残りの3分の1を直系尊属が相続します。直系尊属が複数いる場合はその頭数で均等に分けます。

③配偶者と兄弟姉妹

配偶者が4分の3、兄弟姉妹が4分の1という取り分になります。複数いる場合はこれも頭数で割りますが、兄弟姉妹のうち、異父兄弟、異母兄弟のような半血兄弟がいる場合、その取り分は両親を同じくする全血兄弟の半分になります。

なお、代襲《だいしゅう》相続が起こった場合、代襲相続人（複数いる場合はその合計）の取り分は本来の相続人がもらうはずだった割合と同じです。

ポイント 財産分割の目安になる法定相続分

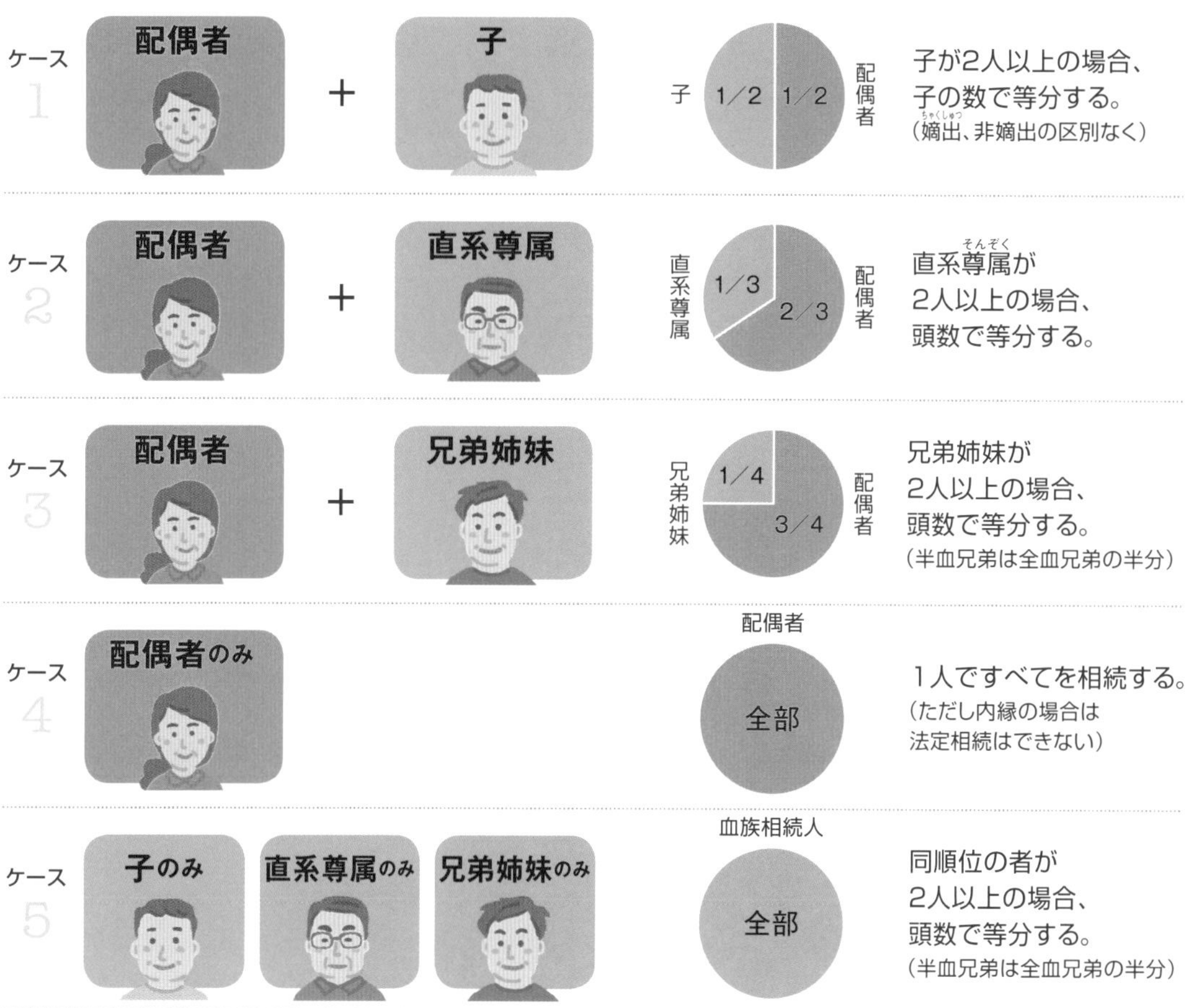
ケース1
配偶者
+
子
子 1/2 1/2 配偶者
子が2人以上の場合、
子の数で等分する。
(嫡出《ちゃくしゅつ》、非嫡出の区別なく)
ケース2
配偶者
+
直系尊属
直系尊属 1/3 2/3 配偶者
直系尊属《そんぞく》が
2人以上の場合、
頭数で等分する。
ケース3
配偶者
+
兄弟姉妹
兄弟姉妹 1/4 3/4 配偶者
兄弟姉妹が
2人以上の場合、
頭数で等分する。
(半血兄弟は全血兄弟の半分)
ケース4
配偶者のみ
配偶者
全部
1人ですべてを相続する。
(ただし内縁の場合は
法定相続はできない)
ケース5
子のみ
直系尊属のみ
兄弟姉妹のみ
血族相続人
全部
同順位の者が
2人以上の場合、
頭数で等分する。
(半血兄弟は全血兄弟の半分)

知っておこう!

養子や連れ子の場合はどうなる?

子が相続人である場合、被相続人と法律上の親子関係があれば、実子でも養子でも同じ扱いとなります。さらに養子は実父母、養父母のいずれの財産も受け継ぐ権利があります。ただし、父母による養育が困難なことにより結ばれる特別養子縁組の場合は、実親の相続権は失います。また子が連れ子、つまり配偶者の前の結婚で生まれた子の場合、相続の権利はありません。このように血がつながっていない子に相続させたい場合には、養子にしておく必要があります。

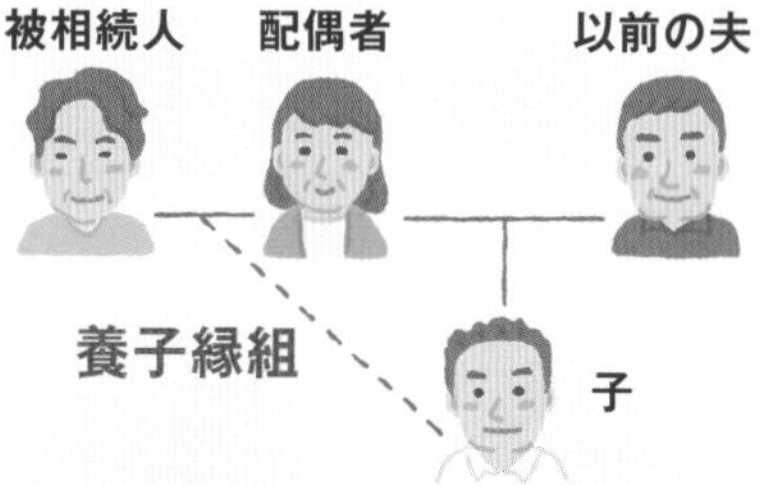
被相続人
配偶者
以前の夫
養子縁組
子
血のつながりがない子に相続させたい場合は、養子縁組が必要になる。

遺言で他人が相続人になっていたらどうする？

【遺留分侵害額の請求】

時期　1年以内

専門家のひと言

遺言書が不当な場合、遺留分侵害額の請求を行います。遺留分があるのは配偶者、子、直系尊属のみです。

【最低限の相続分が法的に認められている】

遺言書は、自分の財産を誰がどれだけ相続するかを生前に決めておくものです。このように遺言書で定められた財産の分け方を、指定相続分といいます。

遺言書による指定相続分は法律上、法定相続分より重んじられます。とはいえ、法定相続人は財産を受け継ぐ正当な権利ももっています。たとえば近しい身内がいるのに、遺言で赤の他人に全財産を遺したということになると、生活に困る場合もあるでしょう。

そこで民法では、**「遺留分《いりゅうぶん》」といって、相続財産のうち、最低限度の取り分を定めています**（▼左ページ上）。また、生前の大きな贈与に対しても遺留分が認められる場合があります。**遺留分は、配偶者、子、父母、祖父母などの直系尊属《そんぞく》のみに認められています**。遺留分の割合は、ほとんどの場合法定相続分の半分となります。ただし、直系尊属のみの場合は3分の1となります。

これらの遺留分の権利がある相続人は、**遺言で指定されている分け方が不当である場合、遺留分にあたる部分を請求することができます**。これを「**遺留分侵害額の請求**」といいます。つまり、遺留分を侵害しているほかの相続人や受遺者に申し立てを行い、遺留分を返してもらうことができるのです。決まった手順はありませんが、通常、左ページのような遺留分侵害額請求書を作成して、配達証明付きの内容証明郵便で送ります。話し合いで円満に解決できるならば書面を送る必要はありません。またうまくいかない場合、家庭裁判所での調停や民事訴訟など、法的手段をとる必要が生じることもあります。

遺留分の請求は期限が定められており、相続開始あるいは遺留分を侵害する贈与や遺贈《いぞう》があったことを知ったときから、1年以内に手続きを行う必要があります。

チェック! 遺留分の割合

遺留分を請求できるのは、配偶者と子、直系尊属のみです。被相続人の兄弟姉妹には遺留分の権利がありません。

相続人の組み合わせ	遺留分	各人の遺留分
配偶者 ＋ 子	1/2	配偶者 ＝ 1/4 子 ＝ 1/4（複数の場合は頭数で等分）
配偶者と父母	1/2	配偶者 ＝ 1/3 父母 ＝ 1/6（2人で等分）
配偶者のみ	1/2	1/2
子のみ	1/2	1/2（頭数で等分）
父母のみ	1/3	1/3（2人で等分）

［作成例］
遺留分侵害額請求書

遺留分侵害額請求書

○○県○○市○○１丁目２番３号
△△△△殿

（遺留分を侵害している相手の氏名、住所を記入）

被相続人である夫、西東一男は○○年○月○日に亡くなりました。法定相続人は、子である長男の西東太郎、次女の森恭子、妻である私の3名です。
被相続人は○○年○月○日付の遺言書にて、全財産を貴殿に相続させるとしておりました。
しかし、同遺言書は相続人である３名の遺留分を侵害するものです。
従って、私は本書面にて、貴殿に対し遺留分侵害額の請求を致します。

（遺留分侵害額の請求権を行使する旨を具体的に記入）

○○年○月○日

（遺言書の日付を記入）

差出人
相続人　西東良子
東京都文京区湯島北1丁目2番3号

請求書の郵送後、相手方と交渉します。話し合いがまとまったら、後でトラブルにならないよう「和解書」「合意書」などの書面に残しておきましょう

ポイント 内容証明郵便の送り方

必要なもの	同じ内容の書面3通、封筒1通、印鑑
窓口	内容証明郵便を取り扱っている郵便局
送り方	内容証明郵便を依頼し、料金を支払う。1通を封筒に入れて相手に送付し、1通は郵便局で保管、1通は謄本として自分で保管する。
料金	通常郵便物料金84円、内容証明料440円（2通目以降は260円増）、一般書留料金430円、配達証明310円など、郵送方法により異なる

遺言にはどんな財産の遺し方がある？

【法定相続人以外の相続】

時期 3か月以内

専門家のひと言

他人でも相続人になることがあります。義務と引き替えに財産を遺している場合もあります。

【遺贈の種類によりマイナスの財産を受け継ぐことも】

遺言によって財産を譲り渡すことを遺贈《いぞう》といい、法定相続人以外の人にも財産を遺すことができます。法定相続人以外の人に遺贈されている場合、遺贈された財産も故人が遺した相続財産です。そのため、遺留分《いりゅうぶん》を算定するときは、遺贈財産も含めた額で計算します。また、遺贈による相続財産も相続税の対象となり、取得した人は相続税を支払う必要があります。さらに、取得した人が法定相続人でない場合、５００万円の非課税対象とはなりません。

遺贈には大きく2通りの方法があります。

1つ目が**「包括遺贈」**で、**「全財産を贈与する」「財産の3分の1を贈与する」などのように、割合を示して財産を遺す方法**です。包括受遺者は相続人の1人として、遺産分割協議にも加わらなければなりません。注意が必要なのは、財産全体に対する割合を指定されていることにより、負債などのマイナスの財産をも受け継いでしまうことです。財産をもらいたくない場合は放棄も可能で、法定相続人の場合と同様、遺贈を知ってから3か月以内に家庭裁判所に相続放棄の申し立てを行います。

また2つ目の**「特定遺贈」**は、**「甥《おい》に○○の土地を与える」というように、ある特定の財産を指定して遺す方法です**。この場合、受遺者はマイナスの財産を引き継ぐ必要はありません。相続放棄の手続きもより簡単で、相続放棄の意思を相続人か遺言執行者に書面にし、配達証明付き内容証明郵便などで送ります。

そのほか遺贈でよくあるのが、**「財産を遺す代わりに、○○をすること」などと、一定の義務を課す「負担付遺贈」**です。受遺者がその義務を果たさない場合、遺言が取り消されることもあり得ます。

ポイント 遺贈の種類

1 包括遺贈

全財産のうちの割合を指定して遺贈する。

【権利義務】借金などのマイナス財産も、遺贈の割合に応じて引き継ぐ。

【放棄】包括遺贈を知ってから3か月以内に家庭裁判所に申し立て、放棄あるいは限定承認を行う（▶P126）。

2 特定遺贈

財産を特定して遺贈する。

【権利義務】債務は承継しない。
遺産分割協議には参加しない（受遺者が相続人の場合は除く）。

【放棄】遺言執行者などに対して意思表示を行うことで、放棄できる。

3 負担付遺贈

財産の見返りとして受遺者に義務を課す。

【権利義務】遺贈の目的となった財産の価値を超えない限度で、負担した義務を行わなければならない。

【放棄】目的となった財産が包括遺贈か特定遺贈かにより異なる。

4 条件付遺贈

遺贈の効力の発生に条件がつけられている。

【権利義務】相続するためには条件を履行《りこう》しなければならない。

【放棄】目的となった財産が包括遺贈か特定遺贈かにより異なる。

知っておこう!

遺言書の内容を実行する「遺言執行人」とは?

遺言書の内容を実行するための手続きを行う人を遺言執行人といいます。遺言書内で指定されていなければ、弁護士などに依頼することもでき、相続人の1人が担当する場合もあります。遺言執行人が必要になるのはとくに、不動産を第三者に遺贈する場合です。遺言執行人がいない場合、受遺者及び相続人全員が登記義務者となって不動産の名義変更手続きをしなければいけませんが、遺言執行人が指定されていれば、遺言執行人の登記だけで済みます。

生前に受け取った財産は分配のときにどうなる？

【特別受益の持ち戻し】

時期 10か月以内

専門家のひと言

- 遺贈や生前贈与で受けた財産は特別受益となります。
- 特別受益は相続財産に持ち戻しを行います。

【相続人の間で不公平が生じないようにする】

相続人などに、生前に財産を渡しておく生前贈与では、被相続人の死亡後、法定相続分に基づいて遺産を分配すると、生前贈与された人とそうでない人の間で不公平が生じます。

この不公平を是正するためにあるのが、「**特別受益**」の制度です。これは、**生前贈与された遺産の額を相続財産に加えて、各相続人の相続割合を決める**というものです（▼左ページ）。この生前贈与された額を遺産分割時に相続財産に加えることを「持ち戻し」といいます。相続分とは別に遺贈があった場合も、特別受益の対象になります。なお、受遺者が相続人でない場合は、特別受益にはなりません。

特別受益があった場合は、遺産分割協議の際、**相続財産から生前贈与された分を差し引きます**。ただし何を特別受益とするかは、個々の状況を考慮して決めます。また、故人が生前に、あるいは遺言で特別受益の持ち戻しを免除すると意思表示をしていれば、持ち戻しを行う必要はありません。

なお、2019年7月の民法の改正で、配偶者控除（2000万円までの居住用不動産またはその取得資金の非課税）適用の贈与については持ち戻しが免除となっていましたが、さらに、2020年4月に施行された「**配偶者居住権**」の制度により、配偶者の老後の生活が守られるようになりました。

配偶者居住権では、**被相続人の配偶者に無償で自宅に住み続ける権利を認め、居住相当額を相続したとみなします**。この制度により、配偶者の住居を確保しつつ、その後の生活費についても困らないように相続財産を遺すことができるようになりました（▼P124）。

ポイント 特別受益者がいる場合の計算

1 みなし相続財産の額を計算する

相続開始時の財産 ＋ 生前贈与 ＝ みなし相続財産

特別受益の「持ち戻し」

2 各相続人の相続分を計算する

みなし相続財産 ➡ 法定相続分に従って分割

生前贈与を受けた人の相続分からは特別受益分を差し引く

例 被相続人が500万円を生前に長女に贈与し、1,000万円を長男に遺贈した場合。

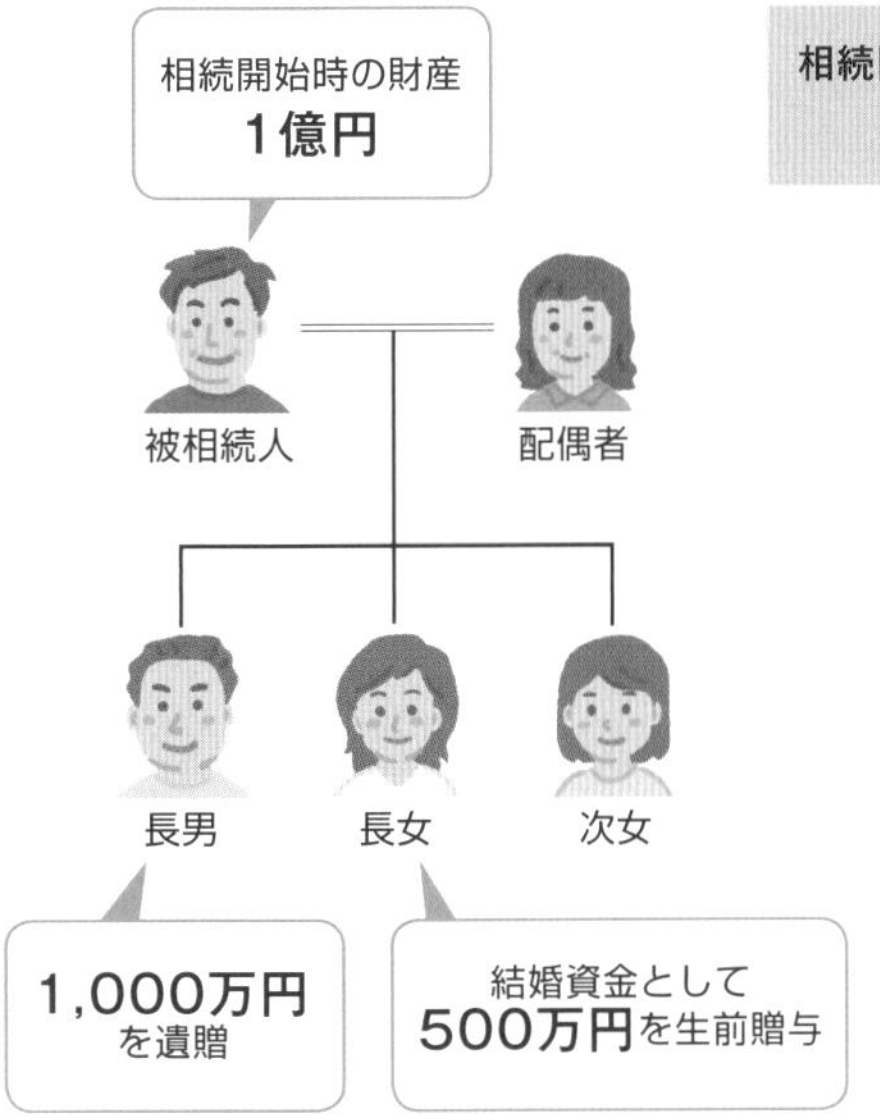

相続開始時の財産 1億円 ＋ 長女への生前贈与 500万円 ＝ みなし相続財産 1億500万円

配偶者 1億500万円 × 1/2 ＝ **5,250万円**

長男 1億500万円 × 1/6 − 1,000万円 ＝ **750万円**

長女 1億500万円 × 1/6 − 500万円 ＝ **1,250万円**

次女 1億500万円 × 1/6 ＝ **1,750万円**

知っておこう!

生前贈与が税率上有利になる場合もある?

生前贈与は、相続税対策としても注目されています。2015年の税制改革により、遺産の額によっては相続より贈与のほうが節税の面で有利になったためです。相続税の基礎控除額が下がるとともに税率が一部引き上げられ、対して贈与税の税率が尊属に対しての贈与であれば一部引き下げられることになりました。遺産の額と贈与税を確認して検討しましょう。

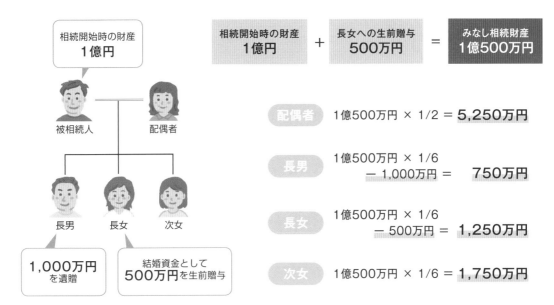

故人に貢献した人は優遇される？

【寄与分と特別寄与料】

時期 1年以内

専門家のひと言

特別な貢献には寄与分が認められます。相続人以外が特別寄与料を請求できる場合もあります。

【亡くなった人の財産の維持に貢献した場合に認められる寄与分】

相続人の間での公平性を保つための考え方として、特別受益のほかにもうひとつ、「**寄与分《きよぶん》**」が挙げられます。これはおもに、**被相続人の財産形成に貢献、あるいは資金などの提供をした人に対して、その貢献度に見合った額を本来の相続分にプラスする**というものです。

たとえば、店舗を経営していた被相続人と同居し、家業の手伝いをして売上げに貢献していた長女と、結婚して家を出ていた次女がいた場合、法定相続分に従い同等の財産を遺すのでは、長女に対して不公平であり、不満を感じたとしてもおかしくありません。

このような場合に貢献者は寄与分を主張すれば、遺産分割協議で考慮してもらうことができます。寄与分の金額は話し合いで決め、**あらかじめ相続財産から差し引いたうえで、残りを相続分に従って分割**します。

ただし寄与分が認められるには、特別な貢献である必要があります。民法では寄与にあたる行為として、左ページ上のような例が挙げられています。

万が一、寄与分の額等で話し合いがまとまらない場合は、家庭裁判所に調停や審判を申し立てます。寄与分を主張できるのは相続人のみですが、2019年7月より、**被相続人に対し無償の労務を提供した被相続人の親族についても、特別寄与料という形で請求できるようになりました**。たとえば、被相続人の息子の妻などが無償で療養看護にあたり、それによって財産維持に貢献した例などです。

特別寄与料の額も相続人と特別寄与者間の話し合いによって決めます。相続人から特別寄与者に支払うもので、各相続人は、特別寄与料のうち自分の相続割合にあたる部分を負担します。

ポイント 寄与分が認められるケース

1 家事従事
被相続人の事業に労務を提供し、相続財産の維持または形成に貢献した。

2 出資
被相続人の事業に関する財産上の給付により、相続財産の維持または形成に貢献した。

3 療養看護
被相続人の療養看護をし、看護費用等の支払いによって財産が減少するのを防ぎ、財産の維持に貢献した。

4 扶養《ふよう》
被相続人を扶養し、被相続人が生活費等の支払いを免れて相続財産の維持に貢献した。

5 財産管理
被相続人の財産を管理したり、財産の維持費を負担して、維持費を免れ財産の維持に貢献した。

観点1 無償性
報酬が発生していないか、一般と比べてとくに低額か

観点2 継続性
長期間（数年）にわたって行ったか

観点3 専従性
片手間でなく、もっぱらそのことに従事したか

ポイント 特別寄与料がある場合の計算

特別寄与料はあらかじめ相続財産から差し引いておき、遺産分割します。

相続開始時の財産 － 特別寄与料 ＝ 相続財産

（特別寄与料 → 特別寄与者の取り分）

例 相続財産が500万円、長男の妻が、被相続人である義父の看護に携わったことで特別寄与料50万円を主張した場合。

➡ **相続開始時の財産から50万円を差し引き、それぞれの相続分を算出**

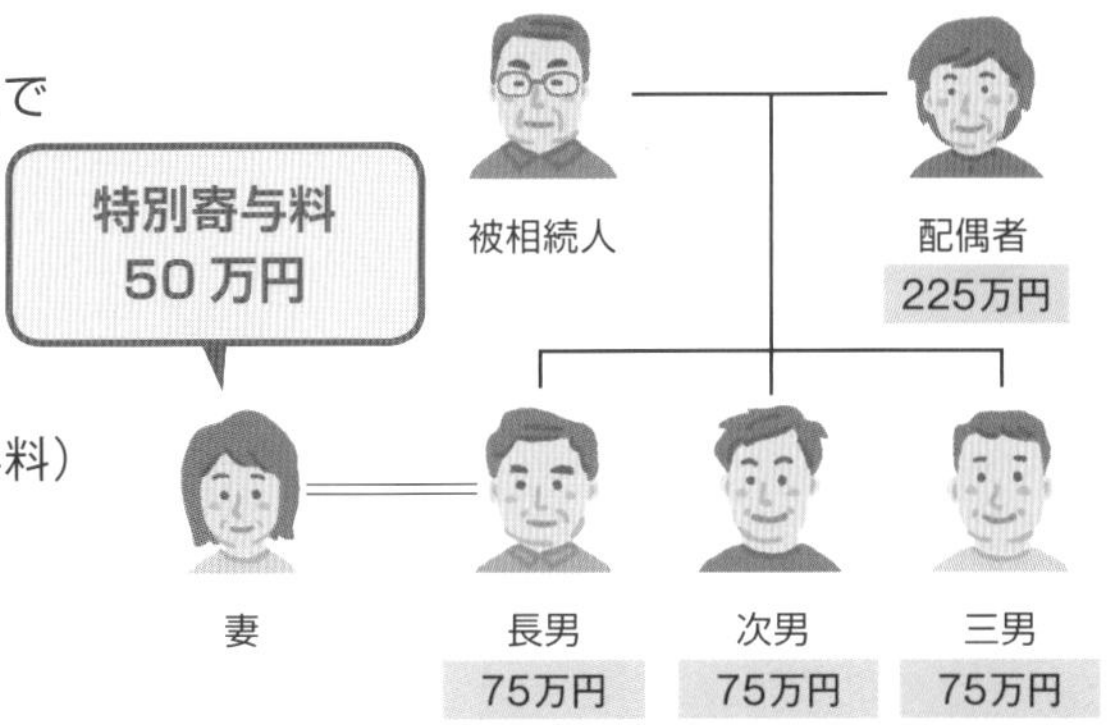

相続財産 ▶ 500万円 － 50万円（特別寄与料）
＝ 450万円
配偶者 ▶ 450万円 × 1/2 ＝ 225万円
長男 ▶ 450万円 × 1/6 ＝ 75万円
次男 ▶ 450万円 × 1/6 ＝ 75万円
三男 ▶ 450万円 × 1/6 ＝ 75万円

※特別寄与分の主張には原則10年という期限が設けられ、期限を過ぎると法定相続分に従って財産を分ける。

遺された住居を分配できる制度とは？

【配偶者居住権】

時期　相続開始後速やかに

専門家のひと言

自宅を「住む権利」と「もつ権利」に分けて相続することができます。
配偶者が遺された家に住み続けることが可能です。

【遺された配偶者の住まいを確保できる制度】

財産の評価に関して知っておきたいのが、2020年4月にスタートした「**配偶者居住権**」という制度です。これは簡単にいうと、**自宅の持ち主である人が亡くなった後、配偶者がそのまま住み続けられる権利を定めた制度**です。

たとえば、相続人が妻と子の2人であった場合、相続財産が3000万円の自宅と3000万円の現金を合わせて6000万円なら、本来は法定相続分の2分の1の3000万円ずつを分け合うこととなります。

これでは、自宅に妻が住み続けたいと考え3000万円分の自宅を相続した場合に、そのほかの財産は相続することができず、生活に困ってしまいます。このような事態を避けるため、**配偶者居住権では、自宅を「住む権利（配偶者居住権）」と「条件付きでもつ権利（負担付き所有権）」に分けて相続**することができます。

先の例でいえば、3000万円の自宅の所有権を、「住む権利」と「条件付きでもつ権利」に分け、その価値を2000万円と1000万円とすると、それぞれが住宅に関する権利を得られるほか、現金ももらえることになります（▼左ページ上）。

妻が自宅に住み続けながら、今後の生活のための現金も受け取ることができるのが、配偶者居住権の大きなメリットといえます。また、妻が亡くなると配偶者居住権は消滅し、自宅は子のものとなりますが、このとき所有権をもっている子に相続税は課されません。二次相続においても、子の相続税負担をなくす効果もあるというわけです。

実際の配偶者居住権の価値は、**建物の建築年数や残存耐用年数、配偶者の年齢などを考慮**して算出します。

ポイント 配偶者居住権のしくみ

配偶者居住権を設定することで、自宅を「住む権利」と「もつ権利」に分けて相続できます。

例 3,000万円の家屋と敷地のうち、配偶者居住権が2,000万円と評価された場合。

遺産 3,000万円の家屋と敷地 ＋ 現金3,000万円

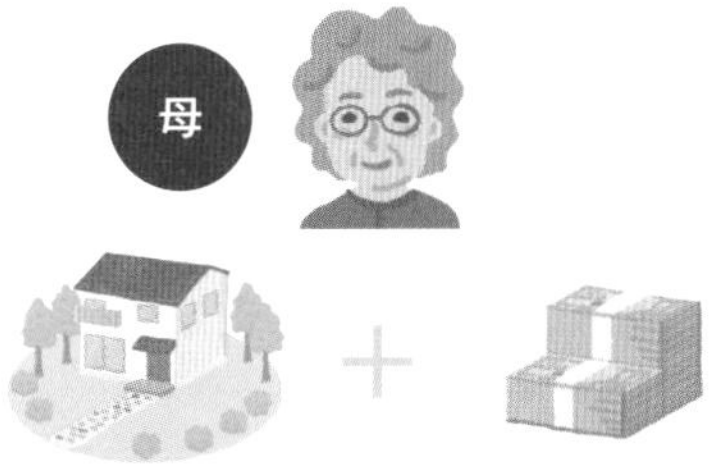
母

配偶者居住権 2,000万円 ＋ 現金 1,000万円

亡くなるまでの住まいを確保したうえで、生活費も受け取ることができる。

子

負担付き所有権 1,000万円 ＋ 現金 2,000万円

母の住まいを確保しつつ、家の所有権をもち、現金も受け取れる。

チェック! 配偶者居住権の利用と条件

- 遺贈《いぞう》、遺産分割協議、家庭裁判所の審判などで設定する
- 配偶者居住権の不動産登記をしなければならない
- 配偶者のみが利用できるもので、亡くなると消滅し、他人に売ったり譲ったりできない

利用できるのは法律上の配偶者のみです
知っておこう!

「配偶者居住権」と「配偶者短期居住権」との違いは?

配偶者居住権に似た言葉で、「配偶者短期居住権」という制度もあります。これは被相続人の持ち家の相続人が決まるまでの間、配偶者が短期間住み続けることを法的に認めたものです。期間は、相続開始から6か月間か、遺産分割協議によって取得者が決まる日までかのどちらか遅いほうです。また、遺言などによって持ち家の相続人が決まった場合は、相続人が当該の配偶者に対して短期居住権消滅の申し入れをした6か月後までが期限です。

相続したくなければ放棄できる？

【相続の放棄と限定承認】

時期 3か月以内

専門家のひと言

相続には単純相続、相続放棄、限定承認があります。放棄、限定承認の手続きは3か月以内に行いましょう。

【負債の額によっては放棄したほうがよい場合も】

被相続人に大きな負債があった場合は、**相続放棄を行うことで、負債の相続を免れる**ことができます。ただしプラスの財産も引き継げなくなってしまうため、財産の総額と負債額を見比べて検討する必要があります。

また**プラスの財産と借金のどちらが多いかわからない場合は、限定承認を選ぶことができます**。これは、相続財産の範囲内で債務を弁済する義務を負うもので、**負債額が相続財産を上回っていた場合は、残りの借金を引き受ける必要はありません**。また、負債を支払っても余りが出た場合は相続できます。

相続放棄あるいは限定承認をしたい場合は、相続を知った日から3か月以内に、家庭裁判所に申し出る必要があります。**期限内に手続きを行わなかった場合、自動的に相続**するものとみなされます（▼左ページ上）。

このように放棄も限定承認もせず、そのまま相続することを「**単純承認**」といいます。また3か月経っていなくても、放棄や限定承認を申し出る前に財産を処分してしまうと、これも単純承認したものとみなされます。放棄の場合は相続人本人の意思で決められますが、限定承認については相続人全員の合意が必要です。

どうしても期限内に話し合いがまとまらない場合、家庭裁判所に限定承認、放棄の期間延長の申し立てを行います。なお、相続放棄をした場合、相続権は子や孫にも代襲《だいしゅう》されなくなります。

知っておこう！

後で負債のあることがわかったらどうなる？

相続放棄の期限の３か月を過ぎてから、債権者などから請求を受けてはじめて故人に借金があることがわかった場合は、借金の存在を知ってから３か月以内であれば相続放棄を認めてもらえる可能性があります。

ポイント 相続手続きの流れ

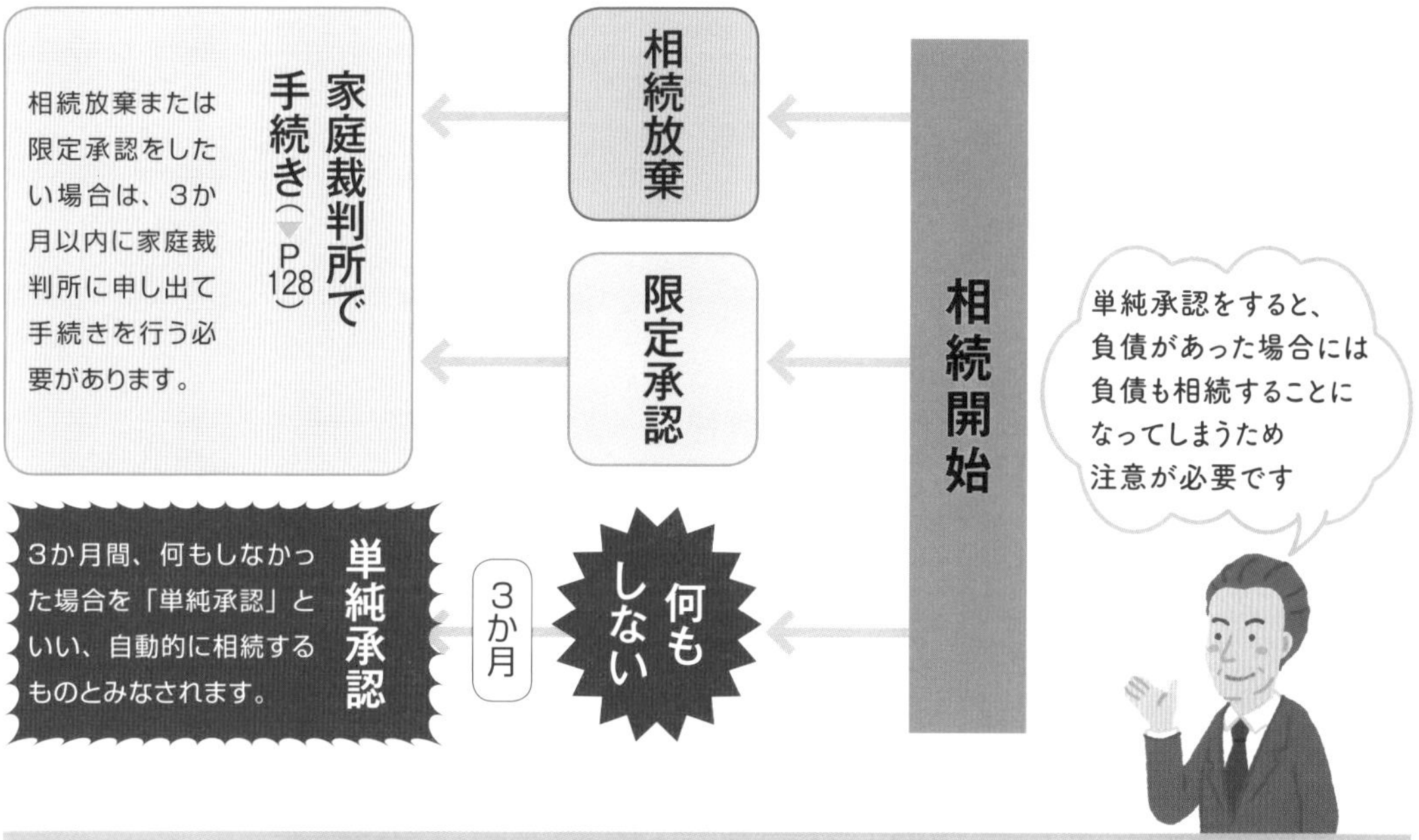
相続開始
相続放棄
限定承認
家庭裁判所で手続き（▶P128）
相続放棄または限定承認をしたい場合は、3か月以内に家庭裁判所に申し出て手続きを行う必要があります。
何もしない
3か月
単純承認
3か月間、何もしなかった場合を「単純承認」といい、自動的に相続するものとみなされます。
単純承認をすると、負債があった場合には負債も相続することになってしまうため注意が必要です

ポイント 相続をするか否かの判断基準

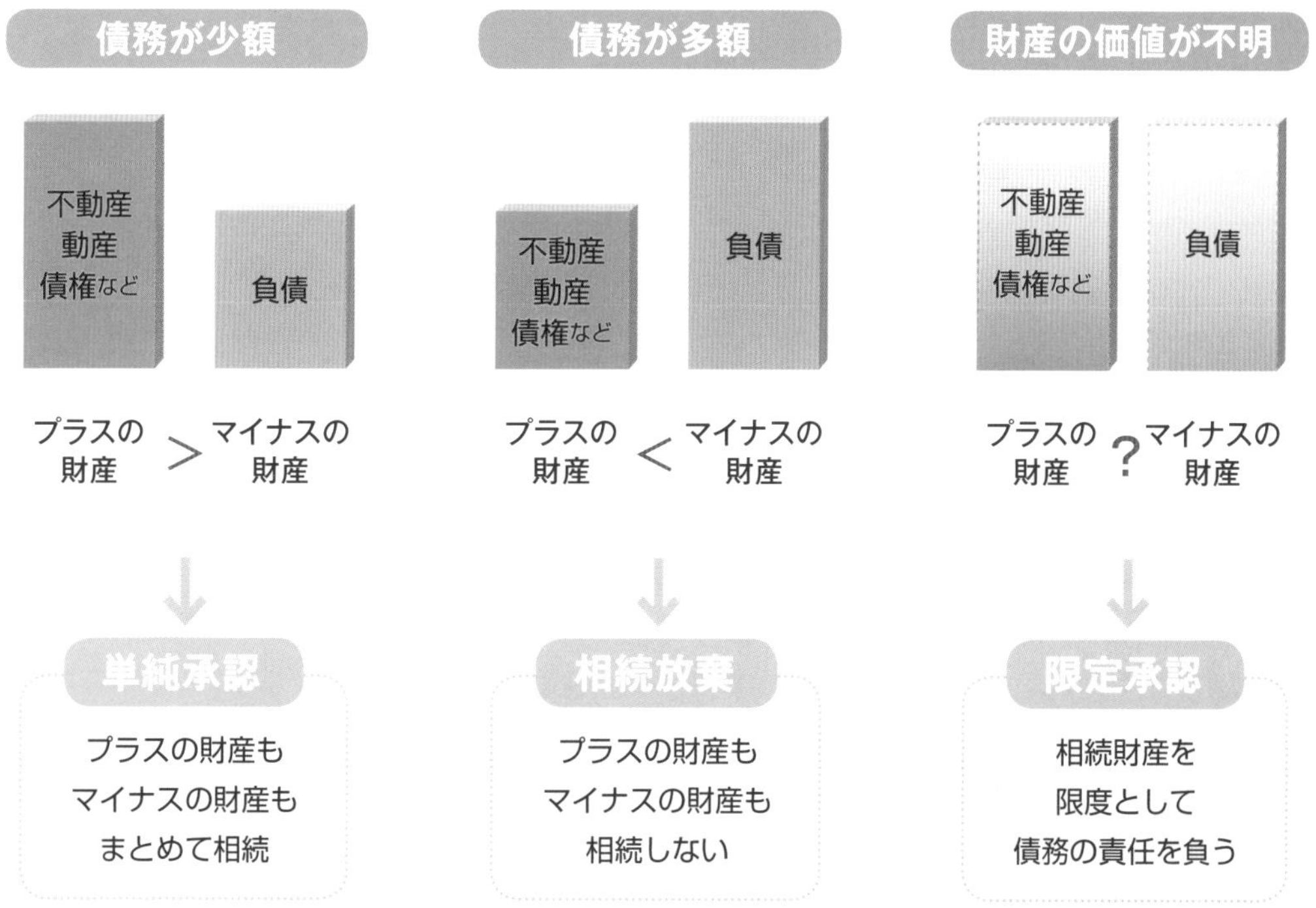
債務が少額
不動産
動産
債権など
負債
プラスの財産 ＞ マイナスの財産
単純承認
プラスの財産もマイナスの財産もまとめて相続
債務が多額
不動産
動産
債権など
負債
プラスの財産 ＜ マイナスの財産
相続放棄
プラスの財産もマイナスの財産も相続しない
財産の価値が不明
不動産
動産
債権など
負債
プラスの財産 ？ マイナスの財産
限定承認
相続財産を限度として債務の責任を負う

ポイント 相続放棄の手続き

申請者	原則として放棄する相続人（未成年者または成年被後見人の場合は法定代理人）
申込先	故人の住所地を管轄する家庭裁判所
必要なもの	●相続放棄申述書　●被相続人の住民票の除票 ●被相続人の戸籍（除籍）謄本　●申請者の戸籍謄本
費用	●申請者1人につき収入印紙800円分　●連絡用の郵便切手代 ●住民票除票・戸籍謄本等の手数料
期限	相続開始を知ったときから3か月以内

※それぞれ、家庭裁判所が必要と判断した場合は追加書類を求められることもある。

［記入例］相続放棄申述書

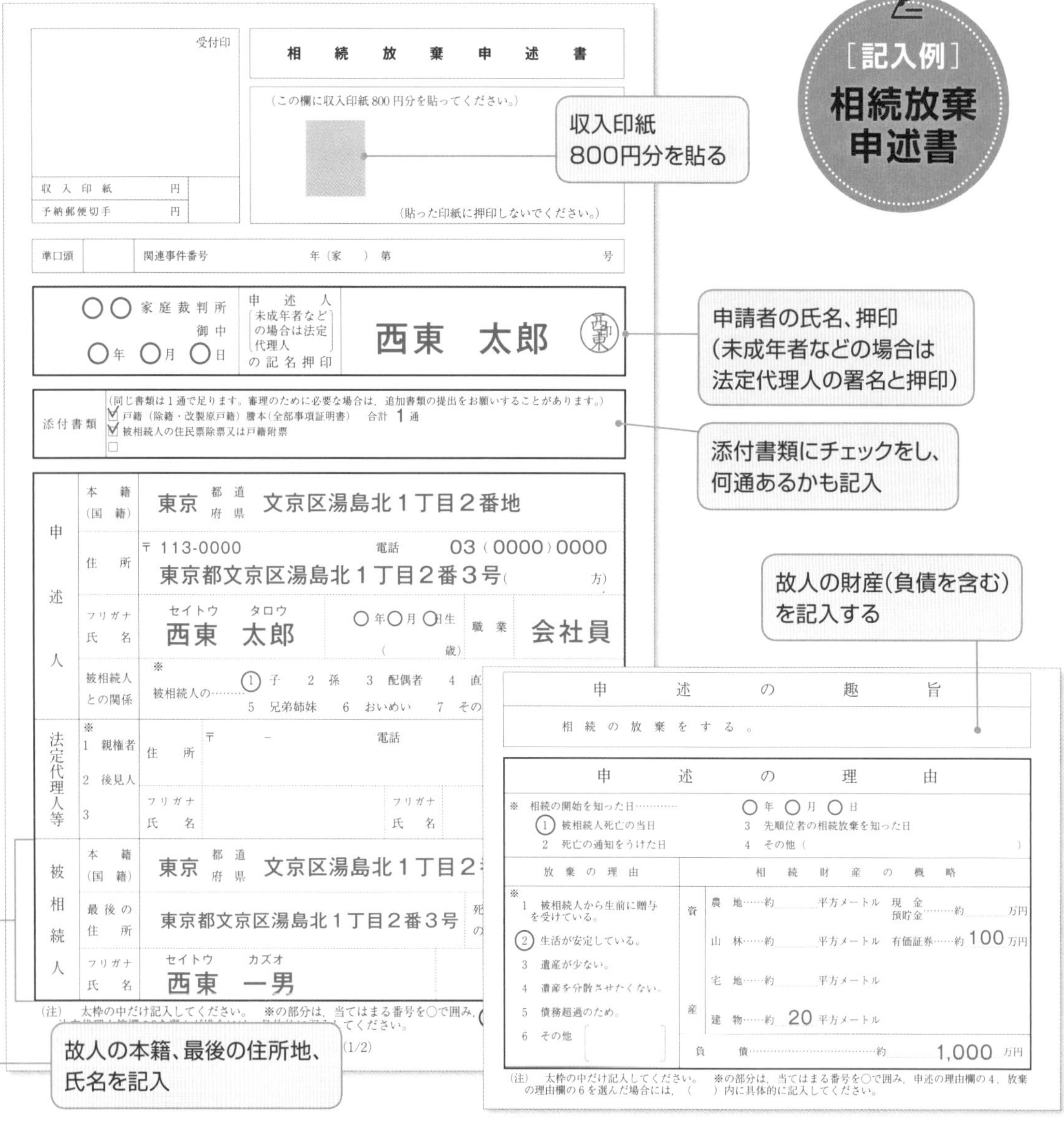

受付印

相　続　放　棄　申　述　書

（この欄に収入印紙800円分を貼ってください。）

（貼った印紙に押印しないでください。）

収入印紙　円
予納郵便切手　円

準口頭　関連事件番号　年（家　）第　号

○○家庭裁判所　御中　○年○月○日

申述人（未成年者などの場合は法定代理人）の記名押印　西東　太郎　（印）

添付書類　（同じ書類は１通で足ります。審理のために必要な場合は，追加書類の提出をお願いすることがあります。）
☑ 戸籍（除籍・改製原戸籍）謄本（全部事項証明書）　合計 1 通
☑ 被相続人の住民票除票又は戸籍附票
□

申述人
- 本籍（国籍）：東京　都道府県　文京区湯島北１丁目２番地
- 住所：〒 113-0000　電話 03（0000）0000　東京都文京区湯島北１丁目２番３号（　方）
- フリガナ 氏名：西東《セイトウ》　太郎《タロウ》　○年○月○日生（　歳）　職業　会社員
- 被相続人との関係：※ 被相続人の……… ①子　2 孫　3 配偶者　4 直…　5 兄弟姉妹　6 おいめい　7 その…

法定代理人等　※ 1 親権者　2 後見人　3
- 住所：〒　－　電話
- フリガナ 氏名　フリガナ 氏名

被相続人
- 本籍（国籍）：東京　都道府県　文京区湯島北１丁目２…
- 最後の住所：東京都文京区湯島北１丁目２番３号　死…の…
- フリガナ 氏名：西東《セイトウ》　一男《カズオ》

（注）　太枠の中だけ記入してください。　※の部分は，当てはまる番号を○で囲み，…てください。

(1/2)

申　述　の　趣　旨

相　続　の　放　棄　を　す　る　。

申　述　の　理　由

※　相続の開始を知った日…………　○年　○月　○日
①　被相続人死亡の当日　3　先順位者の相続放棄を知った日
2　死亡の通知をうけた日　4　その他（　）

放棄の理由	相続財産の概略
※ 1　被相続人から生前に贈与を受けている。 ②　生活が安定している。 3　遺産が少ない。 4　遺産を分散させたくない。 5　債務超過のため。 6　その他（　）	資産　農地……約　平方メートル　現金 預貯金………約　万円 山林……約　平方メートル　有価証券……約 100 万円 宅地……約　平方メートル 建物……約 20 平方メートル 負債………………約 1,000 万円

（注）　太枠の中だけ記入してください。　※の部分は，当てはまる番号を○で囲み，申述の理由欄の４，放棄の理由欄の６を選んだ場合には，（　）内に具体的に記入してください。

収入印紙800円分を貼る

申請者の氏名、押印（未成年者などの場合は法定代理人の署名と押印）

添付書類にチェックをし、何通あるかも記入

故人の財産（負債を含む）を記入する

故人の本籍、最後の住所地、氏名を記入

［記入例］限定承認申述書

受付印	家事審判申立書　事件名（相続の限定承認）
収入印紙　円 予納郵便切手　円 予納収入印紙　円	（この欄に申立手数料として１件について８００円分の収入印紙を貼ってください。） （貼った印紙に押印しないでください。） （注意）登記手数料としての収入印紙を納付する場合は，登記手数料としての収入印紙は貼らずにそのまま提出してください。

「相続の限定承認」と記入

収入印紙800円分を貼る

準口頭		関連事件番号　年（家　）第　号

○○家庭裁判所 御中 ○年 ○月 ○日	~~申立人~~（又は法定代理人など）の記名押印	西東　太郎　㊞ 森　恭子　㊞

「申立人」を二重線で消し、「申述人」と記入、訂正印を押す

相続人全員が氏名を記入し、押印する

添付書類	（審理のために必要な場合は，追加書類の提出をお願いすることがあります。）

~~申立人~~ 申述人	本籍（国籍）	（戸籍の添付が必要とされていない申立ての場合は，記入する必要はありません。） 東京 ㊕都 道 府 県 文京区湯島北１丁目２番地
	住所	〒113-0000　電話（　） 東京都文京区湯島北１丁目２番３号
	連絡先	〒　－　電話 03（0000）0000（　方）
	フリガナ 氏名	西東《セイトウ》　太郎《タロウ》　○年 ○月 ○日生（○歳）
	職業	会社員
※ 被相続人	本籍（国籍）	（戸籍の添付が必要とされていない申立ての場合は，記入する必要はありません。） 都 道 府 県 申述人太郎の本籍と同じ
	最後の住所	〒　－　申述人太郎の住所と同じ　電話 03（0000）0000（　方）
	連絡先	〒　－
	フリガナ 氏名	西東　一男
	職業	無職

申述人が2人以上の場合は用紙を増やして人数分すべてを記入する

すべての申述人を記入したら、一番後ろに「被相続人」の欄を作る

「住所」の前に「最後の」を付け加える

申立ての趣旨
被相続人の相続につき、限定承認します。

限定承認をする旨、その理由を記入する

申立ての理由
1　申述人らは、被相続人の子であり、相続人は申述人らだけです。
2　被相続人は○○年○月○日死亡してその相続が開始し、 申述人らはいずれも被相続人の死亡当日に相続の開始を知りました。
3　被相続人には別添の遺産目録記載の遺産がありますが、 相応の負債もあり、申述人らはいずれも相続によって得た財産の限度で 債務を弁済したいと考えますので、限定承認をすることを申述します。

遺産目録（▶P113）を別紙で添付する

（別紙）

遺産目録（□特別受益目録）

【土地】

番号	所在	地番	地目	地積	備考
1	○○市○○町○丁目	○番○	宅地	250.00 平方メートル	建物１の敷地 評価額 ○○○○万円

遺産目録（□特別受益目録）

【建物】

番号	所在	家屋番号	種類	構造	床面積	備考
1	○○市○○町○丁目○番地	○番○	居宅	木造瓦葺平屋建	150.00 平方メートル	土地１の建物 評価額 ○○○万円

遺産目録（□特別受益目録）

【現金，預・貯金，株式等】

番号	品目	単位	数量（金額）	備考
1	○○銀行○○支店定期預金（番号○○○○○○）		1,100,000円	申述人一時保管
2	○○銀行○○支店普通預金（番号○○○○○○）		600,000円	申述人一時保管
3	○○株式会社　株式	50円		評価額600,000円 申述人一時保管
4	現金		借入金6,000万円 利息○%　損害金○%	申述人一時保管

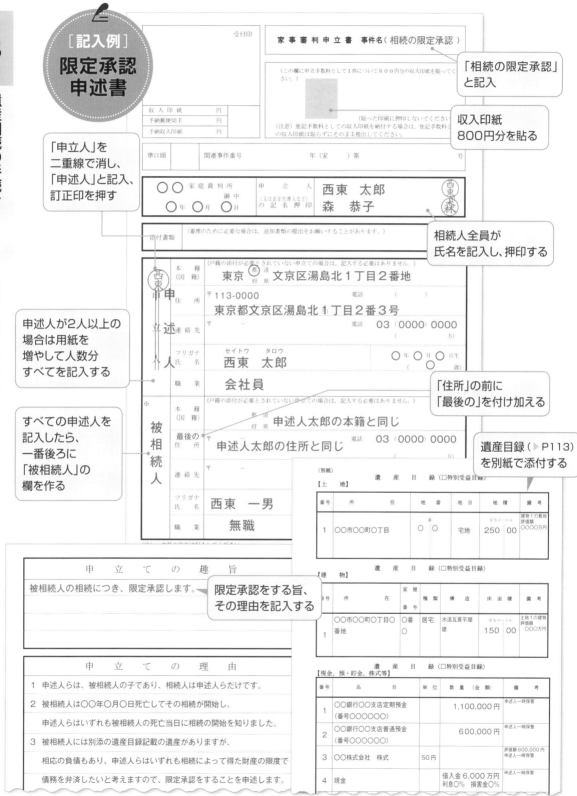

相続の話し合いはどう進めればいい？

【遺産分割協議の流れ】

時期 10か月以内

専門家のひと言

- 相続税の申告期限（10か月以内）に間に合わせる必要があります。
- 遺産分割協議は相続人全員の参加が必要です。

【相続人がそろっていないと遺産分割協議が無効になる】

故人が遺言書を遺していない場合は相続人で話し合い、遺産の分け方を決めます。これを「**遺産分割協議**」といいます。**遺産分割協議は必ずしも相続人全員が集まる必要はありませんが、最終的な協議の成立には全員の合意が必要です。**こまめに確認をとりながら進めることが大切です。

そのため相続人の確定（▼P106）はしっかり行っておきましょう。相続人の中に行方不明者、未成年者、認知症の人がいる場合は、代理を立てなければなりません。

行方不明者の場合は、家庭裁判所に不在者財産管理人選任の申し立てをします。相続人以外から選ぶのが一般的で、適当な人物がいないときは家庭裁判所でも選任してもらえます。未成年者の代理人は親権者、つまり父親か母親となりますが、親権者が相続人であった場合は家庭裁判所で特別代理人を選任してもらいます。認知症の人などの場合は、成年後見人が代理人となります。なお、相続放棄をした人は財産分割協議に参加できません。

相続人がそろったら、次に財産の内容を調べ、評価額を算定します。

遺産分割協議では、財産目録をベースにしながら、相続財産の評価額を確認していきます。財産の価値は遺産分割協議時点の時価で評価します。金融機関などから取り寄せた客観的なデータを用いて算定しましょう。

ポイント 遺産分割協議の流れ

1. **相続人を確定する**（▶P106）
   - 故人の戸籍調査
   - 財産放棄者の有無を確認
2. **相続財産目録を作成し、遺産の内容と評価額を確定する**（▶P112）
3. **遺産分割協議を行う**
   - 参加できない相続人がいる場合、代理人を選任
4. **協議が成立する**

5. **遺産分割協議書を作成する**

ポイント 遺産分割の方法

遺産の分け方には以下のような方法があります。遺言や話し合いで決めるのが望ましいのですが、うまくいかない場合、裁判手続きをとることになります。ただし、話し合いをせずにいきなり調停や審判にもち込むことはできません。

その1 指定分割
被相続人（故人）の遺言によって指定された方法で分割する。
法定相続分に従う必要はない。

その2 協議分割
遺言に分割の指定がないとき、
相続人全員で話し合って分割方法を決める。

その3 調停分割
指定分割や協議分割で話がまとまらないとき、
家庭裁判所の調停により分割方法を決める。

その4 審判分割
裁判所の審判により分割方法を決める。
通常は調停で決着がつかなかったときに審判に移行する（▶P134）。

遺産の分け方にはどんな方法がある？

【遺産分割の方法】

時期 10か月以内

専門家のひと言

できるだけ公平になるようにモノや不動産の分け方を話し合いましょう。

遺産分割協議書を作成し、保管しておきましょう。

【遺産は公平に分けて協議の内容は文書にまとめる】

遺産分割は相続人に認められている取り分に基づいて、できるだけ公平に行うことが重要です。

このとき、話し合いのポイントになってくるのが、お金やモノ、不動産などを実際にどう分けるかでしょう。分け方にはおもに4種類あります（▼下図）。財産の種類等に応じて使い分けながら、**特別受益や寄与分についても考慮し、各相続人が納得できるよう協議を進めていきましょう**。債務がある場合は、相続人の財産の取り分に応じ、公平になるよう負担分を決めましょう。

話し合いがまとまったら、その内容を「遺産分割協議書」に記します（▼左ページ）。**財産の名義変更や相続税の申告時に必要**となるほか、協議内容を明示できるので、後々のトラブルを防止するのにも役立ちます。

ポイント 遺産のおもな分割方法

現物分割

財産をそのままの形で分配する

メリット	故人の思い入れが深いものなどをそのまま遺せる。
デメリット	物品によって価値が異なるので、相続人の間で不公平感が出やすい。

換価分割

財産を売却して金銭に換え、分配する

メリット	分割できないものも公平に分けられる。
デメリット	売却の手間と費用（税金含む）がかかる、故人の思い出が残らない。

代償分割

特定の相続人が財産を相続し、代わりにほかの相続人に金銭を支払う

メリット	公平に分配でき、分割による価値の目減りを防げる。
デメリット	ほかの相続人にきちんと金銭が支払われるよう管理する必要がある。

共有分割

複数の相続人が取り分を決めて財産を共有する

メリット	公平に分配でき、財産の現物も遺すことができる。
デメリット	処分したいときや共有者に次の相続が起こったときに話が複雑になる。

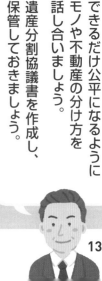

［作成例］遺産分割協議書

被相続人の氏名・最後の住所を明記する

遺産分割協議書

○年○月○日、被相続人西東一男（最後の住所：東京都…）の遺産について、共同相続人である西東良子、西東太郎、森恭子は分割協議を行い、次の通り遺産を分割し、取得することに同意した。

相続人であることがわかるよう、「相続人」と明記する

1. 相続人、西東良子が取得する遺産
   ①○○県○○市○○1丁目2番地 10 号
   　宅地 600 平方メートル
   ②同所同番地　家屋番号○号　木造瓦葺き2階建て　居宅
   　床面積：250 平方メートル
   ③上記居宅内にある家財一式

土地や建物などは登記簿謄本《とうほん》に書かれている通りに記入

2. 相続人、西東太郎が取得する遺産
   ①現金：5,000,000 円
   ②株式：○○株式会社　普通株　100 株

3. 相続人、森恭子が取得する遺産
   ①定期預金：4,500,000 円
   　○○銀行○○支店　定期預金　口座番号○○○○
   ②第 100 回個人向け利付き国債（変動、10 年）、500万円
   　○○証券株式会社

各相続人が引き継ぐことになった財産を具体的に記入する

上記の通り相続人全員による遺産分割の協議が成立したので、本協議書を 3 通作成し、署名捺印の上、各1通ずつ保有する。

人数分作成し、各自が保管する

○年○月○日
住所　○○県○○市○○1丁目2番地 10 号　　氏名　西東良子（西東）
住所　○○県○○市△△3丁目4番地5号　　氏名　西東太郎（西東）
住所　○○県○○市××6丁目7番地 15 号　　氏名　森恭子（森）

遺産分割が成立した日付

住所は印鑑証明の記載通りに

複数ページにわたる場合は、用紙と用紙の間に割印を押す

後々のトラブルを避けるため、
自署するのがよいでしょう。
必ず実印で押印します

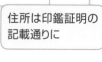

相続の話し合いがまとまらないときは？

【遺産分割調停・審判】

時期 10か月以内

専門家のひと言

合意が得られない場合、調停や審判に移行します。調停や審判には時間と費用がかかります。

【折り合いがつかない場合は調停や審判で決着する】

遺産の分け方について、相続人の間で意見の折り合いがつかなかったり、相続人が全員出席せず、協議ができない場合には、裁判手続きに進むことになります。

裁判の手続きには、調停と審判があります。調停は、1人または複数の相続人がほかの相続人に対して申し立てを行います。遺産分割調停申立書を家庭裁判所に提出しましょう（▼左ページ）。

調停では、裁判官や調停委員がそれぞれの言い分を聞き、全体を把握したうえで解決案を提示したり、解決のための助言を行います。ただし、**あくまでも当事者同士の話し合いで合意を目指します。**

調停で合意が得られない場合、自動的に審判へと移行します。審判は告知の日の翌日から2週間で確定します。

不服がある場合は2週間以内に即時抗告の申し立てを行います。数か月から1年以上かかるケースもあり、弁護士に依頼すれば、着手金、成功報酬金などがかかります。こうした時間的損失や費用も考慮しましょう。

ポイント　調停申し立ての手続き

申立人	共同相続人、遺言執行人など
申立先	相手方のうちの1人の住所地を管轄する家庭裁判所または当事者が合意で定める家庭裁判所
必要なもの	●遺産分割調停申立書、当事者目録、遺産目録等 ●被相続人の出生から死亡までの戸籍（除籍）謄本 ●相続人全員の戸籍謄本（ケースによりそのほかの戸籍謄本 が必要な場合もある）、住民票 ●不動産の登記事項証明書、固定資産評価証明書など
費用	収入印紙1,200円分、連絡用の郵便切手代

［記入例］ 遺産分割調停申立書

この申立書の写しは，法律の定めるところにより，申立ての内容を知らせるため，相手方に送付されます。

受付印	遺産分割 ☑ 調停 □ 審判 申立書
	（この欄に申立て１件あたり収入印紙１，２００円分を貼ってください。） （貼った印紙に押印しないでください。）
収入印紙　円 予納郵便切手　円	

○○ 家庭裁判所 御中 ○年 ○月 ○日	申立人（又は法定代理人など）の記名押印	西東　一男　（印：西東）

添付書類	（審理のために必要な場合は，追加書類の提出をお願いすることがあります。） ☑戸籍（除籍・改製原戸籍）謄本（全部事項証明書）合計○ 通 □ 住民票又は戸籍附票　合計　通　□ 不動産登記事項証明書　合計　通 ☑固定資産評価証明書　合計○ 通　☑ 預貯金通帳写し又は残高証明書　合計 ○ 通 □ 有価証券写し　合計　通　□	準口頭

当事者		別紙当事者目録記載のとおり
被相続人	最後の住所	東京都 都道府県 文京区湯島北１丁目２番３号
	フリガナ 氏名	西東《セイトウ》　一男《カズオ》　○ 年○月○日死亡

申立ての趣旨

☑ 被相続人の遺産の全部の分割の（☑ 調停 ／ □審判）を求める。
□ 被相続人の遺産のうち，別紙遺産目録記載の次の遺産の分割の（□ 調停 ／ □ 審判）を求める。
【土地】　【建物】
【現金，預・貯金，株式等】

申立ての理由

遺産の種類及び内容	別紙遺産目録記載のとおり
特別受益 ※2	☑ 有 ／ □ 無 ／ □ 不明
事前の遺産の一部分割 ※3	□ 有 ／ ☑ 無 ／ □ 不明
事前の預貯金債権の行使 ※4	□ 有 ／ ☑ 無 ／ □ 不明
	☑ 分割の方法が決まらない。

この申立書の写しは，法律の定めるところにより，申立ての内容を知らせるため，相手方に送付されます。

当事者目録

☑ 申立人 □ 相手方	住所	〒 113-0000 東京都文京区湯島北１丁目２番３号（　方）
	フリガナ 氏名	西東《セイトウ》　太郎《タロウ》　○年 ○ 月 ○日生（　歳）
	被相続人との続柄	長男
□ 申立人 ☑ 相手方	住所	〒 113 - 0000 東京都文京区湯島北１丁目２番３号（　方）
	フリガナ 氏名	西東《セイトウ》　良子《ヨシコ》　○年 ○ 月 ○日生（　歳）
	被相続人との続柄	妻
□ □	住所	〒　－

この申立書の写しは，法律の定めるところにより，申立ての内容を知らせるため，相手方に送付されます。

遺産目録（☑特別受益目録，□分割済遺産目録）
【現金，預・貯金，株式等】

番号	品目	単位	数量（金額）	備考
1	○○銀行○○支店 普通預金番号 （番号○○○○○○○）		5,000,000円	西東太郎が保管

この申立書の写しは，法律の定めるところにより，申立ての内容を知らせるため，相手方に送付されます。

遺産目録（☑特別受益目録，□分割済遺産目録）
【建物】

番号	所在	家屋番号	種類	構造	床面積	備考
1	東京都文京区 湯島北１丁目２番３号		居宅	木造瓦葺 ２階建	平方メートル １階 5000 ２階 4500	

「調停」にチェックを入れる

1,200円の収入印紙を貼る

申立書を提出する裁判所を記入

作成年月日を記入

申立人の氏名と押印

被相続人の住所、氏名、死亡日を記入

遺産全部の分割、もしくは一部の分割の当てはまるほうにチェックを入れる

「調停」にチェックを入れる

理由の該当する箇所にチェックを入れる

申立人と相手方のどちらかにチェックを入れて区別を明らかにし、該当する者全員を記入する

被相続人から生前贈与を受けているなど、特別受益者がいる場合は特別受益目録を別途作成する

不動産は土地や建物ごとに、登記簿謄本の記載の通りにすべて記入する

名義変更の手続きはどうする？

【名義変更手続き】

時期　相続確定後速やかに

専門家のひと言

名義変更は財産ごとに手続きをする必要があり労力と時間がかかります。司法書士などに依頼することも検討しましょう。

【すべての手続きを1人で行うのは大変】

故人の遺産を相続したら、預貯金や不動産、自動車などの持ち主の名義を故人から相続人に変更する手続きをしなければなりません（▼左ページ）。

金融機関での手続き（▼P144）はそう難しくはないものの、各金融機関に何度も足を運んだり、さまざまな書類の準備をするのに労力がかかります。

また**不動産の相続登記では原則、相続する土地を管轄する法務局に出向く必要があります**。申請方法も難しく、法律や土地の知識がない人にとっては、大きな負担となります。自動車も、新しい所有者に渡せばいいというものではなく、所定の手続きが必要です。しかもこうした手続きは、各機関や役所の開いている平日の昼間に行わなければなりません。

【手続きを専門家に依頼するのもひとつの手】

上記のような労力と手間を考えると、**司法書士や弁護士といった専門家に依頼するのもひとつの手**です。

誰かに名義変更手続きを依頼する場合には、委任状が必要になります。委任状には、代理人にどこまでの権限をもたせるのかを明記しておきます。金融機関や役所などでは、委任状のひな形を用意しているところもあるので、利用してもよいでしょう。

代理人に各種手続きを依頼した場合、印鑑証明書や遺産分割協議書を預けることも多くなります。預けるときは「**預かり証**」を受け取っておきましょう。また、金融機関や役所などへの提出書類を渡すときには「**受領証**」を受け取ります。こうしておくことで、トラブルになるのを未然に防ぐことができます。

チェック! おもな名義変更の手続き

相続財産の種類	手続き内容	手続き先	必要書類など
預貯金	名義変更 または解約	各金融機関	・金融機関所定の相続手続き書類 ・通帳、証書、カードなど ・被相続人の出生から死亡までの戸籍謄本《とうほん》 ・相続人全員の戸籍謄本および印鑑証明書 ・遺産分割協議書 ・遺言書など
不動産	名義変更 （相続登記）	不動産の 所在地を 管轄する法務局	・登記申請書 ・戸籍謄本、住民票の写しなど ・固定資産評価証明書 ・遺産分割協議書あるいは遺言書など ・相続関係説明図 （戸籍・除籍謄本などの原本を還付してもらうとき）
借地権 借家権	名義変更	地主、家主	権利を承継した旨を通知し、 契約書の名義を変更してもらう。 名義変更料などの支払いは不要
株式などの 有価証券	名義変更	取引証券会社 または 株主名簿管理人 （信託銀行など）	【証券会社の口座にある上場株式の場合】 ・証券会社所定の相続手続き書類 協議分割の場合上記に加え、 ・被相続人の出生から死亡までの戸籍謄本など ・遺産分割協議書 ・相続人全員の印鑑証明書 遺言または遺贈の場合上記に加え、 ・被相続人の死亡の記載のある戸籍謄本など ・遺言書 ・承継者の印鑑証明書など
自動車	移転登録	陸運局など	【普通自動車の場合】 ・移転登録申請書 ・自動車検査証 ・被相続人の出生から死亡までの戸籍謄本など ・遺産分割協議書、遺言書など ・相続人全員または代表相続人の印鑑証明書 ・手数料納付書（自動車検査登録印紙500円）
生命保険契約 損害保険契約	契約事項変更	保険会社	保険会社所定の変更請求書、保険証券など
貸付金	通知	債務者	債務を承継した旨を通知する
クレジット カード	解約	クレジットカード会社	名義人の死亡を連絡し、必要書類を取り寄せる。 未払い分は相続人が支払う。 相続放棄の場合は支払わなくてよい
電話加入権	名義変更・解約 （固定電話）	NTT	必要書類を問い合わせる。郵送で手続き可能。 利用休止、中断の場合は工事費が必要になる

※手続き先や相続の形態などにより、そのほかの書類が必要になることがある。
※遺言書は公正証書遺言の場合を除き、家庭裁判所の検認を受けていることが必要。

不動産の相続はどう手続きする？

【不動産の相続登記】

時期 相続確定後速やかに

専門家のひと言

- 不動産の相続人が申請者となります。
- 不動産の管轄法務局での手続きが必要です。
- 必要書類はケースに応じて異なるため、確認しておきましょう。

【相続の登記申請書を記入し管轄法務局に提出する】

相続手続きのなかでも、もっとも手続きが煩雑で労力がかかるのが不動産関連です。**不動産の名義を変更するときには、所有権移転の登記を行います**が、とくに相続によって起こるものを一般的に「**相続登記**」といいます。２０２４年から不動産登記の義務化が始まり、相続の開始と所有権取得を知った日から3年以内に登記しなかった場合、10万円以下の過料が発生する可能性があります。

相続では多くの手続きが生じるので、負担が重いときは司法書士等の専門家に依頼するとよいでしょう。相続登記の申請は、物件を相続する相続人が申請人となって行います。相続登記を行うときは、**「登記申請書」を記入して**（▼左ページ）**不動産の住所を管轄している法務局に申請**します。時間があり、登記が必要な不動産の数が少ないならば、出向いて行うのがおすすめです。わからない点を担当者に直接確認しながら手続きできます。また登記申請手続きは郵送でも可能です。

現在では、インターネットによるオンライン登記申請もできますが、すべてがネット上で完結するわけではなく、一部、窓口に出向くか書類を郵送しなければならない手続きもあります。申請には専用のソフトウェアを使います。専門家用のソフトは高額なため、行政が提供する**「登記ネット」という無料ソフト**をダウンロードして利用する人が多いようです。パソコンの操作に慣れている人におすすめです。

※2023年4月27日から、一定の手続きをすれば、相続で得た土地を国の財産にできる場合があります。対象となる土地には条件があるので、利用する際には確認を。

▶P140へ続く

［作成例］
登記申請書

登記申請書

登記の目的　所有権移転
原因　○○年○月○日　相続

相続人　（被相続人　西東一男）
東京都文京区湯島北1丁目2番3号
西東太郎 ㊞（西東）
連絡先の電話番号　03-0000-0000

添付書類　登記原因証明情報　住所証明情報

申請人の住所へ送付の方法により登記識別情報の通知を希望します。
○○年○月○日申請　○○法務局○○出張所

課税価格　金3000万円
登録免許税　金12万円

不動産の表示
所在　○○県○○市○○2丁目
地番　5番1
地目　宅地
地積　150㎡

相続人の住所、氏名を住民票の通りに記載し、押印する（認印可）

相続があったことや、相続人が誰になるかなどを証明する書類。ケースにより異なる

住民票・印鑑証明など住所がわかる書類

登録免許税分の収入印紙を貼る

不動産の表示は登記簿謄本《とうほん》の記載通りに記載。同じ法務局管轄に複数ある場合はすべて記載

課税価格の0.4％を記載。100円未満は切り捨て

固定資産の価格（評価額）を記載。1000円未満は切り捨て。評価額は「固定資産評価証明書」で確認

A4判用紙を使用し、
形式は自由です。
パソコン、手書きを問いませんが
鉛筆書きは不可となります

固定資産評価額はどうやって調べる？

登記申請書には、登記を移転する不動産の価値、つまり固定資産の評価額を記入します。これを調べるには、市区町村役場か、東京23区の場合は都税事務所に申請して、「固定資産評価証明書」を取り寄せる必要があります。その際には申請書、本人確認書類、手数料が必要となります。また、毎年市区町村役場から届く固定資産税の納税通知書でも確認できます。

共同相続登記はトラブルのもとになる可能性大

相続登記の手続きは、遺言書があるかどうかの状況によって異なります。

固定資産評価証明書、相続関係説明図などの基本的な必要書類に加えて、遺言書に従って不動産を相続した場合は、**遺言書と検認書類**、遺産分割協議を行った場合には**遺産分割協議書**の提出が必要になります（▼左ページ）。

遺言書がなく、遺産分割協議がまとまらないときに、ひとまず**法定相続人全員の名義にしておくことを共同相続登記**といいます。不動産は、持ち主である**被相続人が亡くなった時点で、「死者が所有している」という、実態とそぐわない登記**となってしまいます。このままだと売却ができないため、いち早く名義を登録し、所有者をはっきりさせておくのが共同相続登記という方法です。ここでの相続分は、法定相続割合に従った取り分となります。

ただし、共同相続登記をしてしまうと、相続人の１人が土地の一部だけを第三者に売却することが可能になってしまい、第三者が関与することで最終的には土地全体を失うトラブルともなりかねません。また、**固定資産税も法定相続割合に応じて支払う必要があり、居住していないのに税金だけ払わなければならない、といった不公平が生じる**可能性もあります。そのため、共同相続登記をしなくてもいいように、遺産分割協議は一刻も早く終わらせて、名義人を確定させたほうがよいでしょう。

知っておこう!

登記申請に必要な「登録免許税」とは?

不動産を登記するときにかかる税金が登録免許税です。登記の目的によって税率が異なりますが、相続登記の場合は、不動産価格の0.4%と決まっています（相続人以外への遺贈の場合は2%）。税額が3万円以下の場合は、登記申請書に収入印紙を貼付して納めることができます。あるいは最寄りの税務署や金融機関で、現金で納めます。オンライン申請の場合はインターネットバンキングなどにも対応しています。ちなみに不動産価格は「固定資産評価証明書（管轄の税務署や市区町村役場で取得）で確認できます。

新制度「相続人申告登記」とは?

2024年から相続登記の義務化が始まると、相続した不動産を3年以内に登記する必要があります。遺産分割協議がまとまらず3年以内に相続登記ができない場合は、共同相続として法定相続分を登記しますが、この登記の際の負担を解消するために「相続人申告登記」の制度が新設されました。不動産の相続が開始したことと、自らがその相続人であることを登記官に申し出ることにより、暫定的に申請義務を果たしたとみなされます。その後遺産分割協議が成立したら、その日から3年以内にあらためて相続登記を申請します。

チェック! 相続登記に必要な書類

相続登記に必要な書類は、相続のケースに応じて異なるので事前に法務局に確認しましょう。また、遺言書は公正証書遺言及び法務局に預けた自筆証書遺言以外の場合には、家庭裁判所の検認を受けていることが必要です。

● 必要　○ ケースにより必要

	必要な書類の名称	遺言の場合	遺産分割協議の場合	法定相続の場合
申請書等	登記申請書	●	●	●
	相続関係説明図	○ （戸籍謄本等の原本の還付を受けたい場合）		
被相続人の書類	戸籍謄本《とうほん》等	● （死亡の記載）	● （出生～死亡）	● （出生～死亡）
	住民票（除票）	●	●	●
相続人の書類	戸籍謄本等 （被相続人の戸籍謄本で援用可）	● （不動産の取得者のみ）	● （全員）	● （全員）
	住民票 （申請書にマイナンバーを記載した場合は省略可）	● （不動産の取得者のみ）	● （不動産の取得者のみ）	● （全員）
その他	遺言書	●	—	—
	遺産分割協議書	—	●	—
	相続人の印鑑証明書	—	●	—
	固定資産評価証明書	●	●	●
	司法書士への委任状	○	○	○

保険金の受け取りに必要な手続きとは？

【保険金の請求手続き】

時期 3～5年以内

専門家のひと言

まず受取人を確認しましょう。

こちらから請求手続きをしなければ支払われないので注意しましょう。

【死亡保険金を受け取るには手続きが必要】

故人が生命保険や共済に入っていれば、死亡保険金が支払われます。必ず保険証券が発行されているはずなので、故人の身の回り品を確認してみましょう。

保険金の受け取りで気をつけたいのが、どの生命保険も**こちらから請求手続きをしなければ支払われない**ということです。また**手続きには保険会社によって3年～5年**以内という期限が決まっており、それを過ぎると受け取れなくなってしまいます。

また保険金には税金がかかり、所得税と住民税、あるいは相続税、贈与税など、保険の契約形態によって課される税金が異なります。相続税の非課税限度額を超える受け取りがあった場合は遺産分割にも関わってくるので注意しましょう。

【契約形態をしっかり確認しておく】

死亡保険金の請求手続きは通常、受取人が行いますが、**とくに受取人が指定されていなかった場合、相続人全員で手続き**をする必要があります。そのため誰が受取人になっているかなど、契約形態はしっかり確認しておきましょう。医療保険の場合、さまざまな特約が付加されていることも多いので、請求もれがないようにします。

なお、死亡保険金の受取人がすでに死亡していたというケースもあります。たとえば、故人が親を受取人にしていて、すでに亡くなってしまったにもかかわらず、受取人の変更手続きをしないでいた場合などです。

保険の契約事項にもよりますが、**遺言で受取人の指定がなければ、本来受け取るはずだった人の相続人**が受取人になります。

ポイント 保険金請求手続きの流れ

1 死亡

▼

2 保険証券などを調べる

▼

3 生命保険会社に連絡
（電話などでOK）

▼

4 記入用の書類と、
手続き案内が送られてくる

▼

5 **必要書類をそろえる**

▼

6 郵送（請求手続き）

▼

7 生命保険会社が書類受付・支払可否判断

▼

8 死亡保険金が支払われる

受取人または保険契約者から保険会社に連絡を入れると、保険金請求書と必要書類の案内が送られてきます。案内に沿って手続きを進めましょう

● 必要書類

- □ 死亡保険請求書
- □ 被保険者（故人）の住民票
- □ 受取人の戸籍抄本《しょうほん》
- □ 受取人の印鑑証明書
- □ 死亡診断書の写し
- □ 保険証券

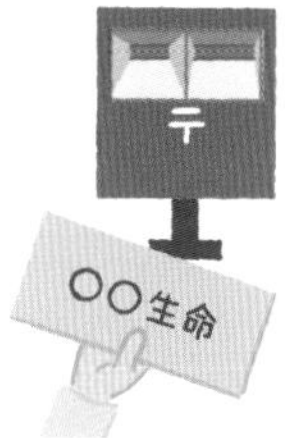

知っておこう！

相続放棄をしても保険金は受け取れる？

故人が妻や子などを受取人にしていた場合、保険金を受け取る権利はその妻や子にあるため、相続財産とはみなされません。受取人である相続人が相続放棄をしても、保険金は予定通り受け取ることができます。ただし、被相続人を受取人として契約した生命保険の保険金は、相続財産になります。相続放棄をすると受け取れなくなってしまうので、相続放棄を決める前には必ず保険内容をチェックしておきましょう。

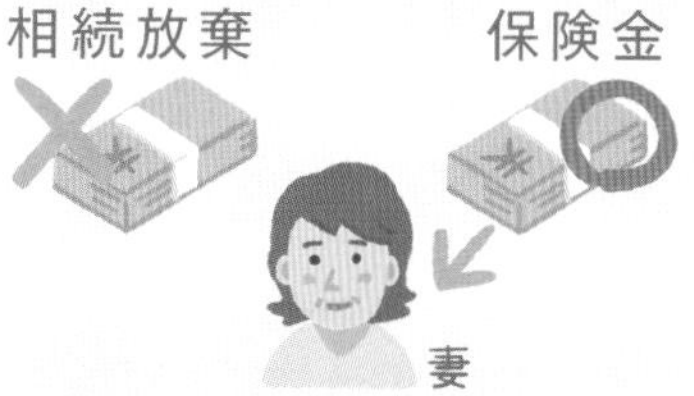

妻が受取人になっていた場合、相続放棄をしても保険金を受け取れる。

金融機関での相続手続きはどうする？

【口座の名義変更】

時期 相続確定後速やかに

専門家のひと言

相続人全員の同意が必要です。相続のケースによって、提出書類が異なります。

【相続が確定したら金融機関の名義変更をする】

金融機関では、口座の名義人の死亡が確認されるとすぐに口座を凍結するため、お金を引き出すことができなくなります（▼P58）。これは相続人の1人が勝手に相続財産の一部であるお金を使って、ほかの相続人の権利を侵害するのを防ぐためです。ただし、葬儀費用や生活費など**緊急でお金が必要になったときには、遺産分割の成立前でも法定相続人が被相続人名義の預貯金を一部引き出すことができる**制度があります。また、**口座の名義変更にはすべての相続人の同意が必要**となります。

遺言や財産分割協議で相続が確定したら、預貯金も相続人に引き継ぎます。遺言書や遺産分割協議書の有無、家庭裁判所の審判・調停を受けたどうかによって、手続きに必要となる書類が異なります（▼左ページ）。

まず金融機関に連絡し、手続きの詳細を確認後、必要書類を準備します。**口座の名義変更にはすべての相続人について同様の書類が必要**なため、多大な時間と手間がかかります。**これらの書類を「相続手続依頼書」とともに提出**後、払い戻しが行われます。故人が複数の金融機関を利用していた場合、そのすべてにおいて、同様の手続きを行います。

知っておこう！

手続きが簡単になる法定相続情報証明制度

相続手続きでは、戸籍謄本《とうほん》など、たくさんの書類を提出する必要があります。この面倒な手続きを少し簡単にしてくれるのが、法定相続情報証明制度です。この制度では、故人の法定相続人や、それぞれの間柄を証明する「法定相続情報一覧の写し」を無料で交付してもらえます。この書類を、名義変更や税申告などの手続きで、相続人の戸籍謄本や間柄を証明する書類の代わりに使うことができます。利用するためには、申出書に必要書類、法定相続情報一覧図を添付して、登記所に提出します。

チェック! 口座の名義変更に必要な書類

以下の4つのケースによって準備する書類が異なります。詳細は金融機関に確認しましょう。

1 遺言書がある

- 遺言書／遺言検認調書
- または遺言検認済み証明書
- （公正証書遺言の場合は不要）
- 被相続人の死亡が確認できる戸籍謄本（戸籍全部事項証明書）
- 預金を相続する者（または遺言執行人）の印鑑証明書
- 遺言執行人の選任審判書謄本（裁判所で遺言執行人を選任している場合）

2 遺言書がなく遺産分割協議書がある

- 遺産分割協議書
- 被相続人の出生から死亡までの連続した戸籍謄本（戸籍全部事項証明書）
- または除籍謄本
- 相続人全員の戸籍謄本（戸籍全部事項証明書）
- 相続人全員の印鑑証明書

3 遺言書・遺産分割協議書がない

- 被相続人の出生から死亡までの連続した戸籍謄本（戸籍全部事項証明書）
- または除籍謄本
- 相続人全員の戸籍謄本（戸籍全部事項証明書）
- 相続人全員の印鑑証明書

4 家庭裁判所の調停・審判を受けた

- 家庭裁判所の調停調書謄本または審判書謄本
- （審判書上確定表示がない場合は、さらに審判確定証明書も必要）
- 預金を相続する者の印鑑証明書

注意が必要な
土地・家屋の相続

借地権も相続することができる

借地権とは、建物を建て、所有する目的で土地を借りると発生する権利のことです。借りているだけといっても、その土地に建物がある限り、契約を更新し続けることができます。

借地権も相続の対象となっており、**相続にあたって、地主の承諾を得る必要はありません**。なお、**相続した借地権を売却する際には地主の許可が必要です**。また、承諾料として価格の10%を地主に支払わなければならないこともあります。

貸家の評価額は約70%

相続した家屋に借家人がいる場合、借り主の住む権利が保護されているため、通常より低く見積もられます。地域によって異なりますが、多くの場合、**通常の70%程度の評価**になります。また、その敷地についても、貸家建付地として、地域により異なりますが一定の減額があります。

ただし、**人に貸すための家屋やその敷地であったとしても、人に貸していない場合には原則として通常の算定方法**となります。

古い家の相続には注意が必要

親や親族から不動産を相続したとき、自分の住む土地から離れていたり、不便な場所にあったりすると、維持管理がおろそかになりがちです。しかし、古い家を放置していると税金が増えてしまう可能性があり、注意が必要です。

「空家等特別措置法」では、倒壊などのおそれがある、衛生上有害である、景観を損なう、などの理由で**「特定空家等」に指定されてしまうと、勧告**などの対象となります。また罰則として、**優遇措置が受けられなくなり、更地の状態と同等の固定資産税（空き家がある場合の6倍）がかかる**こともあります。思い切って処分することも、選択肢のひとつに入れておきましょう。早期に譲渡した場合、譲渡所得の特例の対象となり、税金が安くなるケースもあります。

なお、2023年4月27日から「相続土地 国庫帰属制度」がスタート。相続した土地を国の財産にできる場合があります。利用する際には条件等の確認を。

特定空家等に指定されると、更地と同等の固定資産税がかかることがあるので注意。

農地や山林を相続したときの届け出

農地は「農地法」という法律により、**勝手に農地以外に転用したり、農業者以外が売買したりすることが禁じられています**。実家などが農業に従事しており、**農地を相続した場合は、遅滞なく（およそ10か月以内）農業委員会に届け出る**必要があります。また**山林についても、相続後90日以内に市町村に届け出**を行います。これらの手続きを怠ると、10万円以下の過料が課されてしまう場合があります。

近年、相続によって農地や山林を得た人が、決められた手続きや登記を行わないことにより、耕作放棄地や所有者不明の山林が増えています。

農地は一定の条件でほかの用途に転用したり、または農業委員会の斡旋で農地として利用してもらうことができます。山林も、地元の森林組合に相談して活用法や引き取り手について相談してみるとよいでしょう。

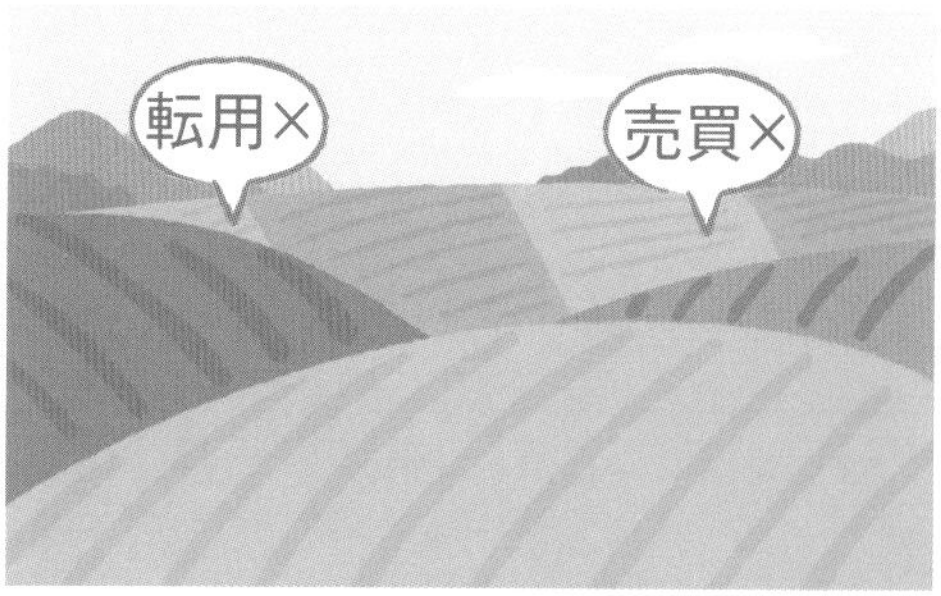

相続した農地は転用や売買に制限がある。農業委員会（各市町村に置かれる行政委員会）に届け出をすること。

その3

配偶者が亡くなって相続した財産は自分が死んだらどうなる?

配偶者の財産を相続するときには、さらにその後の「二次相続」についても考えておくことが大切です。夫婦のどちらかが亡くなったときの相続が一次相続で、その後、残されたほうの親も亡くなったときの相続を二次相続といいます。

配偶者が亡くなった場合には、法定相続分に従えば、残された配偶者が遺産の2分の1を取得し、子が残りを分け合うことになっています。配偶者は大きな割合を受け継ぐことになりますが、1億6,000万円あるいは法定相続分相当までが軽減される配偶者の税額控除があり、相続税を免除される部分も大きくなっています。

また、小規模宅地等の特例によって、住居の相続分も割り引いて考慮されます。

ただ、その配偶者が亡くなって子どもに財産を遺すとなると、相続税がぐんと高くなってしまう可能性があります。まず、配偶者に対する軽減措置はなくなります。また、子どもが親と同居していなかった場合、小規模宅地等の特例も利用できなくなってしまうのです。

つまり、二次相続では「3,000万円+600万円×相続人数」の控除しかなくなるのです。その対策として、一次相続で配偶者の相続分をなるべく少なくしておくことが大切で、以下のような対策が考えられます。

子や孫に生前贈与

年間110万円以下の金額で贈与する暦年贈与や相続時精算課税、教育資金や結婚資金等の一括贈与などで、贈与税を抑えながら遺産を子や孫に分散させておく(▶P216)。

住居を子どもに遺す

早めに自宅で子どもと同居し、配偶者が亡くなったら住居は子どもが相続。「配偶者居住権制度」(▶P124)の利用も有効。

死亡保険をかける

死亡保険料には「法定相続人数×500万円」の非課税枠があるので、税負担が減る。子どもを受取人にしておくこと。

第4章

相続税の支払い

相続財産が一定の額を超えると、
相続税が発生します。
ここでは、相続財産の評価方法や相続税の計算、
相続税の申告の流れや、
納付方法などについて解説します。

相続税とはどういうもの？

【相続税の基本】

時期 10か月以内

専門家のひと言

- 遺産総額から控除額を差し引いたものが課税対象です。
- 実際に相続税を支払う必要がある人は全体の10％以下です。

相続税の課税対象となる財産を確認する

遺産を相続すると「**相続税**」の支払い義務が生じます。とはいえ、相続あるいは遺贈を受けた人すべてが払わなければならないというわけではありません。相続税には基礎控除があり、取得した遺産がこの基礎控除以内の財産であれば相続税はかかりません。さらに、さまざまな税額控除（▼P153）が設けられているため、相続税を支払わなくてもよくなる場合のほうが多いのです。**実際に相続税を支払う必要があるのは、死亡者全体（被相続人の数）の1割以下**といわれています。

相続する財産が決まったら、相続税の支払い義務が生じるのか、ざっと計算して確認してみましょう。最初に、故人から引き継いだもののなかで、課税対象になるものを洗い出します。民法上と税法上では遺産のとらえ方が異なり、**遺産分割では相続財産とみなされなかったものにも相続税がかかる場合があります**（▼左ページ上）。

たとえば、死亡保険金は故人の死によって受取人に支払われるものなので、相続財産とはなりません（ただし多額の場合は特別受益となります）。しかし税法上は、故人が保険料を支払っていた場合は、相続財産に含めます。これを「**みなし相続財産**」といいます。

そのほか、預貯金や株式などの有価証券、不動産などはもちろん、**借地権、著作権、特許権といった目に見えない財産についても相続税の対象**となります。さらに、故人から相続人が生前に贈与された財産も一定のものは遺産に含めます。

すべての財産について金銭的価値を見積もったうえで債務や葬式費用を差し引いたものが遺産の総額です。そこから、基礎控除などの金額を差し引いたものに相続税がかかります。

▶P152へ続く

ポイント 相続税の対象となる財産

現金や預貯金、土地・建物などのほか、借地権や著作権など経済的価値のあるものすべてが相続税の対象になります。

1 本来の相続財産

被相続人が相続開始時に所有していた財産。

- 現金、預貯金、株式などの有価証券
- 事業用の資産や債権
- 土地、家屋などの不動産
- 自動車
- 書画骨董、金地金《きんじがね》、貴金属、宝石など
- 借地権、著作権、ゴルフ会員権など

2 みなし相続財産

相続財産ではないが、経済的価値により税法上財産とみなすもの。

- 死亡保険金
- 死亡退職金、功労金、退職金とみなす弔《ちょう》慰《い》金
- 特定の生命保険契約に関する権利
- 定期金に関する権利（個人年金など）

3 一定の贈与財産

生前贈与された財産。

- 相続開始の3～7年前に贈与されたもの（2027年から加算期間が段階的に延長され、最長7年に）
- 相続時精算課税で贈与されたもの

民法
相続財産とはみなさない

死亡保険金
個人年金

税法
相続財産とみなす

ポイント 相続税がかからない財産

1 祭祀《さいし》財産	墓地、墓石、仏壇、仏具など。ただし、骨董的価値があるものや、商品として所有しているものは除く。
2 公共事業者への遺贈等	宗教、慈善、学術等公益を目的とする事業を行う者が遺贈等により取得した財産で、当該公益事業に用いることが確実なもの。
3 心身障害者共済制度受給権	被相続人が保護者として、心身障害のある人のために生前積み立てていた年金を受け取る権利。
4 死亡保険金のうち非課税枠	500万円×法定相続人の数。
5 退職手当などのうち非課税枠	500万円×法定相続人の数。
6 そのほか	相続または遺贈により財産を取得した者が、国、地方公共団体、公益事業法人等（国が公益に寄与すると認めたもの）へ行った寄付。

不動産の評価額も大幅に減額できる

相続税で認められている**基礎控除の額は「3000万円＋600万円×法定相続人数」**です。たとえば、法定相続人が配偶者、子2人の合計3人の場合、3000万円＋600万円×3＝4800万円になります。つまり、遺産総額が4800万円以内であれば相続税を支払う必要はありません（▼左ページ上）。

心配なのが、相続財産のなかでも大きな部分を占めると考えられる不動産です。地価の変動もあり、数千万円、あるいは1億円を超える評価がつくことも珍しくありません。これにそれ以外の財産を合わせると、4800万円は簡単にオーバーしてしまいそうに思えます。

ただ、実際にはそれほど心配する必要はありません。というのは、土地や建物についてもさまざまな評価額の減額措置が設けられているからです。そのひとつが、「**小規模宅地等の特例**」（▼下図）です。これは、一定の条件を満たした親族であれば、**相続した住居用や事業用の土地のうち一定の面積の範囲内で、評価額を最高80%まで減額**するという制度です。仮に居住していた330㎡以下の土地の相続税評価額が1億円だった場合、このしくみを利用すれば、評価額は2000万円となります（この特例の適用は、申告した場合のみに限られます）。

チェック！ 小規模宅地等の特例における減額の割合

相続開始の直前における宅地等の利用区分			要件と限度面積	減額される割合
事業のために使われていた宅地等	貸付事業以外の事業用の宅地等		特定事業用宅地等に該当する400㎡	80%
	貸付事業用の宅地等	貸し付けた法人が事業に用いる宅地等（貸付事業以外）	特定同族会社事業用宅地等に該当する400㎡	80%
			貸付事業用宅地等に該当する200㎡	50%
		法人の貸付事業用宅地等	貸付事業用宅地等に該当する200㎡	50%
		被相続人等の貸付事業用宅地等		
被相続人等が居住していた宅地等			特定居住用宅地等に該当する330㎡	80%

※原則として有利なものを選択して適用する。

ポイント 相続税の基礎控除額の計算式

3,000万円 ＋ 600万円 × 法定相続人の数 ＝ **基礎控除額**

例 法定相続人が配偶者、子２人の合計３人の場合。

3,000万円 ＋ 600万円 × 3人 ＝ **4,800万円**

法定相続人の数

法定相続人

ポイント 相続税の税額控除

1 暦年課税分の贈与税額控除

相続開始前３～７年以内に受けた贈与に対して課された贈与税は、差し引くことができる。

※2026年までは3年加算だが、2027年から2030年にかけて加算年数が順次増加し、2031年以降は7年加算となる。

2 配偶者の税額軽減

以下のどちらか多い金額までは配偶者に相続税がかからない。

- 配偶者が相続した財産が遺産の２分の１（法定相続分）以下
- 配偶者の相続財産が1億6,000万円以下

3 未成年者控除

未成年者は成人になるまでの期間に応じて一定額の税額が軽減される。

- 未成年者控除額 ＝ 10万円 ×（18歳 － 相続したときの年齢）

※相続したときの年齢に１年未満の端数があるときは切り上げて1年とする。

4 障害者控除

85歳未満で障害のある法定相続人の場合。

- 特別障害者の控除額 ＝ 20万円 ×（85歳－相続したときの年齢）
- 一般障害者の控除額 ＝ 10万円 ×（85歳－相続したときの年齢）

※相続したときの年齢に１年未満の端数があるときは、切り上げて1年とする。

5 相次相続控除

10年以内に続けて相続があると、２回目の相続（第２次相続）では、1回目（第１次相続）に被相続人が払った相続税の一定の割合を差し引くことができる。対象は相続人のみ。

6 外国税額控除

外国で生じた所得について、外国の法令によって日本の相続税に相当する税金を支払っていた場合は、その金額分を日本では差し引くことができる。

7 相続時精算課税分の贈与税控除

贈与税と相続税を二重に払わなくてもよい制度。
相続時精算課税運用（▶P218）の際に、払った贈与税額が相続税から控除される。

8 医療法人持分税額控除

取得した一定の医療法人の持分を申告期限までに放棄した場合に適用される。

財産の評価はどのようにする？

【財産評価】

時期 10か月以内

専門家のひと言

● 相続税は10か月以内に申告が必要です。
● 財産の価額の見積もりは、原則「財産評価基本通達」に沿って行います。

相続税を申告するには財産評価が必要

相続財産が控除額を上回り、相続税の支払いが生じる場合、**相続の開始があったことを知った日の翌日から10か月以内**に申告を行わなければなりません。そのためには、**すべての相続財産について価額を見積もり（評価）、遺産総額を計算する**必要があります。相続財産の評価は相続開始日の時価で行うこととされています。土地の路線価などはイメージしやすいでしょう。

一方で、書画骨董など、評価が難しい財産もあります。そこで国税庁では「**財産評価基本通達**」によって、具体的な評価基準を定めています。原則として、この通達に基づいて財産を評価していくことになります。なお、財産の評価には専門知識が必要なため、税理士などに依頼するのがおすすめです。

チェック！ 評価が必要な財産

財産の種類	評価の仕方
土地	路線価方式または倍率方式 （目安としては一般取引価格の8割ぐらい）
家屋	固定資産税評価額（目安としては時価の4～6割）
預貯金	元本 ＋ 解約利子の手取額
上場株式	相続開始日の最終価格などを基に評価
非上場株式	●気配相場がある場合、その相場などを基に評価 ●直前期末の決算を基に評価（原則的評価方式） ●配当額を基に評価（配当還元方式）
利付公社債	課税時期の最終価格等 ＋ 既経過利子の手取額 （上場の場合）
割引公社債	課税時期の最終価格等（上場の場合）
貸付信託	元金 ＋ 既経過収益の手取額 － 買取割引料
証券投資信託	1口あたりの基準価格×口数の手取額－信託財産留保額－解約手数料
ゴルフ会員権	取引価格の7割
宝石・貴金属	実際の取引価額または専門家による鑑定額
借入金	要返済額

ポイント 宅地の評価方法

土地の評価は使用方法などによって変わってきますが、なかでも「宅地」という区分での評価方法には以下の2種類があります。

1 路線価方式（路線価のある土地）

毎年7月に国税庁や各地税務署で発表される路線価に従って評価する方法。土地の形がいびつである、奥行が長すぎる、などの形状に応じて必要な補正率など（右下の表参照）を使って評価額を調整し、計算する。路線価や補正率などは国税庁のホームページで確認できる。

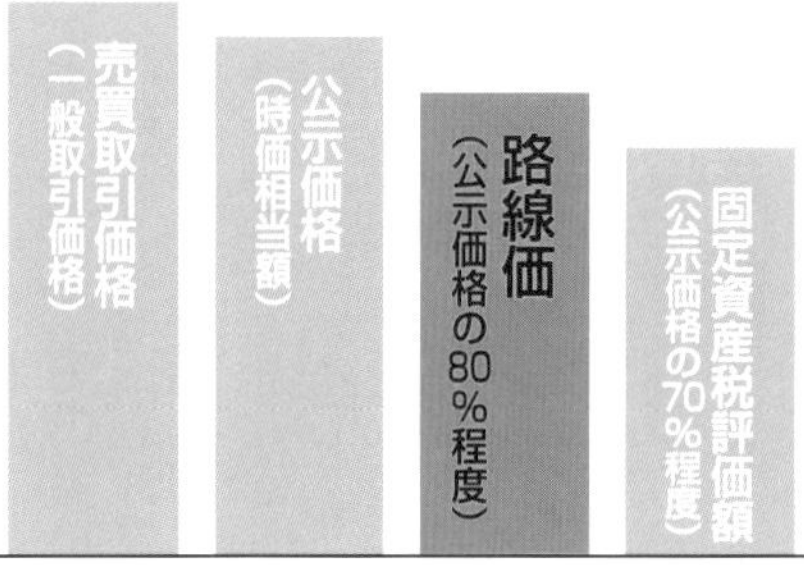

※単位・千円

● 補正率・加算率の種類

奥行価格補正率	平均的な奥行の距離と比べて短い、あるいは長すぎる
側方路線影響加算率	土地の正面と側面に道路がある角地
二方路線影響加算率	正面と裏面が道路と接していている土地
不整形地補正率	正方形や長方形ではない、いびつな形の土地
間口狭小補正率	道路に接している間口が狭い土地
奥行長大補正率	間口に対して奥行が長すぎる土地
がけ地補正率	敷地内にがけ地がある土地

● 路線価方式による評価額の求め方

路線価 × 補正率 × 地積（土地の面積） ＝ 評価額

2 倍率方式（路線価のない土地）

宅地の固定資産税評価額を使用する。固定資産税評価額は路線価より低いため、一定の倍率をかけて計算する。固定資産税評価額は毎年送られてくる固定資産税の納税通知書の中の「課税明細書」で、評価倍率表は国税庁のホームページでそれぞれ確認できる。

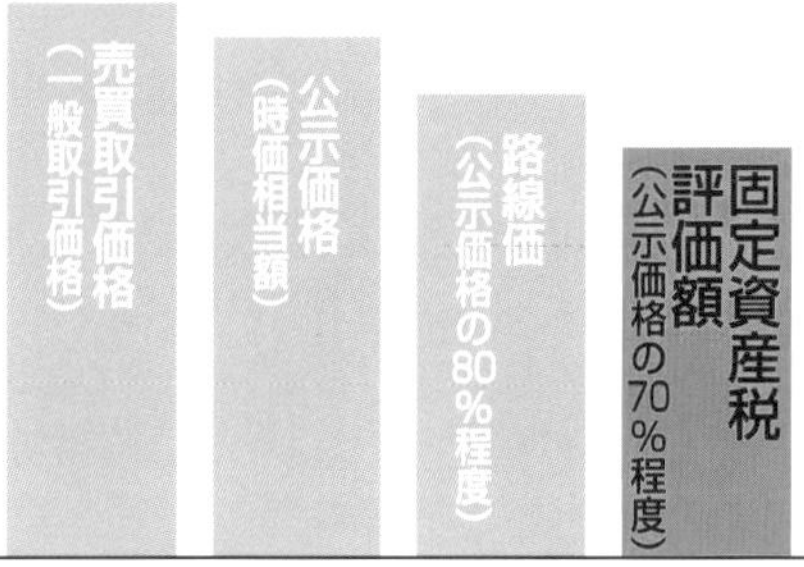

● 倍率方式による評価額の求め方

固定資産税評価額 × 倍率（評価倍率表に記載） ＝ 評価額

※宅地以外の土地も、宅地に準じた評価方法が定められている。

相続税はどうやって計算すればいい？

【相続税の計算】

時期 10か月以内

専門家のひと言

● 相続税の計算は、複雑です。相続税の総額を出してから、自分の取得割合で税金が決まります。

【遺産の総額を把握し、相続税を計算する】

それぞれの財産の評価が終わったら、**財産の総額を把握しましょう**。各評価額を合計し、非課税控除後の生命保険金などのみなし相続財産も加算します。この合計額から、債務額と葬儀費用を控除し、最後に加算すべき贈与（相続開始前3～7年以内の贈与や、相続時精算課税の贈与額）があれば、それを加算して遺産の総額（課税価格の合計額、総遺産価額）となります。

遺産の総額がわかったら、いよいよ相続税の計算をしてみましょう。事業を営んでいたり、複数の不動産を所有しているなどで財産が多岐にわたる場合は、専門家である税理士に任せたほうが安心です。**手順通りに式を当てはめていけば、税額を割り出すことができます**。まず全体の流れを把握しておくとよいでしょう（▼下図）。

ポイント 相続税の計算方法の流れ

STEP 1	遺産の総額	▶P157	プラスの財産からマイナスの財産と葬儀費用等を引き、遺産の総額を出す。
STEP 2	課税対象となる遺産の総額	▶P158	遺産総額から基礎控除額を引いたものが課税遺産総額となる。
STEP 3	相続税の総額	▶P159	法定相続分で分割したものとして考えたときの税の総額を割り出す。
STEP 4	各相続人の相続税額	▶P160	各相続人の取得分から最終相続税額を出す。
STEP 5	各種税額控除の利用	▶P161	当てはまる税額控除制度があれば利用する。

※各STEPの具体的な計算方法については、各解説を参照してください。

ポイント 相続税の計算方法（2022 年4月以降相続開始のケース）

例
- 遺産の総額 ▶ 1億円(長女が2年前に受けた贈与300万円を含む)
- 法定相続人 ▶ 妻、長女(19歳)、長男(16歳9か月)の3人
- 分割の条件 ▶ 妻が7,000万円、長女が2,000万円(贈与300万円を含む)、長男が1,000万円取得

STEP 1 遺産の総額を計算しよう

まずは遺産の総額を計算します。現金や預貯金などの財産をあわせたプラスの財産の合計額から、借入金などのマイナスの財産と葬儀費用等を引き、加算すべき贈与があれば、それを加算したものが遺産の総額になります(加算すべき贈与がある場合は、それを加算)。

プラスの財産 － マイナスの財産 － 葬儀費用等 ＝ **遺産の総額**

プラスの財産	・現金 ・預貯金 ・有価証券 ・不動産 ・死亡保険金 [保険金額 － 非課税枠(500万円 × 法定相続人数)] ・死亡退職金 [受給金額－非課税枠(500万円 × 法定相続人数)] ・宝石 ・書画骨董
マイナスの財産	・借入金

計算 今回のケースでは、預貯金1億1,700万円、借入金1,900万円、葬儀費用100万円、贈与加算額300万円として計算した場合、遺産の総額は以下のようになる。

プラスの財産

預貯金等 1億1,700万円

贈与加算 300万円

マイナスの財産

借入金 1,900万円

葬儀費用等

葬儀費用 100万円

(プラスの財産) 1億1,700万円 － (マイナスの財産) 1,900万円 － (葬儀費用等) 100万円 ＋ (贈与加算) 300万円 ＝ **(遺産の総額) 1億円**

STEP 2 課税対象となる遺産の総額を計算しよう

次に、相続税の課税対象となる遺産の総額を計算します。STEP1で出した遺産の総額から基礎控除額を引いたものが対象となります。

遺産の総額 － 基礎控除額 ＝ **課税対象となる遺産の総額**

基礎控除額：3,000万円 ＋ 600万円 × 法定相続人数

計算 今回のケース(▶P157)では、相続人が妻・長女・長男の３人なので、課税対象となる遺産の総額は以下のようになる。

（遺産の総額）1億円 － （基礎控除額）4,800万円 ＝ **課税対象となる遺産の総額 5,200万円**

基礎控除額：3,000万円 ＋ 600万円 × 3人

各相続人の法定取得額

課税対象となる遺産の総額がわかったら、各法定相続人が法定相続分で分割したとして、各法定相続人の取得金額を算定する。

	遺産の総額		分割割合		相続額（取得金額）
妻 	5,200万円	×	$\frac{1}{2}$	＝	2,600万円
長女 	5,200万円	×	$\frac{1}{4}$	＝	1,300万円
長男 	5,200万円	×	$\frac{1}{4}$	＝	1,300万円

STEP 3 相続税の総額を計算しよう

続いて、相続税の総額を計算します。STEP2で出した各法定相続人の相続額に応じて該当する税率をかけて控除額を引き、各法定相続人の相続税額を計算します。それを合計したものが相続税の総額になります。

法定相続分に応じた取得金額 × 税率（早見表） － 控除額 ＝ 各相続人の税額

● 早見表

法定相続分に応じた取得金額	税率	控除額
1,000万円以下	10%	
3,000万円以下	15%	50万円
5,000万円以下	20%	200万円
1億円以下	30%	700万円
2億円以下	40%	1,700万円
3億円以下	45%	2,700万円
6億円以下	50%	4,200万円
6億円超	55%	7,200万円

今回のケース（3,000万円以下の行）

計算 今回のケース（▶P157）では、相続税の総額は以下のようになる。

相続税の総額

		取得金額		税率		控除額		税額
妻		2,600万円	×	15%	－	50万円	＝	340万円
長女		1,300万円	×	15%	－	50万円	＝	145万円
長男		1,300万円	×	15%	－	50万円	＝	145万円

↓

相続税の総額 **630万円**

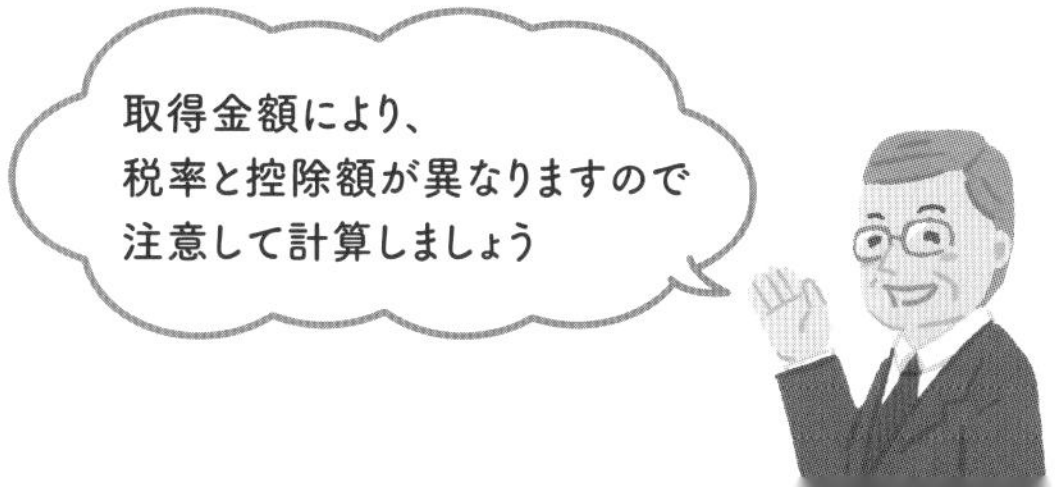

STEP 4 各相続人の相続税額を計算しよう

STEP3で相続税の総額が計算できたら、次に財産を得る人がそれぞれに納める相続税の金額を計算します。各人の相続税額は相続税の総額に、按分《あんぶん》割合（実際に財産を取得した割合）をかけたものになります。

相続税の総額 × 按分割合 ＝ **各人の相続税額**

按分割合 ＝ $\dfrac{\text{その人が取得する財産の額（課税価格※）}}{\text{遺産の総額（課税価格の合計額）}}$

※課税価格：相続税の課税対象となる相続財産の価格のこと。ここでは、妻7,000万円、長女2,000万円、長男1,000万円のこと。

計算 今回のケース（▶P157）では、遺産の総額1億円のうち妻が7,000万円、長女が2,000万円、長男が1,000万円の遺産を取得していて、按分割合はそれぞれ$\frac{7}{10}$、$\frac{2}{10}$、$\frac{1}{10}$となる。相続税の総額にこの按分割合をかけて、それぞれが納める相続税の金額を計算する。

各相続人の相続税額

		相続税の総額		按分割合		相続税額
妻		630万円	×	$\frac{7}{10}\left(\frac{7{,}000\text{万円}}{1\text{億円}}\right)$	＝	441万円
長女		630万円	×	$\frac{2}{10}\left(\frac{2{,}000\text{万円}}{1\text{億円}}\right)$	＝	126万円
長男		630万円	×	$\frac{1}{10}\left(\frac{1{,}000\text{万円}}{1\text{億円}}\right)$	＝	63万円

↓ ここから、場合によって2割加算と税額控除を行う

2割加算

右の項目に該当する人の場合、相続税（税額控除前）が2割加算される。

- 孫養子（代襲《だいしゅう》相続人となっている場合を除く）
- 兄弟姉妹
- 相続権のない受遺者（受遺者とみなされる者も含む）
- 相続人以外（放棄者を含む）の生命保険の受取人
（この場合500万円の非課税枠も使えない）

STEP 5 各種税額控除を利用する

153ページを参照し、自分に当てはまる税額控除制度があれば利用しましょう。以下はおもな控除の例です。

配偶者の税額軽減

- 配偶者が相続した財産が遺産の２分の１（法定相続分）以下である場合は非課税。
- 配偶者の相続財産が１億6,000万円以下の場合は非課税。　※どちらか多い額

計算 今回のケースでは、妻の相続した財産が7,000万円と、法定相続分の２分の１を超えているが、１億6,000万円以下のため、相続税はかからないことになる。

相続財産 7,000万円 ＜ １億6,000万円 ➡ **相続税はかからない**

未成年者控除

未成年者は成人になるまでの期間に応じて、一定額の税額が軽減される。

10万円 × （18歳 − 相続したときの年齢）

※相続したときの年齢に1年未満の端数があるときは、切り上げて1年とする。

計算 今回のケースでは、長男の年齢が16歳9か月のため、18歳までの年数は1年と3か月になる。切り上げて2年とするため、未成年者控除額を計算すると以下のようになる。

10万円 × 2（18歳 − 16歳） ＝ 未成年者控除額 **20万円**

控除前の相続税額 63万円 − 未成年者控除額 20万円 ＝ 控除後の相続税額 **43万円**

生前贈与における贈与税分の控除（贈与税と相続税を二重に払わなくてもよい制度）

相続開始前３～７年以内に被相続人から贈与を受け、贈与税が課されていた場合、贈与税と相続税の重複を避けるために贈与税額が控除される。

贈与を受けた年分の贈与税額 × 相続税の課税価格に加算した贈与財産の価額／贈与を受けた年分の贈与財産の合計額

計算 今回のケース（▶P157）では、長女が父が死亡する２年前に父から300万円、母から200万円の贈与を受け、その際に合計500万円の贈与に対して53万円贈与税が発生していたと仮定すると、控除額は以下のようになる。

支払った贈与税 53万円 × 相続税の課税価格に加算した贈与財産の価額／贈与を受けた年分の贈与財産の合計額（300／500） ＝ 贈与控除額 **31万8,000円**

控除前の相続税 126万円 − 贈与税控除額 31万8,000円 ＝ 控除後の相続税額 **94万2,000円**

相続税の申告はどういう流れ？

【相続税の申告】

時期 10か月以内

専門家のひと言

- 遺産相続人全員が申告者となります。
- 複雑なケースは専門家に依頼することも検討しましょう。

【ケースによって必要な申告書を選ぶ】

相続税の申告手続きでは、**第1表から第15表までである申告書・付表の必要な書類に必要事項を記入**して提出します。ただし、互いに連絡を取り合うのが難しい場合などには、別々に提出することもできます。

申告が必要なケースでは、財産が多額かつ評価が難しいものなどを含むことが多くなります。自分で申告書を作成するのは煩雑で労力もともなうので、専門家の**税理士に依頼するのが一般的**なようです。とくに、**相続を得意としている税理士であれば、さまざまな特例を利用することで、相続税をできるだけ抑えてくれる**といったメリットもあります。

ただし専門家に依頼する場合でも、どのような手続きが行われるのかを知っておくことは大切です。税理士の説明を鵜《う》呑《の》みにするのではなく、都度、自分でも理解・確認をしながら申告手続きを進めてもらいましょう（▼左ページ上）。

書類の作成方法は、一般的には次の①～③のようになります。

① **相続税のかかる財産と被相続人の債務などについて第9表～第15表を作成する。**

② **課税価格の合計額および相続税の総額を計算するため、第1表、第2表を作成する**（▼P164～165）。

③ **税額控除の額を計算するため、第4表～第8表を作成する（適用する税額控除がない場合は記入不要）。第1表に税額控除額を転記し、それぞれが納付すべき相続税額を算定する。**

それ以外にも、使用する特例等によって、いろいろな表や、付表が必要な場合があります。税務署や専門家に相談して進めましょう。

チェック! 税理士に依頼する場合の注意点

- □ 相続税の申告が必要とわかった時点ですぐに検討を始める
- □ 複数から見積もりをとって比較する
- □ 相続案件を多く扱っている税理士に依頼する
- □ 決定する前に対面して印象を確認する
- □ 丸投げにせず、途中経過を確認する

ポイント 申告書の記入順序

申告書は1～16の順に記入していきます。ただしすべての書類に記入するわけではなく、自分に当てはまる特例などに応じて、必要書類を選びます。

→は転記を意味する

- 1 第9表 生命保険金などの明細書
- 2 第10表 退職手当金などの明細書
- 3 第11・11の2表の付表1～4 小規模宅地等についての課税価格の計算明細書等
- 4 第11表 相続税がかかる財産の明細書
- 5 第11の2表 相続時精算課税適用財産の明細書等
- 6 第13表 債務および葬式費用の明細書
- 7 第14表 相続開始前3年以内の贈与財産等
- 8 第15表 相続財産の種類別価額表
- 9 第4表 相続税額の加算金額の計算書
- 10 第4表の2 暦年課税分の贈与税額控除額の計算書
- 11 第5表 配偶者の税額軽減額の計算書
- 12 第6表 未成年者控除額、障害者控除額の計算書
- 13 第7表 相次相続控除額の計算書
- 14 第8表 外国税額控除額の計算書等
- 15 第1表 申告書
- 16 第2表 相続税の総額の計算書

（1・2・3 → 4、4・5・6・7 → 15・8、15 ⇄ 16、9・10・11・12・13・14 → 15）

ここにない第3表、第12表は農業相続人がいる場合にのみ記入しましょう

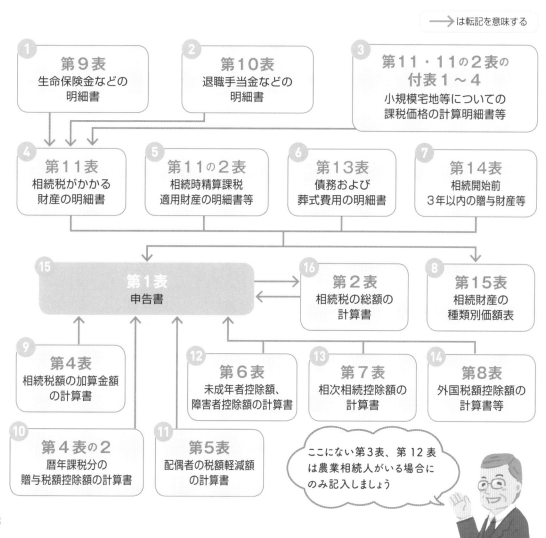

［記入例］
相続税の申告書 第1表

相続開始の日における職業・役職を記入する

第11表で計算した取得財産の価額を記入

相続税の総額は「按分《あんぶん》割合」を使って各相続人に割り振られる

「純資産価額」は赤字の場合にはマイナス金額ではなく、「0」と記載する

⑫〜⑭欄の税額控除については、先の順位の税額控除から差し引いていき、税額が0または赤字になった場合は、それ以上の税額控除は計算せず、⑯欄の税額は0になる

⑯−⑰−⑱の小計がマイナスになるときは、税額の左側に△をつける

相続税にかかる各相続人の実際の納付税額

文京 税務署長
○年○月○日 提出

相続税の申告書　修正　FD3563

相続開始年月日　○年　○月　○日

※申告期限延長日　年　月　日

○フリガナは、必ず記入してください。

	各人の合計	財産を取得した人
フリガナ	（被相続人）セイトウ　カズオ	セイトウ　ヨシコ
氏名	西東　一男	西東　良子　参考
個人番号又は法人番号		999999999999
生年月日	○年 ○月 ○日（年齢 ○歳）	○年 ○月 ○日（年齢 ○歳）
住所（電話番号）	東京都文京区湯島北1丁目2番3号	〒113-0000 東京都文京区湯島北1丁目2番3号（03 − 0000 − 0000）
被相続人との続柄　職業	無職	妻　無職
取得原因	該当する取得原因を○で囲みます。	相続・遺贈・相続時精算課税に係る贈与
※整理番号		
取得財産の価額（第11表③）①	117000000	90000000
相続時精算課税適用財産の価額（第11の2表1⑦）②		
債務及び葬式費用の金額（第13表3⑦）③	20000000	20000000
純資産価額（①+②−③）（赤字のときは0）④	97000000	70000000
純資産価額に加算される暦年課税分の贈与財産価額（第14表1④）⑤	3000000	
課税価格（④+⑤）（1,000円未満切捨て）⑥	100000000 Ⓐ	70000000
法定相続人の数　遺産に係る基礎控除額	3人　48000000 Ⓑ	左の欄には、第2表の②欄の㋺の人数及び㋩の金額を記入します。
相続税の総額⑦	6300000	左の欄には、第2表の⑧欄の金額を記入します。
一般の場合（⑩の場合を除く）あん分割合（各人の⑥/Ⓐ）⑧	1.00	0.7000000000
算出税額（⑦×各人の⑧）⑨		
農地等納税猶予の適用を受ける場合　算出税額（第3表⑬）⑩		
相続税額の2割加算が行われる場合の加算金額（第4表⑦）⑪		
税額控除　暦年課税分の贈与税額控除額（第4表の2㉖）⑫	318000	
配偶者の税額軽減額（第5表㋑又は㋺）⑬	4410000	
⑫・⑬以外の税額控除額（第8の8表1⑤）⑭	200000	
計⑮	4928000	4410000
差引税額（⑨+⑪−⑮）又は（⑩+⑪−⑮）（赤字のときは0）⑯	1372000	0
相続時精算課税分の贈与税額控除額（第11の2表1⑧）⑰	00	00
医療法人持分税額控除額（第8の4表2B）⑱		
小計（⑯−⑰−⑱）（黒字のときは100円未満切捨て）⑲	1372000	
納税猶予税額（第8の8表2⑧）⑳	00	00
申告納税額（⑲−⑳）　申告期限までに納付すべき税額㉑	1372000	00
還付される税額㉒	△	△
この申告書が修正申告書である場合　修正前の　小計㉓		
納税猶予税額㉔	00	
申告納税額（還付の場合は、頭に△を記載）㉕		
小計の増加額（⑲−㉓）㉖		
この申告により納付すべき税額又は還付される税額（納付の場合は、頭に△を記載）（㉑又は㉒）−㉕ ㉗		

税務署整理欄　申告区分　年分　グループ番号　補完番号　名簿番号　申告年月日　関与区分　補完　検算

作成税理士の事務所所在地・署名・電話番号　税理士法書面提出　30条　33条の2

この申告が修正申告である場合の異動の内容等　（確認）

第1表

↑この申告書で提出しない人である場合（参考…）

○この申告書は…また、申告書と…ボールペンで記入してください。

※の項目は記入する必要がありません。

第1表と第2表は課税価格の合計額および相続税の総額を計算するために必要になります。相続人が2人以上の場合は、申告書の「第1表（続）」に記入が必要です

［記入例］
相続税の申告書 第2表

第1表の「課税価格の合計額」を転記する

被相続人の氏名を記入

「課税価格の合計額」－「基礎控除」の額を記入する

相続税の総額の計算書

被相続人 西東　一男

第2表

この表は、第1表及び第3表の「相続税の総額」の計算のために使用します。
なお、被相続人から相続、遺贈や相続時精算課税に係る贈与によって財産を取得した人のうちに農業相続人がいない場合は、この表の㊭欄及び㊬欄並びに⑨欄から⑪欄までは記入する必要がありません。

① 課税価格の合計額		② 遺産に係る基礎控除額		③ 課税遺産総額	
㋑（第1表⑥Ⓐ）	100,000,000 円	3,000万円＋（600万円×㋺ 3人（Ⓐの法定相続人の数））＝	㋩ 4,800 万円	㋥（㋑－㋩）	52,000,000 円
㋭（第3表⑥Ⓐ）	,000	㋺の人数及び㋩の金額を第1表Ⓑへ転記します。		㋬（㋭－㋩）	,000

④ 法定相続人（（注）1参照） 氏名	被相続人との続柄	⑤ 左の法定相続人に応じた法定相続分	第1表の「相続税の総額⑦」の計算 ⑥ 法定相続分に応ずる取得金額（㋥×⑤）（1,000円未満切捨て）	⑦ 相続税の総額の基となる税額（下の「速算表」で計算します。）	第3表の「相続税の総額⑦」の計算 ⑨ 法定相続分に応ずる取得金額（㋬×⑤）（1,000円未満切捨て）	⑩ 相続税の総額の基となる税額（下の「速算表」で計算します。）
西東　良子	妻	½	26,000,000 円	3,400,000 円	円	円
西東　太郎	長男	½×½＝¼	13,000,000	1,450,000		
森　恭子	長女	½×½＝¼	13,000,000	1,450,000		
			,000			
			,000		,000	
			,000		,000	
			,000		,000	
			,000		,000	
			,000		,000	
法定相続人の数	Ⓐ 3 人	合計 1	⑧ 相続税の総額（⑦の合計額）（100円未満切捨て）	6,300,000	⑪ 相続税の総額（⑩の合計額）（100円未満切捨て）	00

（注）1　④欄の記入に当たっては、被相続人に養子がある場合や相続の放棄があった場合には、「相続税の申告のしかた」をご覧ください。
2　⑧欄の金額を第1表⑦欄へ転記します。財産を取得した人のうちに農業相続人がいる場合は、⑧欄の金額を第1表⑦欄へ転記するとともに、⑪欄の金額を第3表⑦欄へ転記します。

⑥欄の各相続人ごとの金額について、下の「相続税の速算表」を用いて計算した税額を記入する

法定相続分の合計が1になるか確認する

相続税の速算表

法定相続分に応ずる取得金額	10,000千円以下	30,000千円以下	50,000千円以下	100,000千円以下	200,000千円以下	300,000千円以下	600,000千円以下	600,000千円超
税率	10%	15%	20%	30%	40%	45%	50%	55%
控除額	－千円	500千円	2,000千円	7,000千円	17,000千円	27,000千円	42,000千円	72,000千円

この速算表の使用方法は、次のとおりです。
⑥欄の金額×税率－控除額＝⑦欄の税額　　⑨欄の金額×税率－控除額＝⑩欄の税額
例えば、⑥欄の金額30,000千円に対する税額（⑦欄）は、30,000千円×15%－500千円＝4,000千円です。

○連帯納付義務について
相続税の納税については、各相続人等が相続、遺贈や相続時精算課税に係る贈与により受けた利益の価額を限度として、お互いに連帯して納付しなければならない義務があります。

第2表　（資4－20－3－A4統一）

⑧欄の金額を第1表の⑦欄に転記する

相続税はいつまでに申告すればいい？

【相続税の申告期限】

時期 10か月以内

専門家のひと言

- 相続開始を知った日の翌日から10か月以内に申告が必要です。
- 申告後に税額が増える場合は修正申告、減る場合は更正の請求をすることができます。

期限を過ぎるとペナルティが課される

相続税の申告と納税は通常、相続開始（被相続人の死亡日）があったことを知った日の翌日から10か月以内に行う必要があります。また該当する日が土日祝にあたる場合は、翌平日が期限になります（▼左ページ下）。

期限までに申告しなかった場合には無申告加算税が、また申告日に税金を納めなかった場合には延滞税がかかります。きちんと期限を守りましょう。相続税の申告先は被相続人の死亡時の住所地を管轄する税務署です。

万が一、遺産分割協議が進まず、遺産の分割方法が決定しなかった場合でも、申告期限を延ばしてもらうことはできません。この場合は、法定相続分に応じて財産分割したものと考えて相続税額を計算し、申告・納税します。ただし、このケースでは**小規模宅地等の特例や、配偶者の税額軽減は適用できない**ため、分割決定後にこれらの適用を受けるためには、前もって手続きをしておく必要があります。

申告後に遺産分割が決まり、申告内容と異なる税額になった場合は、修正申告あるいは更正の請求を行います。

修正申告は税額が申告より増えるときに行うもので、修正の必要がわかった時点で、自ら進んで申告します。**税務署からの指摘で修正する場合は、過少申告加算税というペナルティが生じます。また追加納税する税金についても、延滞税がかかってしまいます**（▼左ページ中）。

更正の請求は税額が減った場合、払いすぎた税を返してもらうために行います。**申告期限から5年以内**に、自分で請求します。ただし、分割確定のような後発的理由などにより更正の請求をする場合は、その理由が発生したことを知った日の翌日から2か月または、4か月以内に請求手続きをしなければならないので注意しましょう。

チェック! 相続税の申告

提出者	相続人や受遺者など、相続税の申告が必要な人全員
提出先	被相続人の死亡時の住所地を管轄する税務署
期 限	相続を知った日の翌日から10か月以内 (提出期限が土日祝にあたる場合はその翌平日)
添付するおもな書類	● 戸籍謄本《とうほん》(被相続人、各相続人)または、法定相続人情報一覧図 ● 遺言書があればその写し、なければ遺産分割協議書の写し(必ず提出が必要) ● 相続人全員分の印鑑証明書(遺言の場合は不要) ● 相続時精算課税(▶P218)適用者がいる場合は、被相続人の戸籍の附表の写し(相続開始日以後に作成されたもの) ● マイナンバー確認書類及び身元確認書類(身分証明書の写し) など

ポイント 修正申告・更正の請求期限

修正申告

申告期限	申告期限から原則5年以内
相続税の納付期限	修正申告提出の日まで
附帯税	自主的に申告 → 延滞税 税務署の指摘で申告 → 過少申告加算税、延滞税

更正の請求

請求期限	法定申告期限から5年以内または、後発的理由などによる更正の請求を行う場合には、それらの事実が生じたことを知った日の翌日から2か月または4か月以内

知っておこう!

申告期限後に特例を受けるための提出書類

申告時、財産の分割が決まっていない場合には小規模宅地等の特例や配偶者の税額軽減を受けることはできません。しかし、「申告期限後3年以内の分割見込み書」を提出しておき、実際に申告期限後3年以内に分割が行われた場合は、これらの特例が適用されます。この場合、分割が行われた翌日から4か月以内に更正の請求を行いましょう。やむを得ない事情があり、3年以内に分割が決まらない場合は、その旨を税務署に申請して承認を得られれば、申告期限をその事情が解消した日の翌日から4か月以内へと延長することができます。

● 遺産分割が決まらなかった場合の対応

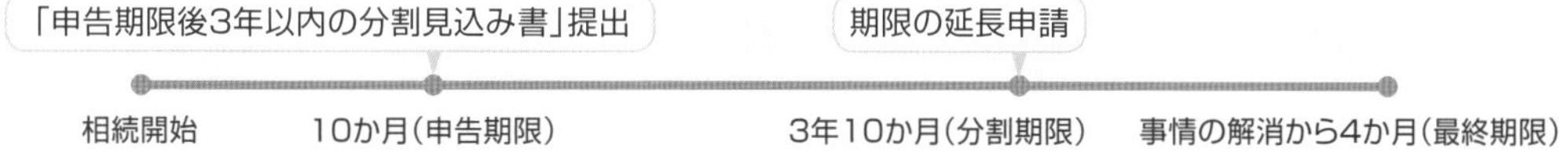

相続税の納付はどこで手続きする？

【相続税の納付方法】

相続税は一括納付が原則ですが、何らかの事情により一括で納めるのが難しい場合、延納や物納（▼P170）という方法をとることもできます。

納付期限を過ぎると、延滞税がかかってしまうので注意しましょう（▼左ページ下）。

時期 10か月以内

専門家のひと言

- 相続税の納付期限は税申告と同じ10か月以内です。
- 事前登録すれば電子申請も可能です。

【金融機関か税務署で現金一括払いが一般的】

相続税の納付期限は、原則として申告の期限と同じ**相続開始があったことを知った日の翌日から10か月以内**となっています。

納付場所は金融機関または所轄税務署です。窓口に出向いて現金で支払うほか、インターネットバンキングを利用して電子納税することもできます。ただし、電子納税には事前登録が必要です。

また、事前に税務署でバーコード付きの納付書をもらうなどの方法で、一部のコンビニでも納付が可能です。ただし、税額が30万円以下の場合に限ります。窓口等で納付する際は**領収済通知書（納付書）に必要事項を記入していっしょに提出**します（▼左ページ上）。領収済通知書は所轄税務署に用意されています。

知っておこう！

故意の申告漏れには重加算税がかかる

相続税の申告や納付の期限を過ぎるとペナルティが課されることは、166ページで触れましたが、故意に申告をしなかったり、たとえ期限内に申告をしても内容をごまかしたりした場合は、過少申告加算税や無申告加算税の代わりに重加算税がかかります。期限内に正しく申告しましょう。

期限内に申告していた場合の重加算税の税率は35%で、無申告であった場合の税率は40%です

[記入例] 相続税の納付書

プリントされている税務署名が所轄税務署であることを確認する。印字されていない場合はカタカナで税務署名を記載する

相続開始年度

上段の(自)の部分に相続開始日(死亡日)を入れる。

下段の(至)の部分は空欄で。

また申告区分の欄には、申告期限内の申告の場合には「4」の確定申告のところに○をつける

税目に「相続」と記載

相続税の税目番号「050」を記入

本税の金額を記載。

数字の左に¥マークは入れない

¥マークを入れる

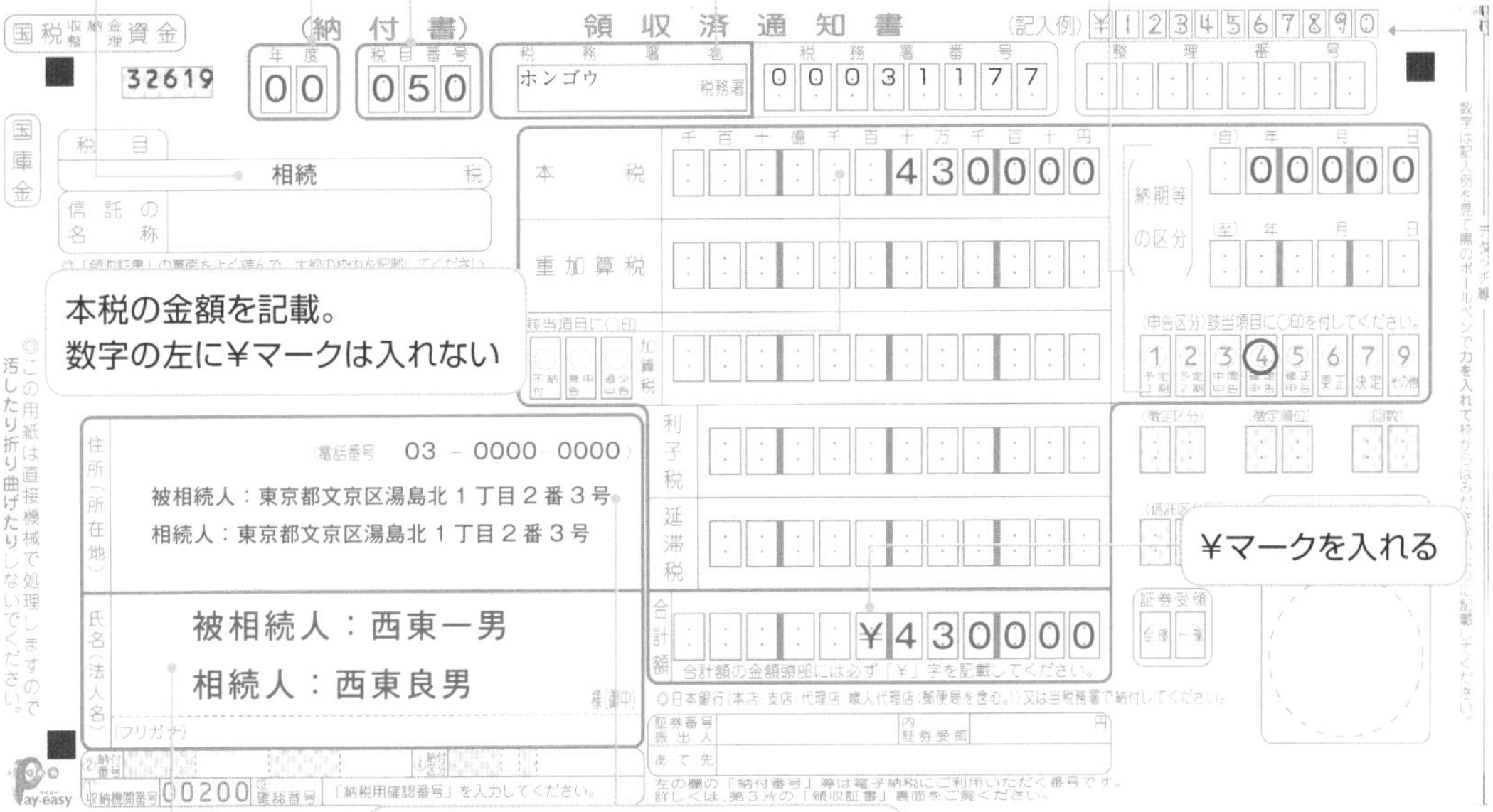

(納付書) 領収済通知書 (記入例) ¥1234567890

国税 収納金整理資金　32619

年度	税目番号	税務署名	税務署番号
00	050	ホンゴウ 税務署	00031177

国庫金　税目：相続 税　信託の名称

項目	金額
本税	430000
重加算税	
加算税	
利子税	
延滞税	
合計額	¥430000

納期等の区分　(自) 年 月 日 00000　(至) 年 月 日

(申告区分) 1 2 3 ④ 5 6 7 9

住所(所在地)　(電話番号 03 - 0000 - 0000)
被相続人：東京都文京区湯島北１丁目２番３号
相続人：東京都文京区湯島北１丁目２番３号

氏名(法人名)
被相続人：西東一男
相続人：西東良男

(フリガナ)

収納機関番号 00200

「被相続人:○○○○」
「相続人:○○○○」と
それぞれの氏名を
2段で記入する

「被相続人:○○○○」
「相続人:○○○○」と
それぞれの住所を2段で記入する。
電話番号は
相続人のものを記載する

ポイント 期限を過ぎたら延滞税がかかる

納期までに納付できなかった場合、法定納期限の翌日から以下の延滞税がかかります。

納期限の翌日から2か月を経過する日まで	年「7.3%」と「延滞税特例基準割合＋１%」のいずれか低いほう。
納期限の翌日から2か月を経過した以降	年「14.6%」と「延滞税特例基準割合＋7.3%」のいずれか低いほう。

※延滞税特例基準割合とは、国税や地方税等の延滞金及び還付加算金の算定などに使われる数値のこと。国税庁ホームページなどで確認できる。

期限延長する延納と物で納める物納

【相続税の延納・物納】

時期 10か月以内

専門家のひと言

- 一括で払えない場合は、延納を検討します。
- 延納でも納付が困難なときは物納を検討します。

一括での納付が困難な場合は、延納や物納という方法も

期限内に一括での納付が困難な場合には、**相続税を分割して支払う「延納」**という方法や、延納をしても金銭で納付するのが困難な場合に、**現物で納付する「物納」**という方法があり、それぞれに納付可能な要件が決められています（▼左ページ上）。

延納や物納を申請する場合は、**納期限までに所轄税務署に延納申請書・物納申請書を提出**します。担保提供関係書類や、登記事項証明書といった、関係書類の添付も必要です。税務署はその申請に基づいて審査を行います。許可・あるいは却下の決定は、申請期限から原則として3か月以内に行われます。

物納できる財産は相続財産のうち不動産、金融商品、そのほか動産などの限られた種類であり、また物納する優先順位も決まっています。物納は、納税するためのお金がないという理由で行われますが、財産を売却しても、相続税額に満たない場合に物納を選ぶ人もいます。

たとえば不動産を処分しようとすると一定の時間や登録免許税などのコストがかかりますが、物納すればすぐに引き取ってもらえ、譲渡による所得税もかかりません。また、条件の悪い土地でも、相続税の評価額で引き取ってもらえます。

ただしリスクもあります。まず、**相続税の評価額は市場価格より低く見積もられている**ため、売却するよりは条件が悪くなってしまうこと。そして、審査で却下されるおそれがあることです。実際、近年では物納に対する審査が厳しくなっているのにともない、申請数も減少しています。また、**審査で却下されれば、審査期間中の利子税も払う**ことになります。やはり相続する際には、納税のための資金まで念頭に入れておくことが重要です。

ポイント 納期限に納付できないときの選択肢

延納

- 原則として5年以内、最長で20年までの延納が可能
- 納期限までに延納申請書を提出

要件

1. 相続税額が10万円を超えていること。
2. 金銭納付を困難とする事由があり、その納付を困難とする金額の範囲内であること。
3. 納期限までに申請書および担保提供関係書類を提出すること。
4. 延納税額に相当する担保を提供すること。ただし延納税額が100万円以下で、延納期間が3年以下の場合は必要なし。

物納

- 土地や建物などで納める
- 納期限までに物納申請書を提出

要件

1. 延納によっても金銭で納付することを困難とする事由があり、かつ、その納付を困難とする金額を限度としていること。
2. 申請財産が定められた種類の財産であり、かつ、定められた順位によっていること。
3. 納期限までに申請書および物納手続き関係書類を提出すること。
4. 不動産、金融商品、動産などの物納できる財産(物納適格財産)であること。

ポイント 物納できる財産の種類と順位(1〜5の順)

第1順位	1 国債、地方債、不動産、船舶、上場株式 2 不動産、上場株式等のうち物納劣後財産※に該当するもの
第2順位	3 非上場株式等 4 非上場株式のうち物納劣後財産に該当するもの
第3順位	5 動産

※物納劣後財産とは物納できる財産ではあるが、使用しにくい、あるいは処分しにくいなど制限があるもの。
たとえば担保権が設定されている不動産など。

その4

相続税がかからない場合は申告しなくてよい？

国税庁の調査によれば、2022年中に亡くなった被相続人で、課税対象となったのは150,858人で、全体の9.6％、全体の1割にも満たない数です。相続税では、「3,000万円＋600万円×相続人数」の基礎控除があり、さらに配偶者の減税枠や、小規模宅地等の特例なども設けられています。そのため、ほとんどの人が相続税を支払わなくて済むわけです。

相続税がかからない場合、支払い義務もないため、基本的に相続税の申告をする必要はありません。ただし、下の２つのケースでは、計算により納税額が０となった場合でも申告が必要となってきます。申告しなくてもよいケースというのは、相続財産が基礎控除以下だった場合ということになります。

申告しなかった場合は、無申告とみなされ、ペナルティを課される場合もあるので、忘れずに手続きするようにしましょう。

基礎控除の計算は簡単にできるので、まずは自分が相続税の申告が必要なのかどうかを目安にしてみるとよいでしょう。相続財産がそれ以上になりそうな場合には申告が必要になりますが、その他の控除によって、相続税は発生しない可能性もあります。下の２つのような特例に当てはまるかどうかと、保険金の控除枠（500万円×法定相続人数）（▶P151）なども考慮してみてください。

配偶者控除を利用

「配偶者の税額軽減」という特例を利用することにより、1億6,000万円あるいは、配偶者の法定相続分相当までは非課税となる。

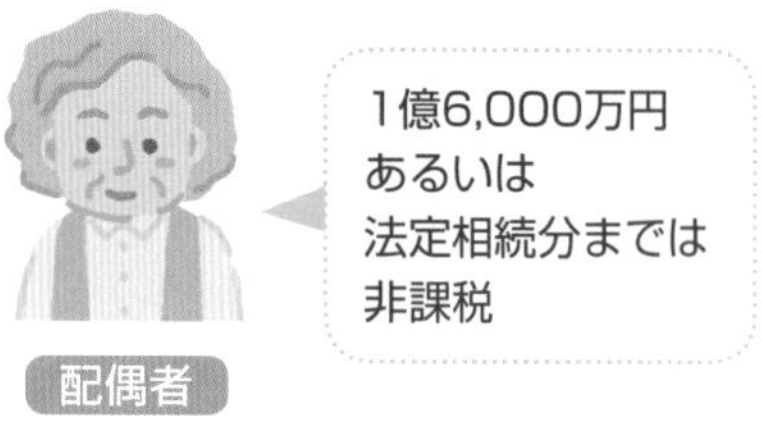

小規模宅地等の特例を利用

同居している親族の住居や事業用に用いる宅地で、一定の要件を満たしていれば、土地評価額の最大80％を減額。

※上記のほか、地積規模の大きな土地を保有している場合にも特例が認められる場合がある。

第5章

身近な人が亡くなった後の生活設計

身近な人が亡くなると、生活の形が変わり、
改めて生活設計を見直す必要があります。
この先どのような出来事が起こるのかを予測し、
どれくらいお金が必要になるのかを整理しておきましょう。
生活設計の立て方と対策を解説します。

身近な人が亡くなった後の生活設計を考える

【生活設計の立て方】

専門家のひと言

- 各種手続きが終わったら生活設計を立てましょう。
- 人生は１００年と仮定し、今後の生活を考えましょう。

【今後起こる出来事を予測しておく】

身近な人を失うということには、言葉に尽くせないつらさがありますが、悲しみに沈んでばかりはいられません。これからは、自分や家族の生活を守っていく必要があります。

まずは冷静に、**今後の生活にどれだけお金がかかるのかを予測**しましょう。次に、**遺族年金や死亡退職金、自分の働きによる収入や年金などでどの程度まかなえるのかを、大まかに計算**してみます。そうすると、自分の今後の生き方がある程度みえてくるはずです。

亡くなった人の収入で生活費のほとんどをまかなっていた場合、遺族年金などがあったとしても、収入がかなり減ることになります。

家族が１人減っても生活費などの出ていくお金はあまり変わらないため、これまでと同じように生活していくのが難しくなることも考えられます。さらに、子どもがいるのであれば、就職するまでには教育費などがかかります。

そうするとほとんどの人は、働いたり、お金を運用したりするなど、何らかの手段によって収入を増やす必要があるでしょう。今の家に住み続けるのか、住み替えるのかといった、老後の住まいをどうするのかという問題もあります。

さまざまな手をつくしてみてもどうにもならない、本当に困ったときには、生活保護（▼Ｐ182）などの公的な扶助《ふじょ》制度を利用したり、各種窓口に相談したりすることも検討してみましょう。

今は人生１００年といわれる時代。お金のことも考えなければなりませんが、生きがいを見つけ、長い老後をいかに楽しむかということも前向きに考えてみましょう。

ポイント 今後の生活で考えること

暮らし

- 生きがいをもつ ▸ P176
- 終活について考える ▸ P178
- 住まいの問題について考える ▸ P180

お金

- 遺族が受け取れるお金を知る ▸ P186
- 今後の生活にかかるお金を計算する ▸ P188
- 一生の収支を把握する ▸ P194
- お金の運用について考える ▸ P210

各種制度

- 生活保護 ▸ P182
- 困ったときの相談窓口 ▸ P184
- ひとり親家庭の利用できる制度 ▸ P212

知っておこう!

受給開始年齢によって金額が変わる?

老後に受け取れる国民年金や厚生年金などの公的年金の額は、定期的に送付される「ねんきん定期便」や「ねんきんネット」で試算できます。また、通常、老齢年金は65歳から受け取れますが、受給開始年齢を遅らせると受け取り額が増額する「繰り下げ受給」や、前倒しで受給する「繰り上げ受給」などもあります。ただし、特別支給の老齢厚生年金は繰り下げ制度はありません。

● 繰り下げ受給と増額率

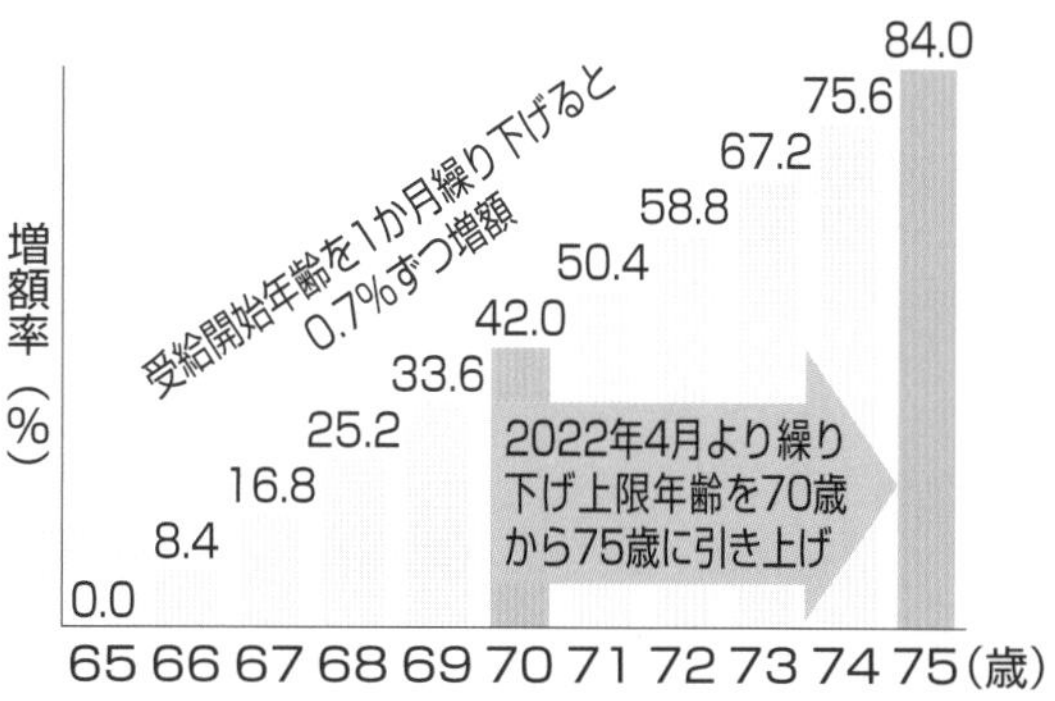

人生の生きがいを見つけよう

【心豊かな生活のヒント】

【仕事や人とのふれあいが心の糧になる】

身近な人を失った悲しみは、なかなか癒えるものではないでしょう。しかし、自分や家族の生活を守り、健康に暮らしていくためにも、1人の世界に閉じこもっていてはいけません。お金のことも大切ですが、人生は長いのですから、これからの老後をいかに楽しむか、生きがいをもつことを考えましょう。

生きがいを感じるためにも、仕事はやめないことです。状況が許せばフルタイムで働かなくとも、パートタイムや、収入がお小遣い程度のものでもよいでしょう。

仕事は収入になるだけでなく、人や世の中の役に立てているという実感をもつことにもつながります。もちろん、働くことでストレスを感じることも多いでしょう。しかしそれがまた、成長するための刺激になることも多いはずです。

趣味や、それを通じた仲間をもつこともおすすめです。人はまわりの人とつながりをもちながら生きていくようにできています。人とのふれあいが喜びをもたらしてくれます。

悩みを打ち明けられるような友人もぜひもっておきたいもの。昔からの知り合いは時間の経過とともに自然と少なくなるものです。趣味などのサークルに所属し、若い世代の友人もつくっておきましょう。今はＳＮＳで世代を超えた人間関係もつくりやすくなっています。スマートフォンをもっておくと何かと役立ちます。

ただし、人間関係のトラブルは極力避けるようにしましょう。**トラブルに巻き込まれると余計なストレスとなり、人生における貴重な時間の損失**になります。もめごとに関わらず、悪口や噂話などを聞いても受け流す態度をとりましょう。

専門家のひと言

人とのつながりを積極的にもちましょう。仕事をもつと収入面で役立ち、生きがいも感じやすくなります。

ポイント 生きがいがもてることの例

仕事をもつ

フルタイムでも、パートタイムでも、週2～3時間でもOK。選べるのであれば、自分が好きなことを仕事にすると貢献感をもちやすい。

ボランティアをする

お金に余裕があればボランティアもおすすめ。有償のボランティアもある。自分の能力や趣味、好きなことをいかせる分野なら無理なく続けられる。

趣味をもつ

趣味を複数もっておくとよい。新しいことに挑戦すると脳の若さを保つのに役立つ。目標ができると、それに向かって努力することで生活にもハリが生まれる。

気の合う人と交流する

仕事や趣味のコミュニティを通じ、人間関係を広くつくっておく。とくに、世代を超えた友人をもつといい刺激になる。SNSなど、新しいツールにも積極的に挑戦する。

友人をもつ

困ったときに悩みを打ち明けられる存在がいるとよい。フィーリングが合う人がいれば、自分から心を開いて交友関係を深めるとよい。

人生のしまい方を生前に考えておく

【終活ですべきこと】

専門家のひと言

・遺言書とエンディングノートの違いを知っておきましょう。

・介護が必要になったときのことも考えておきましょう。

【長生きした場合も考慮して計画を立てること】

60歳を超えたら考えておきたいのが、**自分の介護問題を含めた終活**です。

人生100年とするなら、80歳になったときに、まだあと20年の人生があるわけです。お金や住居など何もかもすべてを整理してしまうと、いきいきとした人生を送れなくなってしまいます。「終活」＋「長生きに備えた準備」の二本立てで今後の人生を考えておくのがおすすめです（▼左ページ上）。

エンディングノート、遺言書も準備しておきましょう（▼左ページ中）。自分の亡き後に家族がもめないよう、遺産分割は公平に考えておきます。また、子どもたちには人生のしまい方について、生前からよく説明し、納得させておきましょう。子どもがいない場合は、誰に託すのかも考えましょう。

財産のうち、とくに大きな部分を占めるのが、やはり持ち家です。住宅をどうするかは、自分自身の介護問題とあわせて考えておく必要があります。

将来的に、住宅を売却して高齢者施設への入居費用にあてるつもりなら、あらかじめ子どもたちに伝えておきましょう。子どもに遺すことを考えるのであれば、二世帯住宅にするのもひとつの手段です。

高齢者施設への入居を考えている場合は、必ずいくつかの施設を見学・体験してみましょう。納得のいく施設を選ぶためにも、できれば50代のうちから検討を始めたいものです。

また、困ったときは、土地や建物、マンションなどの不動産を担保にしてお金を借りることができる不動産担保ローン、リバースモーゲージなどを利用することも考えてみましょう（▼左ページ下）。

ポイント 「終活」+「長生きの準備」の二本立てで考える

終活

- エンディングノートを書き始める
- 遺言書の検討をする
- 人生のしまい方を家族と話し合う
- 突然倒れたときのための連絡先を持ち歩く
- 自分の持ち物の整理

長生きの準備

- 介護が必要になったときのことも考え、資金を貯めておく
- 若い世代など、人との交流を幅広くもつ(SNSもおすすめ)
- 思い出の品、大切なものはとっておく
- 住まいを確保する。介護施設や高齢者住宅も検討する

ポイント 遺言書とエンディングノートの違い

遺言書	法的効力をもつ書類で、自分の死後に開封される。 おもに財産の処分方法について書く。 効力をもつためには条件がある(▶P104)。
エンディングノート	自分の死後に家族が困らないように本人情報や経歴、 葬儀や墓の希望などを書く。 倒れた後どうして欲しいかなど、生前のことを書いてもよい。 法的効力はなく、書く内容や書式も自由。

チェック! 不動産担保ローンとリバースモーゲージの比較

	不動産担保ローン	リバースモーゲージ
しくみ	一括借り入れと返済	融資上限度枠内の分割借り入れ(年金形式) 一括借り入れも可
担保	不動産	不動産
借入可能目安	物件の評価額の8～7割程度	物件の評価額(毎年見直し)の5割程度
所有権の変更	なし	なし
最終形	返済できれば不動産はそのまま。 返済できない場合は担保不動産を売却	死亡時に不動産を売却して元本一括返済 (一部例外あり)
月々の負担	元本と利息	毎月利息分のみ
金利	変動金利、固定金利	変動金利が多い
相続人の同意	不要	必要
年齢・所得・資金使途の制限	少ない	あり(高齢者向け)

今後の住まいはどうしたらいい？

【住まいの選択肢】

専門家のひと言

- 団体信用生命保険に加入していれば、故人分の住宅ローンは完済されます。
- 早急に結論を出さず、じっくり考えましょう。

【今後の生活設計で大きな部分を占める住宅】

生涯に必要なお金のなかでも、大きな部分を占めるのが住宅費です。

持ち家で住宅ローンを組んでいる場合、一般的には団体信用生命保険に加入しています。そのため、**故人名義の住宅ローンについては保険で完済**され、遺族が相続すれば、そのまま住み続けることができます。住む場所があるだけでも安心できるものです。

賃貸住宅に住んでいる場合や、持ち家でも団信に入っていなかったなどで、住宅ローンが残る場合、家計への負担は非常に大きなものになります。保険金や遺産が多く遺されていれば、家賃や住宅ローンの支払いもその中でやりくりできるかもしれません。しかしそうでなければ、家が狭くなったり、不便になったとしても、家を売る、家賃の安いところに引っ越すなどして、住居費をなるべく減らすことを考えることになります。そして、住宅は多くの場合、年数が経てば経つほど売りにくくなります。**処分するなら、値段のつく早いうちのほうがよい**でしょう。

【賃貸住宅に住み替えるなら計画的に進める】

賃貸住宅を借りるにしても、収入が安定していない場合は借りにくいという現実があります。持ち家を売却したにもかかわらず、賃貸住宅がなかなか見つからないということにならないよう、並行して進めることが大事です。ただし、早急に結論を出すのは避けて、じっくり考えるようにします。低収入世帯への減免を設けている**公営住宅や母子生活支援施設（旧母子寮）などもあるので検討**してみるのもよいでしょう。

ポイント 生活環境に合わせた住まいの選択

住まいの問題は、今後自分や家族がどのように暮らしていくかに深く関わります。人生設計と照らし合わせて検討しましょう。

その1 そのまま持ち家で暮らす

ローンを払う必要がなく、生活費もゆとりがあるのなら、そのまま住み続けるのもひとつの手段。またローンが残っていても、死亡保険金や退職金で返済するという方法もある。

メリット

- 故人の思い出のある家で暮らせる。
- 引っ越し費用などが不要。
- 住居費を抑えられる場合がある。
- 残ったローンを返すことができる。
- 資産として老後の備えになる。

デメリット

- 経年で資産価値が下がりやすい。
- リフォーム、建て替え、修繕費などの費用が必要。
- 固定資産税がかかる。

その2 安い賃貸に住み替える

現在の住居が1人で住むには広く、家賃や維持費がかさむ場合は、値段がつくうちに家を処分することも考える。

メリット

- 家を売ったお金を生活費にあてられる。
- 住居費を抑えられる場合がある。
- 将来的に親と同居するなど、ライフイベントに応じて身軽に動ける。

デメリット

- 家賃の支払いが生じる。
- 資産が減り、子に遺すこともできなくなる。
- 安定した収入なしでは賃貸契約を結びにくい。
- 家賃の支払いが滞ると住まいがなくなる可能性もある。
- 引っ越し費用がかかる。

その3 家族と同居

生活資金が十分でない場合、自分の子ども、あるいは親と同居することで住居費を抑えることができる。子育てを手伝う、家事を助け合うなど、双方にメリットも多い。

その4 住居を購入

保険金などがある程度あり、将来的な生活費に余裕がある場合、大所帯用の住居から、小さな世帯用のマンション等に住み替えるのもよい。老後を考え、駅から近い便利な立地がおすすめ。

その5 高齢者向け施設へ

高齢の場合、サービス付き高齢者向け住宅や有料老人ホーム、ケアハウスなどへ入居するのもひとつの方法。自分の親が1人残された場合は、住んでいる地域で提供されるサービスを調べてあげよう。

生活保護はどういうもの？手続きの流れやしくみ

【生活保護のしくみ】

専門家のひと言

どうしても生活できない場合は生活保護を検討しましょう。受給を受けるためには調査を受けることが必要です。

【いよいよ困ったら生活保護という手も】

故人の収入によって生活費のほとんどをまかなっており、さらに遺族年金などで生活していけない場合、当然、自分自身が働くなどして、不足分を補わなければならなくなります。しかし、病気がちだったり、小さな子どもがいたりするなど、何らかの事情で働けず、どうしても生活していけないという場合もあるでしょう。

そうした困窮者を助けるしくみが「**生活保護**」です。

生活保護には、さまざまな種類（▼左ページ上）があり、必要に応じて費用が扶助《ふじょ》されます。生活保護が受けられるのは、次の項目を満たしてもなお、生活困難である人のみです。

①**所有している資産**（**預貯金、利用していない土地や家屋、高価なもの、自動車**）**があれば売却などし、生活費にあてること**

②**病気などなく、働くことができる人は能力に応じて働くこと**

③**年金や雇用保険、児童手当などの法律や制度で給付を受けることができる場合は、まずそれを利用すること**

④**親族などからの援助が可能な場合は援助を受けること**

生活保護を受けたい場合、まず最寄りの福祉事務所に相談してみましょう。ほかの支援制度などを活用できないか、いっしょに検討してもらえます。さらに家庭訪問や資産のチェックなど、保護の対象となるかどうかの調査を行ったうえで、支給という流れになります。

申請の際に調査のために、預金通帳や給与明細など、収入状況がわかる資料を提出しなければならないこともあります。また、受給が始まってからも、**収支状況を毎月報告する義務**があるほか、ケースワーカーによる年数回の訪問調査を受ける必要があります。

チェック! 生活保護の種類と支給される内容

生活にかかる費用	扶助の種類	支給内容
□日常生活に必要な費用（食費・被服費・光熱費等）	生活扶助	基準額は、食費等の個人的費用、光熱水費などの世帯費用を合算して算出。母子加算など、特定の家庭には加算がある
□アパート等の家賃	住宅扶助	定められた範囲内で実費を支給
□義務教育を受けるために必要な学用品費	教育扶助	定められた基準額を支給
□医療サービスの費用	医療扶助	事前に福祉事務所に連絡のうえ指定医療機関にて受診。本人負担なし
□介護サービスの費用	介護扶助	事前に福祉事務所へ申請。本人負担なし
□出産費用	出産扶助	
□就労に必要な技能の習得等にかかる費用	生業扶助	定められた範囲内で実費を支給
□葬祭費用	葬祭扶助	

ポイント 生活保護の基準額の例

生活扶助や住宅扶助は家族数やその構成、住んでいる地域などによって異なりますが、最低限の生活の保障に必要な金額が支給されています。

地域や世帯の状況によって異なる

最低生活費 － 収入 ＝ 生活保護費

収入がない場合は最低生活費の全額が支給される

例 東京都大田区に住む一人暮らしの女性（75歳）の場合

生活扶助	71,880円
住宅扶助	53,700円
合計	125,580円

住んでいる地域によって
最低生活費（生活扶助＋住宅扶助）
の基準額は異なります

困ったときはどこに相談したらいい？

【困ったときの相談窓口】

【困ったことがあったら気軽に相談する】

日本では困難を抱えた人に対して、さまざまな**セーフティネット**が設けられています。制度は多岐にわたり、しくみが複雑なものもあります。困ったこと、わからないことがあったら、最寄りの相談窓口に相談してみるとよいでしょう（▼左ページ）。

生活保護や低利での融資、ひとり親家庭や高齢の単身世帯が受けられる支援制度もあります。**働くのに必要な資格・技術習得が無料でできる制度もあります**。

身近な人を亡くしたばかりの今は、ただつらく、先行きも暗く感じられるかもしれません。でも、あなたは1人ではありません。周囲に助けてくれる人や、社会のしくみが存在します。1人で抱え込まずに、周囲に助けを求めてください。

ポイント 困ったときに相談する方法

1 家族や友人に相談する

困ったときは１人で抱え込まず、まずは家族や友人に相談してみることが大切。話をすることで解決のきっかけにつながることがある。

2 相談窓口へ行く

家族や友人に相談しにくいときは、公的機関の相談窓口を利用してもよい。抱えている問題によって、さまざまな相談窓口がある。

3 電話で各機関に相談する

左ページに、困ったことがあったときに相談できる窓口を掲載しているので、最寄りの相談窓口を調べて電話をしてみるとよい。

専門家のひと言

- 困ったときは1人で抱え込まずに相談を。
- 困ったときに相談できるさまざまな窓口があります。

チェック! 困ったときの相談窓口

	生活のお金に困っている	●各市区町村役場 ●福祉事務所
	病院の治療費に困っている	●かかりつけの病院のソーシャルワーカー（社会福祉士等）
	年金に関する相談	●日本年金機構 ●ねんきんダイヤル ●年金事務所
	住宅ローン返済に困っている	●利用している金融機関の窓口
	高齢者の総合的な相談	●地域包括支援センター ●社会福祉協議会
	心の悩みや問題に関する相談	●こころの健康相談統一ダイヤル
	子育てや介護についての相談	●子育て支援総合センター　●福祉事務所 ●地域包括支援センター
	奨学金に関する相談	●独立行政法人 日本学生支援機構
	就職に関する相談	●終業相談、最寄りのハローワーク （マザーズハローワークや、マザーズコーナーなど、子連れでも利用できるところも） ●ひとり親家庭等自立促進センター （無料職業相談、セミナー、講習会など）

遺族が受け取れるお金には何がある？

【遺族が受け取れるお金】

【遺族に支払われるお金は生活設計の基盤となる】

遺族が受け取れるお金としては、故人に財産がある場合は遺産に加え、**厚生年金や国民年金の遺族年金**（▼P90）、会社員なら死亡退職金や弔《ちょう》慰《い》金、保険に加入していたら死亡保険金などが受け取れます。これらは、**遺族の今後の生活の基盤となる大切な資産です**。

それぞれの概要と受け取るための手続きについては、第2～4章で詳しく説明していますが、生活設計を立てる前にまとめておさらいしておきましょう。

死亡退職金（▼P56）は、故人が勤めていた会社に規定があれば、**死亡による退職金として、企業より支払われるお金**です。これにプラスして弔慰金が支給されることもあります。金額や受け取るための手続きは、勤務先に確認しましょう。

保険金（▼P142）は、**生命保険の被保険者が病気や事故などで死亡・高度障害状態になったときに受取人に支払われるお金**です。故人が被保険者になっている生命保険等があれば保険会社に連絡しましょう。

保険には生命保険、損害保険、共済などがあります。**医療保険に加入していたか、ほかの保険に医療特約がついていた場合は病気やケガなどで入院していた分の給付金も受け取ることができます**。損害保険は、保険種類が傷害保険の場合、ケガや事故などを理由とする入院、通院、死亡等で保険金が支払われます。なお保険金や給付金は請求しなければ支払われないので、忘れないようにしましょう。

遺族年金は、子の有無や配偶者の収入、故人が会社員か自営業かなどにより、給付が受けられるかどうかが決まります。その種類、金額もそれぞれのケースによって異なります。

専門家のひと言

遺族は死亡退職金、遺族年金、保険金を受け取れます。時効があるので忘れずに請求しましょう。

ポイント 遺族が受け取れるお金

遺産 ▶P112

故人が遺した財産のこと。**預貯金や不動産などの財産**だけでなく、**著作権や特許権**などの目に見えない財産、**借金や未払金などのマイナスの財産**も含む。なお、不動産は相続登記が義務化されたので速やかに手続きを。

手続き先	預貯金は金融機関、土地・建物は所轄の法務局
時期	相続確定後速やかに

遺族年金 ▶P90

故人が公的年金に加入していれば、遺族は一定の条件のもと、遺族年金を受け取れる。遺族年金には厚生年金からの「**遺族厚生年金**」のほか、国民年金からの「**遺族基礎年金**」「**寡《か》婦《ふ》年金**」「**死亡一時金**」がある。

手続き先	市区町村役場、 年金事務所、故人の勤務先
時期	年金は死亡後５年以内、 死亡一時金は死亡後２年以内

死亡退職金・弔《ちょう》慰《い》金 ▶P56

故人が勤めていた会社から遺族に支払われるお金。法的な義務はなく、**会社に退職金の規定がない場合は支給されない**こともあります。

手続き先	故人の勤務先
時期	葬儀後落ち着いてから、 あいさつをかねて会社を訪問する

保険金 ▶P142

生命保険、損害保険、共済などで故人が被保険者となっていた場合、受取人に支払われる。契約によっては、**一度に受け取る一時金か、少しずつ定期的に受け取る年金型**か、受け取り方を選べるものもあるので保険会社に確認を。

手続き先	保険会社
時期	死亡後3年以内 （かんぽ生命のみ5年）

労災保険

勤務中や通勤中、また業務に関係することを理由に亡くなった場合は、故人によって生計を維持されていた遺族は**労災保険**（**労働者災害補償保険**）の補償を受けられる。遺族補償年金と遺族補償一時金の２種類があり、原則として前者が支給される。

手続き先	所轄の労働基準監督署 （公務員の場合は各所属省庁の担当課または共済組合）

自賠責保険からの支給

自動車事故による死亡の場合、**自動車損害賠償責任保険**による支給が受けられる。事故の加害者が被害者に賠償し、その後保険会社に請求する方法と、被害者が直接保険会社に請求する方法がある。

手続き先	損害保険会社
時期	死亡した日から3年以内

残りの人生にかかるお金を予測してみる

【これからの出来事とお金の整理】

【一生に必要となるお金を計算し人生設計に役立てる】

人生では節目節目で大きな出費があるほか、生活スタイルの変化に応じて生活費も変わってきます。今後の人生のために、だいたいいくらぐらい必要なのか見通しを立てておきましょう。

そのための基本となるのが、「ライフプラン表」「バランスシート」「長い目でみた収支表」です。

ライフプラン表とは、自分や家族の年齢と、何年後にどのようなライフイベントがあるか、どんなことをしたいかを記入した表で、いつごろ・どのくらいのお金が必要になるのかという目安になります（▼左ページ）。ライフイベントとは、人生の節目になるような、大きな出来事のことです。たとえば、子の進学、就職、結婚、出産、自分の定年、住宅購入、リフォーム、住み替え、車の買い換え、有料老人ホームへの入所などがあります。家族で海外旅行をしたい、などの希望があれば、それも書き加えます。別居か同居にかかわらず、親や子の年齢も書き入れておきましょう。今後のことを計画するならば、**親の介護や子どもの結婚なども念頭におく必要がある**からです。介護のリスクが高まってくるのは75歳ぐらいからです。

バランスシートとは、預貯金をはじめ金融資産や不動産、借金など、自身のもっている資産と負債を一覧にしたもので、今の段階での正味財産の把握に役立ちます。

長い目でみた収入表・支出表は、今後の人生で見込まれる収入と支出を記入した表で長期的にみた収入と支出のバランスがわかります（▼P191～192）。

これらの表を作成することにより、一生にかかるお金のある程度の金額が把握でき、今後の生活設計に役立てることができます。

専門家のひと言

- 大きなお金が必要になる出来事を予測しましょう。
- ライフプラン表・バランスシート・収支表を作成し、今後の見通しを立てましょう。

ポイント 各種表の作成

親や子の年齢も書き込む

将来やりたい夢なども書き込むとよい

［作成例］ライフプラン表

年	自分の年齢	第1子の年齢	第2子の年齢	父の年齢	母の年齢	ライフイベント
2024	60	38	32	85	83	第2子結婚
2025	61	39	33	86	84	
2026	62	40	34	87	85	第2子孫誕生
2027	63	41	35	88	86	
2028	64	42	36	89	87	
2029	65	43	37	90	88	父介護？ マンションリフォーム
2030	66	44	38	91	89	

記入用　自分や家族の年齢、予想されるライフイベントを書き込んでみましょう。

年	自分の年齢					ライフイベント

［作成例］
バランスシート

資産		負債	
A銀行(定期預金)	5,000,000	住宅ローン	15,000,000
投資信託	600,000		
株式	2,400,000		
住宅(時価の目安額)	22,000,000		
合　計①	30,000,000	合　計②	15,000,000
		正味財産(①−②)	15,000,000 円

株式は時価を記入する

借入金は元本残額を調べる

連帯保証人になっている債務がないかもチェックしましょう

記入用　預貯金や不動産などの資産と、住宅ローンや借入金などの負債を書き出してみましょう。

資産		負債	
合　計①		合　計②	
		正味財産(①−②)	円

［作成例］長い目でみた収入表

今後の生活を支える
収入を洗い出しましょう

内容		月額	年額（または一時金額）	年数	合計
死亡保険金			5,000,000		5,000,000
死亡退職金、弔慰金（会社員）					
小規模企業共済の共済金等（自営業）					
64歳まで	遺族基礎年金（子ども2人期間）				0
	遺族基礎年金（子ども1人期間）				0
	遺族厚生年金				0
	死亡一時金（国民年金）				
	中高齢寡婦加算				
	寡婦年金（国民年金）		510,000	5	2,550,000
65歳～	遺族厚生年金				
	老齢年金※	65,000	780,000	40	31,200,000
働く	55～64歳	70,000	840,000	9	7,560,000
	65～70歳	35,000	420,000	5	2,100,000
個人年金保険					
児童手当・児童扶養手当等					
その他の収入	家賃収入				
	住宅売却				
	その他				
				合計	48,410,000円

給料などの毎月入ってくるものと、死亡保険金などの一時金に分けて記入する

自身に当てはまるものに記入する

記入用　自分に当てはまる項目を書き込んで、長い目でみた収入を把握します。

内容		月額	年額（または一時金額）	年数	合計
死亡保険金					
死亡退職金、弔慰金（会社員）					
小規模企業共済の共済金等（自営業）					
64歳まで	遺族基礎年金（子ども2人期間）				
	遺族基礎年金（子ども1人期間）				
	遺族厚生年金				
	死亡一時金（国民年金）				
	中高齢寡婦加算				
	寡婦年金（国民年金）				
65歳～	遺族厚生年金				
	老齢年金※				
働く	～　歳				
	～　歳				
個人年金保険					
児童手当・児童扶養手当等					
その他の収入					
				合計	円

※経過的寡婦加算がある場合は、この欄に記入。

［作成例］長い目でみた支出表

必要となるもの		月　額	年額（または一時金）	年数	回数	合　計
基本生活費（住居、教育、介護以外）		150,000	1,800,000	40		72,000,000
住居費	賃貸　家賃					0
	更新料					0
	持ち家　住宅ローン					0
	固定資産税		120,000	40		4,800,000
	管理費・修繕積立金	20,000	240,000	40		9,600,000
	リフォーム		500,000		2	1,000,000
教育費	第１子					5,000,000
	第2子					8,000,000
	第3子					0
子どもの結婚資金			1,000,000		2	2,000,000
葬儀費用・墓石等						3,000,000
介護関係費	有料老人ホーム　一時金					5,000,000
	費用	250,000	3,000,000	15		3,000,000
	とりあえず準備したい（平均額）					5,000,000
特別支出			100,000	40		4,000,000
					合　計	122,400,000

自宅に当てはまるものに記入する

特別支出は、家電や家具の買い替えなど、不定期に発生する大きな支出のこと

記入用

今の年齢から一生を終えるまで、生きていくのにどれだけのお金がかかるかを上の作成例を参考に書き込んでみましょう。

必要となるもの		月　額	年　額（または一時金）	年数	回数	合　計
基本生活費（住居、教育、介護以外）						
住居費	賃貸　家賃					
	更新料					
	持ち家　住宅ローン					
	固定資産税					
	管理費・修繕積立金					
	リフォーム					
教育費	第１子					
	第2子					
	第3子					
子どもの結婚資金						
葬儀費用・墓石等						
介護関係費	有料老人ホーム　一時金					
	費用					
	とりあえず準備したい（平均額）					
特別支出						
					合　計	円

ポイント 子どもに学費がかかる場合の目安

●子どもの学習費総額と内訳（年額）

区分	幼稚園		小学校		中学校		高校(全日制)	
	公立	私立	公立	私立	公立	私立	公立	私立
年額	165,126	308,909	352,566	1,666,949	538,799	1,436,353	512,971	1,054,444
（うち学校教育費）	61,156	134,835	65,974	961,013	132,349	1,061,350	309,261	750,362
（うち学校給食費）	13,415	29,917	39,010	45,139	37,670	7,227	−	−
（うち学校外活動費）	90,555	144,157	247,582	660,797	368,780	367,776	203,710	304,082
総額(小学校6年・他3年)	495,378	926,727	2,115,396	10,001,694	1,616,397	4,309,059	1,538,913	3,163,332

資料：文部科学省「子供の学習費調査(令和３年度)」をもとに作成。 （単位：円）

●大学でかかる学費・生活費の目安

区分			初年度(※1+※2)	２年目以降※2	４年間合計※3
国公立		自宅	170.7	103.5	481.2
		自宅外	305.2	199.3	903.1
私立	文系	自宅	233.8	152.0	689.8
		自宅外	368.3	247.8	1,111.7
	理系	自宅	272.0	183.2	821.6
		自宅外	406.5	279.0	1,243.5

※1：受験費用、学校納付金、入学しなかった学校への納付金。 （単位：万円）
※2：授業料、通学費、教科書費、施設設備費、学習塾、参考書、習い事等。
※3：医歯系学部は6年間合計の金額を反映。
日本政策金融公庫「令和３年度　教育費負担の実態調査結果」をもとに試算・作成。

チェック！ 子どもの教育費

学費の目安を参考に、子どもにどんな教育を受けさせたいかも考えながら、教育費にかかる費用を計算してみましょう。

記入用

	幼稚園	小学校	中学校	高校	大学	計
第１子						
第２子						
第３子						

お金の収支から今後の生活を考える

【収支から考える生活設計】

【長い目でみた貯蓄残高の推移がわかる】

ライフプラン表や収支表ができたら、次に**キャッシュフロー表**を作成します。キャッシュフロー表とは、**現在の収支状況と今後のライフプランをもとに将来の収支状況を予想し、貯蓄残高の推移を時系列にした表**です。これを作成することで、人生の終わりまでのお金の動きをシミュレーションすることができます。また、**家計の問題点にも気づくことができるため、それに対する対策が立てやすくなります**。

196ページから、それぞれ年齢や家族の構成、収入などが異なる6つのケースのキャッシュフローを紹介しています。そちらを参考に、208ページにあるキャッシュフロー表を記入して、今後のライフイベントとお金の動きを大まかに把握してみましょう。

【貯蓄残高によって課題や解決策を検討する】

70～80歳あたりで貯蓄残高がマイナスになる人は、今の収入や支出では、老後まで安心して暮らせないということになります。働けるうちに収入を増やす、または支出を減らす手段を考えなければなりません。

元気に働けるうちなら、たとえば資格をとるなど、収入を増やすために何をしたらよいのか、計画的に考え行動に移すことができます。キャッシュフロー表は、このように**人生を計画的に進め、将来的にお金に困らないようにする**ために作ります。

それだけでなく、たとえば「毎年旅行をしたい」「いずれ有料老人ホームに入りたい」など、自分の思い描く夢や願望を加えることで、実現に必要な資金計画も具体的に考えることができます。

専門家のひと言

落ち込んでばかりでなく、
未来予想図を描きましょう。
キャッシュフロー表を作ると、
一生の収支を具体的に
把握することができます。

ポイント 先々までの収支から計画を立てるときの考え方

STEP 1 今後の人生に起こるライフイベントや、今後の夢などを書き出してみる

自分と家族に起こるライフイベントを時系列に沿って書き出す。
現在～90歳くらいまで。

STEP 2 ライフプラン表を作る ▸P189

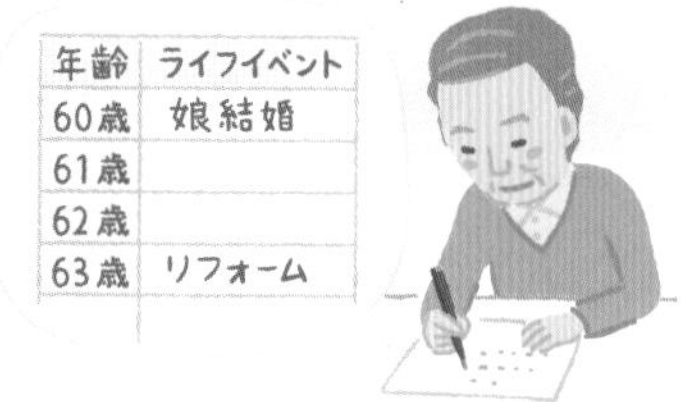

自分や家族の年齢を記入した表を作成し、そこにライフイベント、支出が予想される事柄などを記入する。

STEP 3 バランスシート ▸P190 、収入表 ▸P191 と支出表 ▸P192 を作る

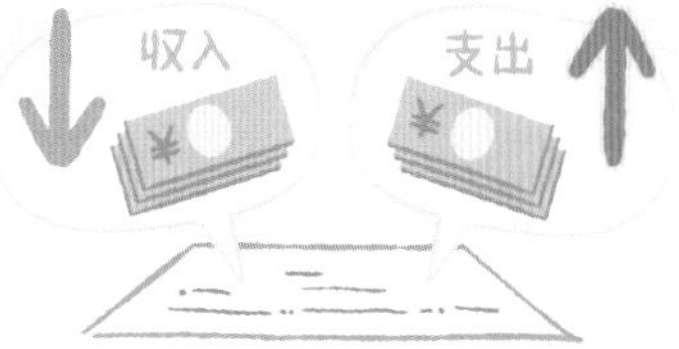

自分の現在の貯蓄と負債、
長い目でみた収入と支出を書き出してみる。

STEP 4 キャッシュフロー表を作る ▸P208

ライフプラン表に書いた事柄に、貯蓄残高、さらに収入と支出を加えたキャッシュフロー表をつくる。

家族構成
- 夫（死亡）… 77歳・元会社員
- 妻 … 75歳・主婦・在宅で介護を受けている
- 長女 … 48歳

〈賃貸住宅（2年に1回更新）〉

9	10	11	12	13	14	15	16	17	18	19	20	21
2032	2033	2034	2035	2036	2037	2038	2039	2040	2041	2042	2043	2044
83	84	85	86	87	88	89	90	91	92	93	94	95
56	57	58	59	60	61	62	63	64	65	66	67	68
		住宅を引き払い、特養入所										
163	163	163	163	163	163	163	163	163	163	163	163	163
163	163	163	163	163	163	163	163	163	163	163	163	163
174	177											
72	78											
40	40	144	144	144	144	144	144	144	144	144	144	144
10	10	10	10	10	10	10	10	10	10	10	10	10
296	305	154	154	154	154	154	154	154	154	154	154	154
-133	-142	-9	-9	-9	-9	-9	-9	-9	-9	-9	-9	-9
58	-84	-76	-68	-60	-52	-44	-36	-28	-20	-12	-3	-6

（単位：万円）

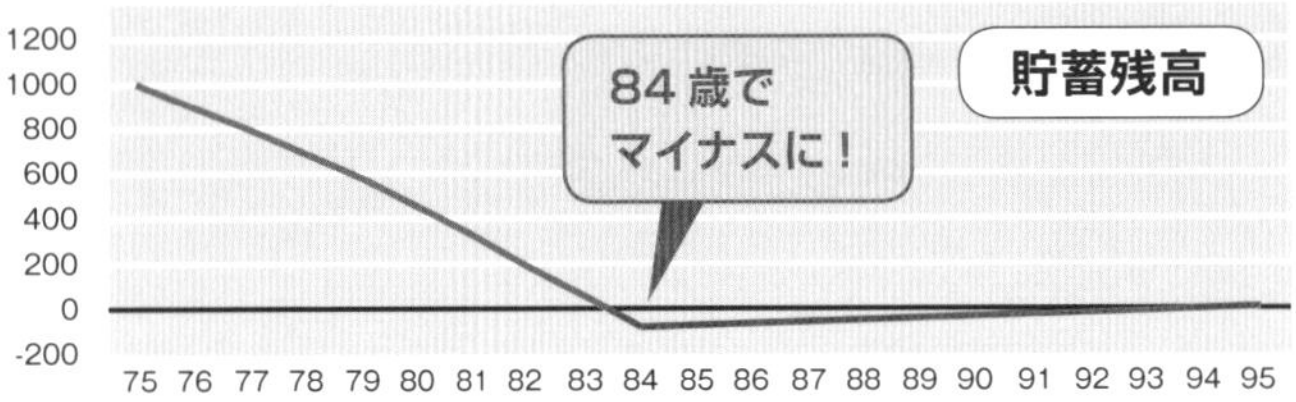

課題 貯蓄残高が足りなくなる

解決策 公営住宅への住み替えか長女夫婦との同居を

85歳までの住居費を抑えることが先決です。低所得者向けに家賃が低く設定されている、公営住宅への住み替えを考えましょう。生活費もなるべく抑えて貯蓄を温存しましょう。子どもと同居すれば、住居費、生活費のどちらもが縮小できます。子どもから支援を受けることが可能かどうかも含めて、よく話し合ってみてください。

ケース1 70代の主婦の場合

解決策
長女夫婦と同居し生活費を抑える

● 75歳の主婦が夫を亡くしてからのキャッシュフロー

年数		1	2	3	4	5	6	7	8
西暦	(上昇率※)	2024	2025	2026	2027	2028	2029	2030	2031
妻の年齢		75	76	77	78	79	80	81	82
長女(別居)		48	49	50	51	52	53	54	55
イベント・予定など		夫死亡							
遺族年金・老齢年金		163	163	163	163	163	163	163	163
保険金		200							
手取収入合計		363	163	163	163	163	163	163	163
基本生活費	2.0%	150	153	156	159	162	165	168	171
住居費(家賃)	0%	72	78	72	78	72	78	72	78
医療費・介護関係費		30	30	30	30	30	40	40	40
特別支出	2.0%	210	10	10	10	10	10	10	10
支出合計		462	271	268	277	274	293	290	299
年間収支		-99	-108	-105	-114	-111	-130	-127	-136
貯蓄残高	0.5%	1001	897	796	686	578	450	325	190

作成時貯蓄残高　1100

解決策
住居費を抑えるため、公営アパートなどに住み替えるか、長女夫婦と同居する

※上昇率は、基本生活費などにおける物価上昇率を想定したもので、年ごとに費用に加算する。貯蓄残高においては、想定される利回りを示している。
※キャッシュフロー表は1万円未満四捨五入で表示しているため、表示の数字と異なる場合がある。

課題　特別養護老人ホームへの入所に備える

このケースの場合、夫が会社員であったことから、妻は遺族厚生年金と自身の老齢年金を受け取ることができます。しかし、基本生活費をまかなうのにギリギリで、年間収支はマイナスです。さらに介護にかかる費用が加わります。85歳で特別養護老人ホームに入所すると、収支バランスがその前よりはとれます。子どもの世話になることも検討しましょう。

家族構成	
	●夫 … 65歳・自営業
	●妻（死亡） … 65歳・パート
	●長男 … 40歳（別居）〈賃貸住宅（2年に1回更新）〉

13	14	15	16	17	18	19	20	21	22	23	24	25	26	27	28	29	30
2036	2037	2038	2039	2040	2041	2042	2043	2044	2045	2046	2047	2048	2049	2050	2051	2052	2053
77	78	79	80	81	82	83	84	85	86	87	88	89	90	91	92	93	94
52	53	54	55	56	57	58	59	60	61	62	63	64	65	66	67	68	69
82	82	82	82	82	82	82	82	82	82	82	82	82	82	82	82	82	82
82	82	82	82	82	82	82	82	82	82	82	82	82	82	82	82	82	82
189	193	197	201	205	209	213	217	221	225	230	235	240	245	250	255	260	265
84	98	84	98	84	98	84	98	84	98	84	98	84	98	84	98	84	98
20	20	20	20	20	20	20	20	20	20	20	20	20	20	20	20	20	20
293	311	301	319	309	327	317	335	325	343	334	353	344	363	354	373	364	383
-211	-229	-219	-237	-227	-245	-235	-253	-243	-261	-252	-271	-262	-281	-272	-291	-282	-301
879	654	438	203	-23	-269	-506	-762	1009	1275	-1534	-1813	-2084	-2376	-2660	-965	-3262	-3580

（単位：万円）

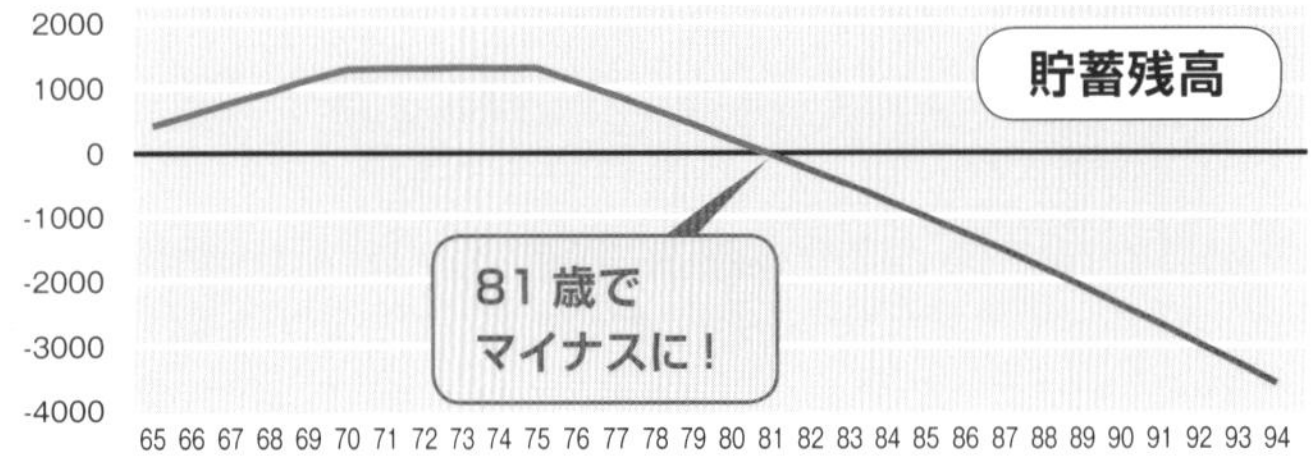

課題 貯蓄残高が足りなくなる

※上昇率は、基本生活費などにおける物価上昇率を想定したもので、年ごとに費用に加算する。貯蓄残高においては、想定される利回りを示している。
※キャッシュフロー表は1万円未満四捨五入で表示しているため、表示の数字と異なる場合がある。

解決策　できるだけ長く働けるよう健康を維持する

できるだけ長く仕事を続けられるように健康に気をつけましょう。働けなくなった段階で生活保護を受けましょう。もしもどこかで長男夫婦と同居する場合は、住民票の上で世帯を分けておくことを忘れずに。同じ住所でも世帯が別であれば、働けなくなったときに生活保護を受けることができる場合もあるようです（実際に同居しているかどうかで判断されることもあります）。

ケース2 貯蓄が少ない60代の夫の場合

解決策
働ける間は働き、働けなくなったら生活保護も検討

● 65歳・自営業の夫が妻を亡くしてからのキャッシュフロー

年数		1	2	3	4	5	6	7	8	9	10	11	12
西暦	(上昇率※)	2024	2025	2026	2027	2028	2029	2030	2031	2032	2033	2034	2035
夫の年齢		65	66	67	68	69	70	71	72	73	74	75	76
長男（別居）		40	41	42	43	44	45	46	47	48	49	50	51
イベント・予定など		妻死亡											
死亡一時金・老齢年金		114	82	82	82	82	82	82	82	82	82	82	82
保険金		100											
夫収入		360	360	360	360	360	360	200	200	200	200	200	
手取収入合計		574	442	442	442	442	442	282	282	282	282	282	82
基本生活費	2.0%	150	153	156	159	162	165	168	171	174	177	181	185
住居費	0%	84	98	84	98	84	98	84	98	84	98	84	98
特別支出	2.0%	180	20	20	20	20	20	20	20	20	20	20	20
支出合計		414	271	260	277	266	283	272	289	278	295	285	303
年間収支		160	171	182	165	176	159	10	-7	4	-13	-3	-221
貯蓄残高	0.5%	410	582	767	935	1115	1279	1295	1294	1304	1297	1300	1085

作成時貯蓄残高	250

課題 年金収入が少ない

解決策
可能なら長男夫婦と同居し住居費を抑える

知っておこう!

生活保護受給者でも老人ホームに入居できる?

生活保護（▶P182）を受給していると老人ホームに入れないのでは、と思うかもしれませんが、受給者向けの料金体系を設定している施設もあります。自治体のケースワーカーに相談してみましょう。

課題 自営業は国民年金のみ。退職後のことを考える

持ち家も貯蓄もなく、ご紹介する6つのなかでも厳しいケースといえるでしょう。夫自身も自営業のため国民年金のみです。死亡一時金と自身の老齢年金だけで生活していくことになります。働いている間は、家賃や基本生活費を切り詰めることでどうにかなりますが、仕事を辞めた後、数年で貯蓄残高がマイナスになってしまいます。

家族構成
- 夫（死亡）… 67歳・元会社員
- 妻 … 65歳・無職
- 38歳、35歳の子あり・社会人（別居）
〈マンション所有・ローンは団体信用生命保険で相殺〉

13	14	15	16	17	18	19	20	21	22	23	24	25	26	27	28	29	30
2036	2037	2038	2039	2040	2041	2042	2043	2044	2045	2046	2047	2048	2049	2050	2051	2052	2053
77	78	79	80	81	82	83	84	85	86	87	88	89	90	91	92	93	94
50	51	52	53	54	55	56	57	58	59	60	61	62	63	64	65	66	67
47	48	49	50	51	52	53	54	55	56	57	58	59	60	61	62	63	64
145	145	145	145	145	145	145	145	145	145	145	145	145	145	145	145	145	145
145	145	145	145	145	145	145	145	145	145	145	145	145	145	145	145	145	145
360	360	360	360	360	360	360	360	360	360	360	360	360	360	360	360	360	360
41	42	43	44	45	46	47	48	49	50	51	52	53	54	55	56	57	58
401	402	403	404	405	406	407	408	409	410	411	412	413	414	415	416	417	418
-256	-257	-258	-259	-260	-261	-262	-263	-264	-265	-266	-267	-268	-269	-270	-271	-272	-273
3978	3801	3619	3433	3242	3046	2845	2639	2428	2212	1991	1764	1532	1294	1050	800	544	282

（単位：万円）

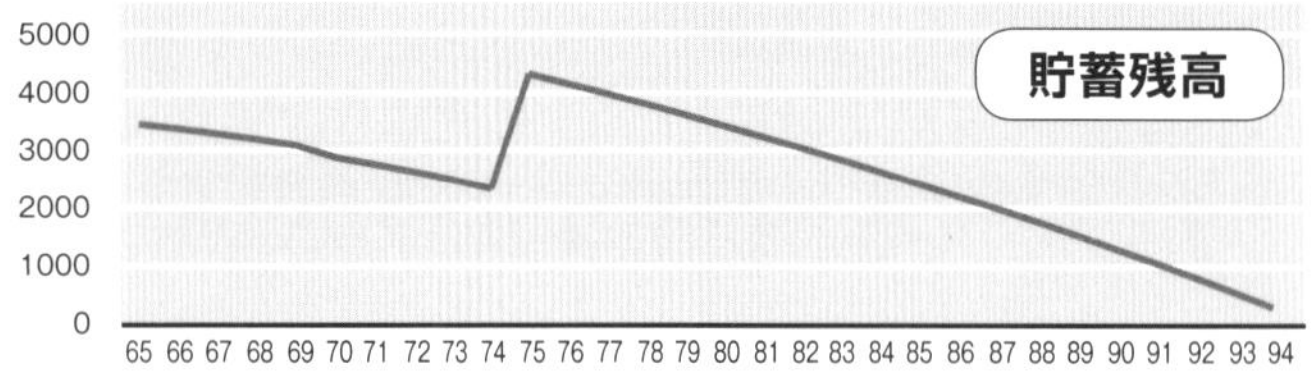

課題 大きな問題はないが、さらに長生きしたときに費用が足りなくなる可能性あり

解決策 有料老人ホームの費用を抑える

あくまでもシミュレーションですが、100歳まで長生きすることを想定するのであれば、もう少しだけ費用を抑えめの有料老人ホームのほうがよいかもしれません。元気なうちにさまざまな施設を見学しておくとよいでしょう。また、ホームに入るまでの10年間の生活費も、もう少し縮小できそうです。お小遣い程度の収入になる仕事を見つけてもよいでしょう。

ケース3 十分に貯蓄がある60代の妻の場合

解決策
少し費用を抑えた有料老人ホームを利用する

● 65歳資産ありの主婦が夫を亡くしてからのキャッシュフロー

年数		1	2	3	4	5	6	7	8	9	10	11	12
西暦	(上昇率※)	2024	2025	2026	2027	2028	2029	2030	2031	2032	2033	2034	2035
妻の年齢		65	66	67	68	69	70	71	72	73	74	75	76
長女(別居)		38	39	40	41	42	43	44	45	46	47	48	49
長男(別居)		35	36	37	38	39	40	41	42	43	44	45	46
イベント・予定など		夫死亡、住宅ローンは団信で相殺					住宅修繕					住宅を売却、有料老人ホームへ	
遺族年金・老齢年金		145	145	145	145	145	145	145	145	145	145	145	145
保険金		500											
住宅売却												3000	
手取収入合計		645	145	145	145	145	145	145	145	145	145	3145	145
基本生活費	2.0%	220	224	228	233	238	243	248	253	258	263		
住居費	0%	48	42	42	42	42	142	42	42	42	42		
介護関係費												1160	360
特別支出	2.0%	330	30	31	32	33	34	35	36	37	38	39	40
支出合計		598	296	301	307	313	419	325	331	337	343	1199	400
年間収支		47	-151	-156	-162	-168	-274	-180	-186	-192	-198	1946	-255
貯蓄残高	0.5%	3447	3366	3278	3182	3078	2866	2744	2613	2474	2326	4319	4151

作成時貯蓄残高　3400

解決策
3～5%程度、生活費を抑える

※上昇率は、基本生活費などにおける物価上昇率を想定したもので、年ごとに費用に加算する。貯蓄残高においては、想定される利回りを示している。
※キャッシュフロー表は1万円未満四捨五入で表示しているため、表示の数字と異なる場合がある。

課題　子どもに資産を残したいならやりくりを

このケースは、キャッシュフローには大きな問題はありません。3,400万円の貯蓄に加え、住まいも残ることから、75歳で有料老人ホームに入居しても十分に暮らしていけます。ただし、95歳より先になると不足する可能性が高まります。子どもに資産を遺したい気もちがある場合は、多少やりくりをして支出を減らすようにしましょう。

家族構成
- 夫 … 80歳・元会社員
- 妻（死亡）… 75歳・主婦
- 長女 … 56歳・既婚（別居）

〈戸建て所有〉

11	12	13	14	15	16
2034	2035	2036	2037	2038	2039
90	91	92	93	94	95
66	67	68	69	70	71
		特養入所			
191	191	191	191	191	191
191	191	191	191	191	191
189	193				
6	6	6	6	6	6
30	30	180	180	180	180
10	10	10	10	10	10
235	239	196	196	196	196
-44	-48	-5	-5	-5	-5
435	390	387	384	381	378

（単位：万円）

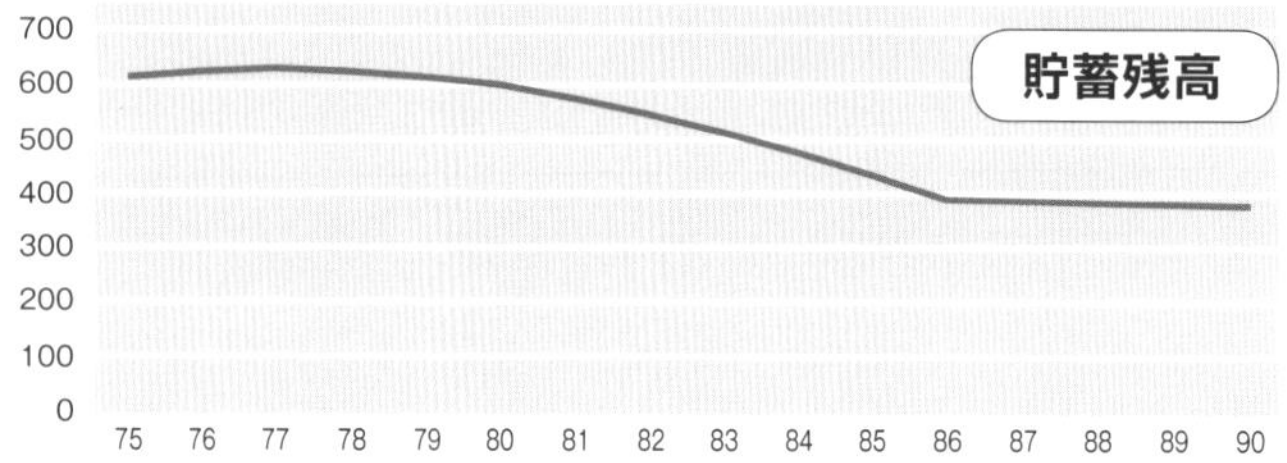

課題　大きな問題はないが、さらに長生きしたときに備えたい

知っておこう!

配偶者が亡くなった後の住み替えを成功させるには?

持ち家の場合、ローンを払う必要がなく、生活費の問題もないのであれば、そのまま暮らし続けるのが安心です。しかし、古い戸建ては冷暖房費や修繕費がかかる、立地が生活に不便などの理由でマンションなどに住み替える場合は、慎重に検討する必要があります。住み替えを考えているなら、次の点に気をつけましょう。

- 生活資金や将来の自分の介護期の資金も考える
- キャッシュフロー表を作成して、問題がないことを確認してから実行する
- 子どもとの同居や高齢者向け施設への入所も選択肢に入れて検討する

マンション購入や引っ越しにお金がかかってしまうと、その後の生活にも影響してきますし、介護をしてくれた子どもに遺す資産が減ることにもなります。子どもたちともよく話し合って決めたいものです。

解決策　長女夫婦との同居か、介護付き有料老人ホームへの入所も検討を

健康に気をつけながら現在の生活を続けていくことが大切です。80歳という年齢や一人暮らしになってしまうことを考えると、長女夫婦と同居することも考えてみましょう。自宅がある程度の価格で売れるなら介護付き有料老人ホームに入所することなども考えて、準備を進めておく必要があります。娘さんたちと早めに話し合っておきましょう。

ケース4 80代の夫の場合

課題 定期的な収入は年金のみ

● 80歳の夫が妻を亡くしてからのキャッシュフロー

年数		1	2	3	4	5	6	7	8	9	10
西暦	(上昇率※)	2024	2025	2026	2027	2028	2029	2030	2031	2032	2033
夫の年齢		80	81	82	83	84	85	86	87	88	89
長女(別居)		56	57	58	59	60	61	62	63	64	65
イベント・予定など		妻死亡									
老齢年金		191	191	191	191	191	191	191	191	191	191
保険金		200									
一時的収入など		5									
手取収入合計		396	191	191	191	191	191	191	191	191	191
基本生活費	2.0%	156	159	162	165	168	171	174	177	181	185
住居費	0%	6	6	6	6	6	6	6	6	6	6
医療費・介護関係費		10	10	10	20	20	20	30	30	30	30
特別支出	2.0%	210	10	10	10	10	10	10	10	10	10
支出合計		382	185	188	201	204	207	220	223	227	231
年間収支		14	6	3	-10	-13	-16	-29	-22	-36	-40
貯蓄残高	0.5%	614	624	630	624	614	601	575	546	513	476

作成時貯蓄残高 600

※上昇率は、基本生活費などにおける物価上昇率を想定したもので、年ごとに費用に加算する。貯蓄残高においては、想定される利回りを示している。
※キャッシュフロー表は1万円未満四捨五入で表示しているため、表示の数字と異なる場合がある。

解決策
生活費は抑えられているが、ふくらませないように注意

課題 堅実に暮らして出費を抑える

当初600万円の貯蓄があります。戸建ての持ち家もあるので、キャッシュフローには大きな問題はありません。92歳で特別養護老人ホームに入所しても十分に暮らしていけそうですが、油断して生活費をふくらませないように気をつけましょう。

家族構成

- 夫（死亡）… 55歳・自営業・所得500万円
- 妻 … 55歳・パート
- 長女 … 25歳・社会人（同居）

〈戸建て所有・ローンは団体信用生命保険で相殺〉

課題 年金収入が少ない

8	9	10	11	12	13	14	15	16	26	35	36
2031	2032	2033	2034	2035	2036	2037	2038	2039	2049	2058	2059
62	63	64	65	66	67	68	69	70	80	89	90
32	33	34	35	36	37	38	39	40	50	59	60
54	54	54	95	95	95	95	95	95	95	95	95
80	80	80									
134	134	134	95	95	95	95	95	95	95	95	95
184	188	192	196	200	204	208	212	160	160	165	166
10	10	10	10	10	10	10	10	10	10	10	10
10	10	10	10	10	10	10	10	10	10	10	10
204	208	212	216	220	224	228	232	180	180	185	186
-70	-74	-78	-121	-125	-129	-133	-137	-85	-85	-90	-91
424	352	275	155	31	-98	-231	-369	-456	-1348	-2207	-2309

解決策 高齢期も働く

（単位：万円）

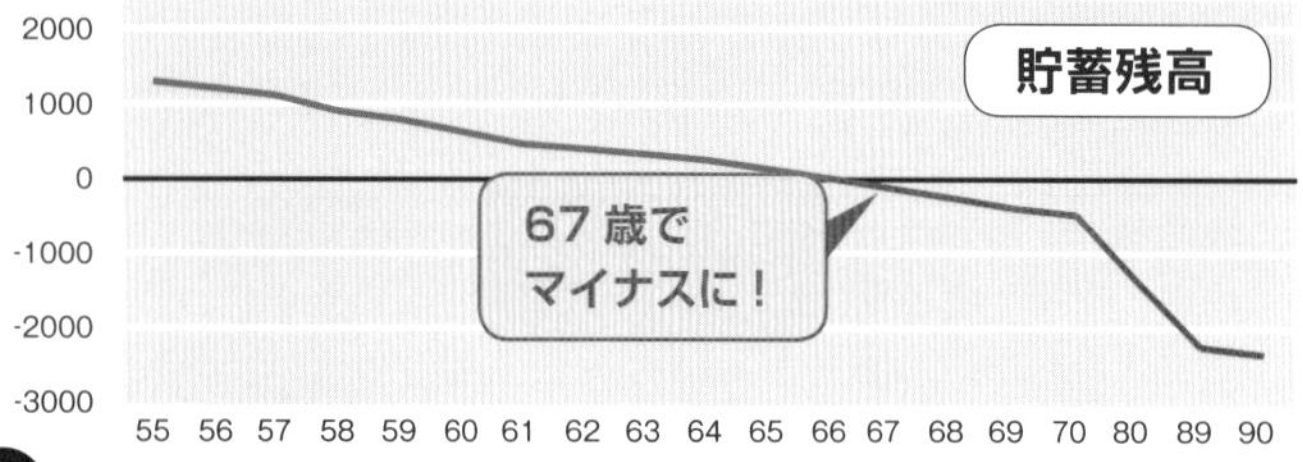

課題 貯蓄残高が足りなくなる

解決策 娘夫婦との同居などを考える

現在パートで働く妻は65歳まで働く見込みですが、70歳くらいまで働き続けられる仕事を見つけて働くのもひとつの方法です。資産の一部を毎月少しずつでも、NISAのつみたて投資枠（▶P210）など低リスクの運用に回しましょう。将来的にもし娘が結婚すれば、娘夫婦と同居するか、同居が難しいなら生活保護に頼ることを考えても。年齢が上がると賃貸住宅も見つかりにくくなるので、家はそのままにしておき、生活扶助のみ受けるという手もあります。

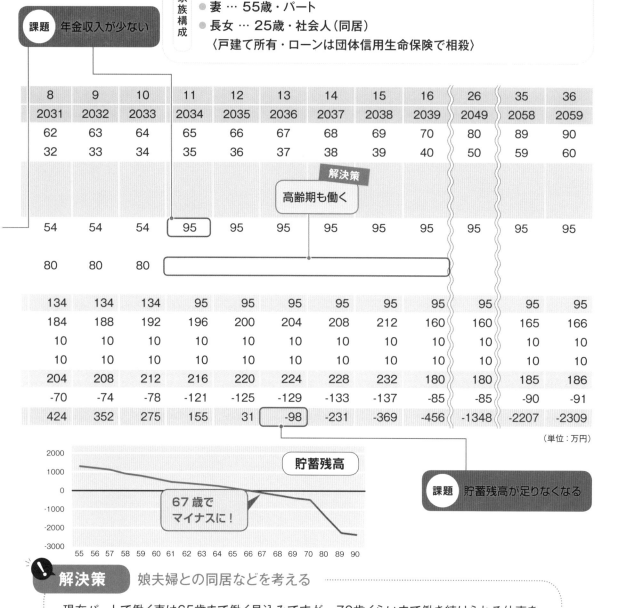

ケース5 夫が自営業だった50代の妻の場合

解決策
フルタイムで働き、収入を上げる

解決策
将来的に娘夫婦と同居することを検討

● 55歳のパート主婦が夫を亡くしてからのキャッシュフロー

年　数		1	2	3	4	5	6	7
西　暦	（上昇率※）	2024	2025	2026	2027	2028	2029	2030
妻の年齢		55	56	57	58	59	60	61
長女		25	26	27	28	29	30	31
イベント・予定など		夫死亡、住宅ローンは団信で相殺			娘結婚、家を出る		住宅リフォーム	娘夫婦が家を建てる
寡婦年金・老齢年金							54	54
保険金・小規模企業共済等		1000						
妻収入		80	80	80	80	80	80	80
娘から		48	48	48				
手取収入合計		1128	128	128	80	80	134	134
基本生活費	1.0%	200	204	208	170	173	176	180
住居費	0%	10	10	10	10	10	110	10
特別支出	1.0%	310	10	10	110	10	10	110
支出合計		520	224	228	290	193	296	300
年間収支		608	-96	-100	-210	-113	-162	-166
貯蓄残高	0.5%	1308	1219	1125	921	813	655	492

作成時貯蓄残高	600

解決策
5～10%程度、目標生活費を抑える

解決策
5年超使わない資金の一部を活用して運用力を上げる

※上昇率は、基本生活費などにおける物価上昇率を想定したもので、年ごとに費用に加算する。貯蓄残高においては、想定される利回りを示している。
※キャッシュフロー表は1万円未満四捨五入で表示しているため、表示の数字と異なる場合がある。

課題　早くから老後に備えた準備を

自営業は、18歳未満の子どもがいないと遺族年金がもらえないため、年金による収入が非常に乏しくなります。このケースでは娘が成人しているため、60歳からの寡《か》婦《ふ》年金・65歳からの老齢年金のみとなり、67歳でマイナスに。自営業の退職金に該当する小規模企業共済等や保険金で1,000万円あったものの、もう少し準備をしておきたいところです。生活費ももう少し縮小すると資産寿命を延ばせます。

家族構成
- 夫（死亡）… 47歳・会社員
- 妻 … 45歳・パートで年96万円の収入あり
- 長男 … 17歳・私立高校2年生

〈マンション所有・ローンは団体信用生命保険で相殺〉

解決策

高齢期も働く

12	13	14	15	16	17	18	19	20	21	22	30	31	36	37	46
2035	2036	2037	2038	2039	2040	2041	2042	2043	2044	2045	2053	2054	2059	2060	2069
56	57	58	59	60	61	62	63	64	65	66	74	75	80	81	90
28	29	30	31	32	33	34	35	36	37	38	46	47	52	53	62
				長男結婚 家を出る				住宅 修繕							
121	121	121	121	121	121	121	121	121	137	137	137	137	137	137	137
96	96	96	96	96	96	96	96	96							
36	36	36	36												
253	253	253	253	217	217	217	217	217	137	137	137	137	137	137	137
248	225	258	263	210	215	219	223	227	232	237	277	283	313	319	381
42	42	42	42	42	42	42	42	142	42	42	42	42	42	42	42
20	20	20	20	110	10	10	10	10	10	10	10	10	10	10	10
310	315	320	325	362	267	271	275	379	284	289	329	335	365	371	433
-57	-62	-67	-72	-146	-50	-54	-58	-162	-147	-152	-192	-198	-228	-234	-296
1392	1337	1277	1211	1072	1027	978	925	768	625	477	-919	-1121	-2237	-2482	-5050

（単位：万円）

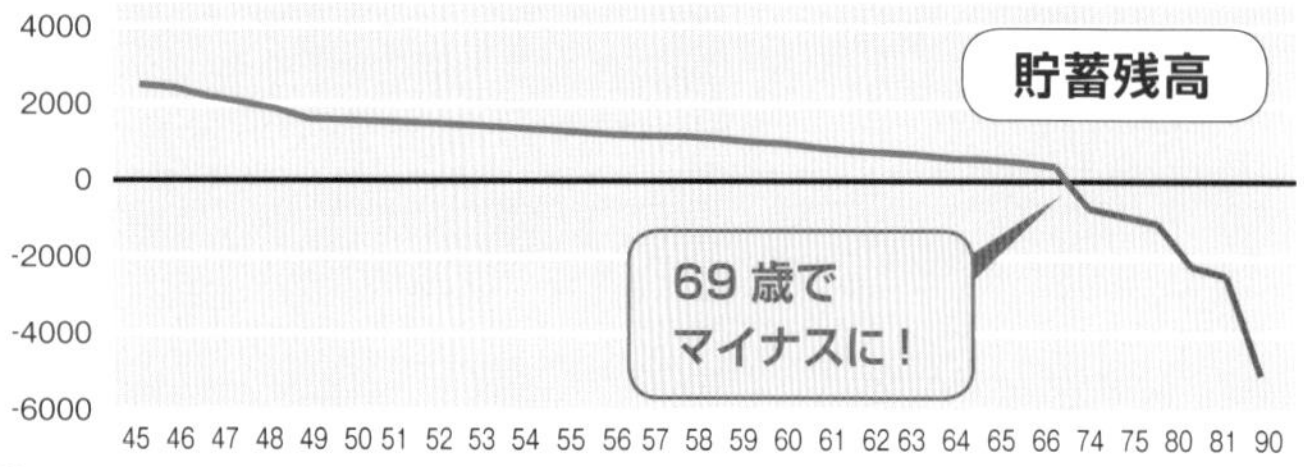

課題 貯蓄残高が足りなくなる（69歳〜）

解決策　奨学金活用や、フルタイムで働き収入アップの検討

フルタイムの仕事をして収入を上げるのもひとつの方法。子どもの大学時代は金融資産額が1,250万円を超えるので、給付型奨学金の対象にはなれません。投資用不動産を購入するなどで対象になる方法もあるのでFPに相談し、あわせて、資産を上手に運用（▶P210）しましょう。生活費も切り詰め、子どもが働き始めたら、同居期間中は家にお金を入れてもらいましょう。

※P196〜207のキャッシュフロー表は2024年4月時点の法律に基づき作成。

ケース6 パート収入がある40代の妻の場合

解決策
フルタイムで働くなど、収入を上げる

解決策
子どもが働き始めたらお金を入れてもらう

● 45歳のパート主婦が夫を亡くしてからのキャッシュフロー

年数		1	2	3	4	5	6	7	8	9	10	11
西暦	(上昇率※)	2024	2025	2026	2027	2028	2029	2030	2031	2032	2033	2034
妻の年齢		45	46	47	48	49	50	51	52	53	54	55
長男		17	18	19	20	21	22	23	24	25	26	27
イベント・予定など		夫死亡、住宅ローンは団信で相殺		長男大学1年			住宅修繕	長男社会人				
遺族年金・老齢年金		166	166	121	121	121	121	121	121	121	121	121
保険金・死亡退職金		2400										
妻収入		96	96	96	96	96	96	96	96	96	96	96
息子より								36	36	36	36	36
手取収入合計		2662	262	217	217	217	217	253	253	253	253	253
基本生活費	2.0%	200	204	208	212	216	220	224	228	233	238	243
住居費	0%	42	42	42	42	42	142	42	42	42	42	42
教育費	1.0%	98	87	182	110	111	112					
特別支出	2.0%	320	20	20	20	20	20	20	20	20	20	20
支出合計		660	353	452	384	389	494	286	290	295	300	305
年間収支		2002	-91	-235	-167	-172	-278	-33	-37	-42	-47	-52
貯蓄残高	0.5%	2502	2423	2200	2044	1882	1614	1589	1560	1526	1487	1442

作成時貯蓄残高 500

解決策
5年超使わない資金の一部を活用して運用力を上げる

解決策
5～10%程度、生活費を抑える

※上昇率は、基本生活費などにおける物価上昇率を想定したもので、年ごとに費用に加算する。貯蓄残高においては、想定される利回りを示している。
※キャッシュフロー表は1万円未満四捨五入で表示しているため、表示の数字と異なる場合がある。

課題 子どもの大学進学に備える必要がある

40代の平均的な貯蓄500万円に加えて、保険金と死亡退職金で2,400万円入ってくるものの、69歳以降には貯蓄がマイナスに。資産基準により給付型奨学金は利用できず、貯蓄があり遺族年金が入るといっても、パートの収入で子どもを大学に進学させるとなると、自分の老後資金がマイナスになってしまいます。

パソコンができる人は、
表計算ソフトで
作成するのも手です

ファイナンシャルプランナーにライフプランを相談する場合、必ずこうしたキャッシュフローを作成します。自分の一生のキャッシュフローがどうなるのか、大まかに把握するためにこの記入用シートを利用してください。

8	9	10	11	12	13	14	15	16	17	18	19	20

※上昇率は、電卓などで計算する場合はちょっと面倒な作業になるため、ここではあえて省略。

記入用キャッシュフロー表

189~192ページで記入したライフプラン表や収支表などをみながら、キャッシュフロー表を作成しましょう。自分の収入・支出、ライフイベントとその支出などを記入し、収入合計、支出合計を出します。さらに年間収支と貯蓄残高を計算します。

記入用

		1	2	3	4	5	6	7
西　暦								
自分の年齢								
イベント・予定など								
遺族年金・寡婦年金・老齢年金								
保険金・死亡退職金・死亡一時金								
住宅売却								
自分の収入								
その他の収入								
子どもから								
手取収入合計								
基本生活費								
住居費(家賃)								
医療費・介護関係費								
特別支出								
支出合計								
年間収支								
貯蓄残高								

作成時貯蓄残高	円

お金をもっておく手段は貯金以外にもある？

【資金運用の考え方】

専門家のひと言

- 目的や期間に合わせて金融商品を選びましょう。
- 長期的な積み立てと分散投資が運用の基本です。

必要なお金を目的別に分け当面の生活費は定期預金に

低金利の今の時代は、お金を普通預金に預けておくだけではほとんど増やすことはできません。リスクがとれる人は少しずつでも運用するのもいいでしょう。ただし、やみくもに投資するのは危険です。運用の原則を守りながら、手堅く運用しましょう。

まずは支出表（▼P192）やキャッシュフロー表（▼P209）を作成し、いつごろどんな用途で、どれぐらいのお金がかかるのか、大まかに知っておきます。当面の生活費、老後資金、住宅修繕費、子どもの結婚資金など、目的別に把握しておき、運用もその目的に応じて行います。

目減りすると困る当面の生活費は、安全性が第一です。いつでも引き出しやすいように、**定期預金や普通預金に預けて**おきましょう。

運用に回せるのは3年超使わない資金の3割以内

老後資金を貯めることを考えるなら、個人年金保険に加入するのもひとつの手です。ただし、払い込む保険料以上に年金で戻るかどうかを確認し、納得できるものを選びましょう。

そのほか、投資の勉強をするのなら、投資信託の積み立てで、リスクを抑えた運用を行うのもよいでしょう。ビギナーなら、ＮＩＳＡつみたて投資枠や、ｉＤｅＣｏなどが候補となります（▼左ページ下）。

ただし、**投資に回してよいのは一定期間使わない資金の一部のみ**です。金額は、**今ある資産のうち今後3年超使わない資金の3割程度を上限**とします。

金融商品を利用する場合には、そのしくみや内容が理解できるものだけにしましょう。

ポイント お金の運用の基本

投資のルール5か条

1. 目的に応じて投資する
2. 長期的にコツコツと積み立てる
3. ビギナーはNISA(つみたて投資枠)から
4. ３年超使わない資金の１～３割以内で
5. しくみが理解できないものには手を出さない

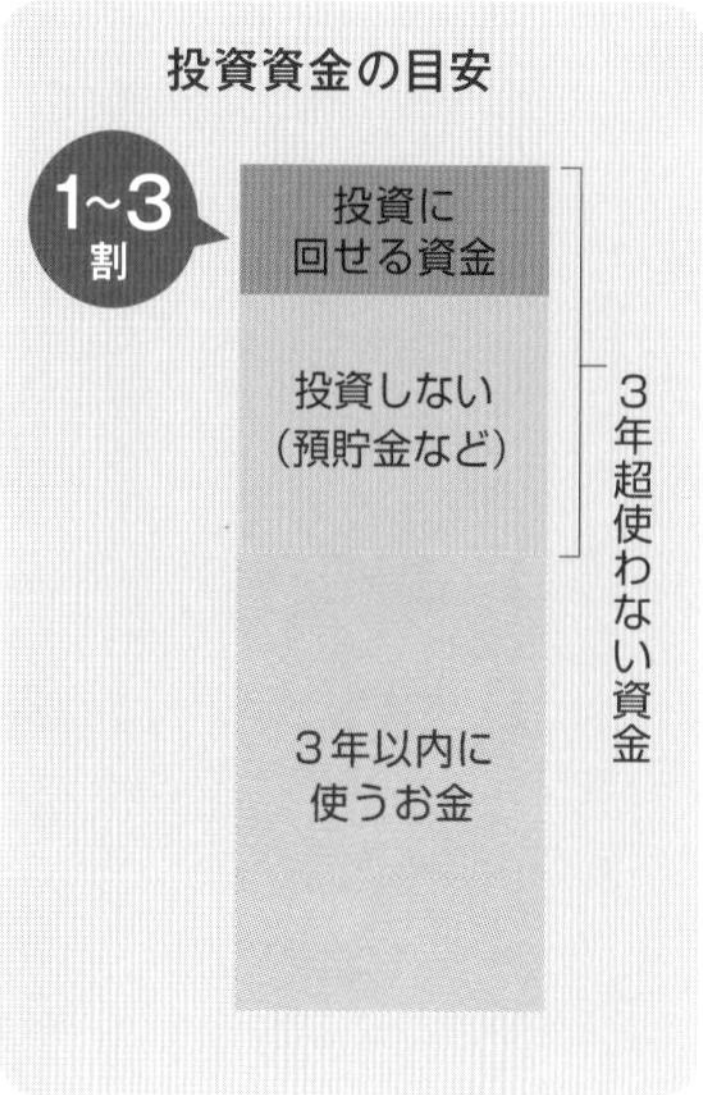

おすすめの金融商品

当面の生活費	定期預金、普通預金
教育費	学資保険、NISA(つみたて投資枠)
老後資金	個人年金保険、iDeCo、NISA(つみたて投資枠)

リスクあり

初心者におすすめの金融商品

NISA

2つの投資枠合計年360万円までの投資元本に対し、分配金や配当金、売却益が無期限で非課税となる。いつでも引き出せるのもメリット。初心者はNISAのうち、「つみたて投資枠」の活用を。

NISAが恒久化＆拡充。長期の投信積立ができる「つみたて投資枠」は年120万円、株も買える「成長投資枠」は年240万円で、併用もでき、合計年360万円まで投資可能。生涯非課税保有限度額は1,800万円（うち成長投資枠1,200万円）と拡大。より長い目でみた投資が可能となりました

iDeCo(個人型確定拠出年金)

一定金額を毎月積み立てて、定期預金、保険、投資信託などで運用し、掛金とその運用益を受け取れる。掛金は自分で決められるが、職業等により上限が決められている。**掛金は所得税・住民税の控除対象になるほか、運用中も非課税**。60歳以降で受け取る一時金、または年金も控除の対象に。ただし**途中で解約はできない**。

【iDeCoで積み立てられる金額の上限】

- 公務員 ▶ 月額１万2,000円
- 会社員
  - 企業年金なし ▶ 月額2万3,000円
  - 企業型DCのみ加入 ▶ 月額2万円
  - DBのみ、またはDBと企業型DCに加入 ▶ 月額1万2,000円
- 専業主婦(夫) ▶ 月額２万3,000円
- 自営業 ▶ 月額６万8,000円※　※2024年４月現在

※国民年金や付加保険料と合わせて６万8,000円。
国民年金を未納の月は掛金を納められない

ひとり親家庭の場合に利用できる制度はある？

【ひとり親家庭への手当てや制度】

専門家のひと言

- ひとり親家庭の扶助制度を活用しましょう。
- 教育資金が不足するときは、給付型奨学金や無利子の貸し付けを利用しましょう。

【収入を確保しながら制度もできる限り活用を】

生活の支え手が亡くなっても、遺された配偶者や子どもが暮らしを営み、教育を受けることができるよう、国や自治体ではさまざまな制度を設けています。

遺族年金などを受給していても、所得に応じて**児童扶《ふ》養《よう》手当**が受けられる可能性もありますし、**各種助成金の給付、低利子あるいは無利子での融資、ひとり親控除や寡《か》婦《ふ》控除など税制面での優遇など**もあります（▼左ページ）。自治体独自の制度もあるので、自治体のホームページを調べたり、役所、福祉事務所などに問い合わせてみるとよいでしょう。

とくに、子どもの教育費はひとり親家庭にとって大きな支出です。高校無償化制度などにより、高校時代の授業料等はすでに軽減されています。

大学時代の学びにかかるお金を支援する制度として、**２０２０年４月から高等教育の無償化（修学支援新制度）**が始まりました。これは住民税非課税等の家庭に対して、大学や短期大学、専門学校などの入学金・授業料を減免し、生活費等を給付する給付型の奨学金制度の２本立てです（▼P215）。

働き手の失業・死亡などによって家計が急変し、学費が払えなくなった場合は、各学校独自の授業料減免制度が利用できる場合もあります。

また、日本学生支援機構の奨学金（給付型・貸与型）は、同じく親が亡くなるなどして家計が急変した場合には、年度の途中であっても申し込めるようになっています（▼P215）。

213～215ページにさまざまな制度を紹介していますので、返済の必要なものは計画を立てたうえで、当てはまるものがあれば活用しましょう。

ポイント 母子家庭や寡婦（夫）が利用できる各種制度

手当

1 児童扶養手当

申請先 市区町村役場

ひとり親家庭の生活の安定と自立の促進に寄与し、子どもの福祉の増進を図るために支給される手当。受給には所得制限があり、手当の額は子どもの数や所得によって異なる。

- 児童１人の場合
  全部支給 ▶ ４万5,500円
  一部支給 ▶ ４万5,490円～１万740円
- 児童２人以上の加算額
  ２人目 ▶ 5,380円～１万740円
  ３人目以降１人につき：3,230円～6,450円

※上記は月額。年６回、奇数月に支給される。

● 児童扶養手当の所得限度額

扶養親族等の数	手当を請求する人（本人）		同居の親・兄弟姉妹子どもの祖父母やおじ・おばなど
	全部支給	一部支給	
0人	49万円	192万円	236万円
1人	87万円	230万円	274万円
2人	125万円	268万円	312万円
3人	163万円	306万円	350万円

2 ひとり親家庭の医療費助成制度

申請先 市区町村役場

子ども（18歳まで。子どもに障害がある場合は20歳まで）がいるひとり親家庭に医療費の一部を助成。所得制限がある。内容は自治体により異なる。**子どもは「子ども医療費助成」が優先**。

例 住民税課税世帯 ▶ 自己負担１割
住民税非課税世帯 ▶ 自己負担なし

役所などの担当課に問い合わせて、
受給資格に当てはまるかどうか、
条件を確認しましょう

融資

1 母子父子寡婦福祉資金

申請先 市区町村役場、社会福祉協議会

20歳未満の子を扶養している母子家庭や寡婦（夫）家庭に、無利子または低利子の融資を行う。事業資金、就職支度資金、技能習得資金、修学資金など、十数種類の目的別に設けられている。

2 社会福祉協議会による資金貸付

申請先 社会福祉協議会

ひとり親世帯に対し、高等職業訓練促進資金を貸し付けるひとり親家庭高等職業訓練促進資金貸付制度や、生活に困っている世帯に向けた貸し付けなど、さまざまな融資を行っている。

税等の軽減

1 ひとり親控除・寡婦《かふ》控除

申請先　税務署

子育てをしている「ひとり親」は一定の要件を満たせば所得税や住民税の控除が認められる。寡婦の場合は一定の要件に当てはまれば、ひとり親でなくても控除が受けられる。

	要　件	控除額
ひとり親控除	●扶養《ふよう》する子どもがいる（子どもの総所得金額が48万円以下）	35万円
	●合計所得が500万円以下	
	●事実上婚姻関係にあると認められる人がいないこと	
寡婦控除	次のいずれかに当てはまる人 ●夫と離婚した後婚姻をしておらず、扶養親族がいる人で、合計所得金額500万円以下の人 ●夫と死別した後婚姻をしていない人または夫の生死が不明な一定の人で、合計所得金額500万円以下の人（扶養親族の要件はない）	27万円

2 国民年金保険料免除

申請先　役所、年金事務所

前年の所得が一定以下である場合は申請することで、国民年金保険料が一部～全額免除となる。

● **免除後の受給期間・年金額**

年金を受けるために必要な資格期間	免除期間も一定の割合で資格期間に入る
受け取る年金額	免除期間は2分の1が反映される
障害基礎年金や遺族基礎年金の受給額	保険料を納めたときと同様
保険料の追納制度	10年前までさかのぼって、追納できる

3 福祉定期

申請先　金融機関

遺族基礎年金、障害基礎年金などの受給者が銀行で利用できる定期預金。１年の定期預金の利率が上乗せになる。取り扱っている金融機関は限られる。

金融機関によって預け入れ金額などが異なっているので、各金融機関の窓口に問い合わせましょう

4 マル優・特別マル優制度

申請先　金融機関

「マル優」とは「障碍者《しょうがいしゃ》等の少額預金の利子所得等の非課税制度」、「特別マル優」とは「障碍者等の少額公債の利子の非課税制度」の通称で、遺族年金や寡婦年金の受給者、障害者等が利用できる制度。預貯金で350万円、公債で350万円、合わせて700万円までに対する利子が非課税になる。

● **利用対象者**

障害者手帳の交付を受けている人
遺族基礎年金を受けている妻
寡婦年金を受けている人
障害年金を受けている人

ポイント 教育費に利用できる各種制度

1 大学等の修学支援新制度

申請先 在学中の高校または進学先の大学等

大学・短期大学・高等専門学校・専門学校などの授業料・入学金の免除や減額、生活費等の給付（給付型奨学金）を行う。

● 内容

入学金 ▸
国公立大学約28万円、私立大学約26万円を減免

授業料 ▸
国公立大学約54万円、私立大学約70万円を減免

学生生活費 ▸
国公立自宅生約35万円、自宅外生約80万円、私立自宅生約46万円、自宅外生約91万円を給付

● 対象世帯

住民税非課税世帯（年収270万円未満）▸ 満額支援
年収300万円未満 ▸ 住民税非課税世帯の３分の２
年収300万円～380万円 ▸ 住民税非課税世帯の3分の１
※基準を満たす世帯年収は家族構成により異なる。上記は両親・本人・中学生の4人家族の場合。
※生計維持者が2人なら2,000万円、1人なら1,250万円の金融資産基準あり。

2 国の教育ローン

申請先 日本政策金融公庫

日本政策金融公庫による公的融資制度。固定金利、長期返済（最長15年）、無担保で、対象となる学校に入学、在学する子ども1人あたり350万円（自宅外、大学院、海外留学などの場合450万円）以内の融資を受けることができる。ひとり親世帯は金利や返済期間、保証料などが優遇される。

「教育一般貸付」と呼ばれ、
大学の入学時など、まとまった
お金が必要なときに利用できます

3 日本学生支援機構の奨学金

申請先 学校の奨学金窓口

経済的理由で修学が困難な優れた学生に学資の貸与・給付を行う制度。貸与型には、無利息のものと有利息のものがある。

● 第一種奨学金（無利息）
とくに優れた学生に貸与する（５段階で3.5）。貸与月額は学校種別、設置者、採用年度、通学形態別に定められている。低所得世帯の場合は成績要件がない。

● 第二種奨学金（有利息）
第一種奨学金より緩やかな基準によって選考された学生に貸与。

4 その他の奨学金

地方自治体が行う奨学金や民間企業の奨学金制度など、さまざまなものがある。無利子や返還不要なものもある。卒業後、子ども自身が返済していくことを見据え、負担が重くなり過ぎないように利用することが大切。

● その他の奨学金の例
あしなが育英会
交通遺児育英会
各大学の奨学会 など

知っておくとお得な
生前対策

節税対策として生前贈与が有効

遺された家族が財産を相続する際に困らないよう、遺言書で財産の分け方を決めておくなど、しっかりと対策をとっておきたいものです。生前にできる相続の対策として、有効なのが**生前贈与**です。生きているうちに財産を減らし、**相続で生じる相続税を減らすのが目的**ですが、亡くなってからの**遺産相続より手続きが簡単で、財産を遺しやすい**というメリットもあります。

贈与税の税率は表(▶左ページ下)の通りです。金額が高くなるほど税率が高くなるのは、ほかの税と同様です。贈与では、贈与を受ける人１人につき、年間110万円までの基礎控除が認められ(**暦年贈与**)、**110万円以下なら税金がかかりません**。ただし、**死亡前の3年以内の贈与について相続税に加算(2027年から加算期間が段階的に延長され、最長7年)**となるので注意しましょう。

暦年贈与以外にも生前贈与の方法として、生命保険の活用や、婚姻20年以上の夫婦間の居住用不動産等の贈与などがあります。また、父母や祖父母からの住宅取得等資金の贈与＊1(500万円～1,000万円)や、30歳未満の子・孫への教育資金の一括贈与＊2(1,500万円まで)、18歳以上50歳未満の子・孫への結婚・子育て資金の一括贈与＊3(1,000万円まで。結婚資金は300万円まで)が非課税となる制度もあります。制度の要件や自分の状況に合わせて検討しましょう。

＊1：2026年12月31日まで。　＊2：2026年3月31日まで。
※教育資金及び結婚・子育て資金の贈与には金融機関での信託手続きが必要。　＊3：2025年3月31日まで。

暦年贈与のしくみ

- 年110万円以下の贈与の場合、贈与税はかからない

➡ 税金をかけずに財産を譲ることができる

相続と生前贈与では、税負担はこんなに違う

例 1億円を2人の子に遺したいと考えている場合。 ※相続税の税率の早見表は159ページ参照。

全額を遺産相続した場合

- 死後、遺産から子ども2人が相続

基礎控除 3,000万円 ＋ 600万円 × 2人 ＝ 4,200万円
1億円 − 4,200万円 ＝ **5,800万円** ← 課税遺産（子ども1人あたり2,900万円）

納税額 2,900万円 × 税率 15% − 控除 50万円 ＝ 385万円
385 × 2人分 ＝ **770万円**

一部を生前贈与した場合

※死亡の3年前に贈与が終了している場合（2026年までの相続の場合▶P216参照）。

- 生前子ども2人に、それぞれ100万円を10年かけて贈与 ▶ 2,000万円が非課税

基礎控除 3,000万円 ＋ 600万円 × 2人 ＝ 4,200万円
8,000万円（贈与された2,000万円を除く）− 4,200万円 ＝ **3,800万円** ← 課税遺産（子ども1人あたり1,900万円）

納税額 1,900万円 × 税率 15% − 控除 50万円 ＝ 235万円
235 × 2人分 ＝ **470万円**

⬇

この例では、生前贈与した場合としない場合で、税額に300万円の差が出る!

- **贈与税の速算表**

基礎控除後の課税価格	一般贈与財産（一般税率）		特例贈与財産（特例税率）	
	税率	控除額	税率	控除額
200万円以下	10%	—	10%	—
300万円以下	15%	10万円	15%	10万円
400万円以下	20%	25万円		
600万円以下	30%	65万円	20%	30万円
1,000万円以下	40%	125万円	30%	90万円
1,500万円以下	45%	175万円	40%	190万円
3,000万円以下	50%	250万円	45%	265万円
4,500万円以下	55%	400万円	50%	415万円
4,500万円超			55%	640万円

※特例税率は、その年の1月1日現在18歳以上の者が、直系尊属から贈与されたときに適用される税率。

大きな資産を短い期間に遺したいときに有効な「相続時精算課税」

贈与の仕方には、216ページで説明した暦年贈与のほかに、「**相続時精算課税**」という方法もあります。

これは、生前にまとまった額を贈与しておき、贈与者が亡くなった後、相続する財産に生前贈与分を加えた合計額で税を計算するというもの。この制度では、**贈与した各年の贈与価額から110万円を控除した残額が累計2,500万円まで**は贈与税がかかりません。**短期間に多額の贈与が可能**です。

この制度のねらいは、大きな資産をできるだけ若い世代に移動させ、資産の活性化を図ることです。たとえば不動産など、活用して収益を上げることができるものなら、後で相続税を払うとしても、贈与者の生前から活用できる分、受贈者の得になります。

また、相続する遺産に生前贈与分を加えた合計額が基礎控除以下の場合は、一切税金がかからずに相続することができます。

この特例を受ける場合、条件がいくつかあります。**贈与者が、贈与をする年の1月1日時点で60歳以上**であること。また、**受贈者は贈与者の子・孫など直系卑属で、贈与を受けた年の1月1日時点で18歳**である必要があります。

制度を利用するには、期限内に贈与税の申告といっしょに届け出る必要があります。なお、いったん届け出を出せば、その後は2人の間の贈与で、暦年課税の申告は行えません。後で撤回はできないので、よく検討してから手続きを行いましょう。

相続時精算課税のしくみ

※2024年1月1日以降に贈与した場合

- 2,500万円までの贈与の場合、贈与税はかからない ➡ 相続時に相続税の対象になる

例 2,000万円を贈与した場合。

贈与時

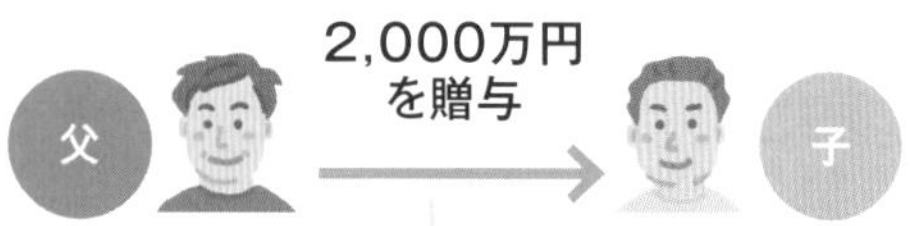

2,000万円－110万円＝1,890万円
で2,500万円以下なので
贈与税がかからない

➡

相続時

相続財産＋
2,000万円－110万円＝1,890万円
が相続財産に加算される

相続時精算課税のメリットとデメリット

メリット

○ 贈与税がかからない	2024年以降の贈与から毎年110万円の基礎控除額を新設。累積で2,500万円までは非課税で、それを超えた分の税率も20%と一般・特例贈与に比べて低い。毎年110万円までの贈与なら贈与税の申告も相続税への加算も不要。
○ 財産を早く贈与できる	若い世代が必要としているときに資産をもらうことができ、有効活用できる。
○ 収益が上げられる、値上がりする場合お得	資産を活用して収益が得られた分や、贈与後に資産価値が上がった場合は受贈者の利益となる。つまり、その利益部分には相続税がかからない。
○ 相続争いになりにくい	生前に、贈与者が好きなように財産を処分でき、死後の争いを防ぐことができる。

デメリット

× 撤回できない	一度選択したら、その2人の間では暦年贈与は行えず、必ず相続時精算課税での贈与となる。
× 小規模宅地等の特例との併用ができない	小規模宅地等の特例では、一定の条件において土地を相続すると評価額の最大80%が減額されるが、自宅などを相続時精算課税を選択して贈与すると、この特例は利用できなくなる。
× コストがかかる	不動産の生前贈与による登録免許税の2.0%と、相続の0.4%に比べ税率が高い。また不動産取得税も払わなければならないため、相続する場合に比べて、資産を引き継ぐ際のコストが高くなる。
× 相続税がかかる	贈与した財産のうち、2024年以降の毎年110万までの贈与を除いた金額が相続税の課税対象となる。遺産価額が大きい場合は、節税対策としては効果が低い。

索引

監修者 税理士法人TOTAL

首都圏を中心に13の駅近拠点を持つ税理士法人。相続税について経験豊かな専門家が多数在籍。さらに司法書士や行政書士と連携し、相続をトータルにサポートしている。https://j-sozoku.com/

監修者 グラディアトル法律事務所

東京、大阪、新潟にオフィスを構える法律事務所。労働、相続、不動産、破産、詐欺被害、交通事故などの民事事件から、刑事事件、企業法務、経営サポートまで、各分野に精通した弁護士が所属。テレビ、ラジオなどへの出演や、法律監修なども手がける。https://www.gladiator.jp/

監修者 豊田眞弓（とよだ まゆみ）

FPラウンジ代表。マネー誌ライターを経て、1994年より独立系FPとして持続可能な家計の実現をサポート。大学・短大で非常勤講師も務める。『最新版夫が亡くなったときに読む本』（日本実業出版社）、『50代 家計見直し術』（実務教育出版）など著書多数。http://happy-fp.com/

執筆協力	圓岡志麻
イラスト	ツキシロクミ
本文デザイン	櫻井ミチ
DTP	センターメディア
校正・校閲	西進社
編集協力	ヴュー企画

一番《いちばん》よくわかる
身《み》近《ぢか》な人《ひと》が亡《な》くなったときの届《とど》け出《で》・手《て》続《つづ》き・生活《せいかつ》設計《せっけい》

2021年1月25日発行　第1版
2024年7月10日発行　第4版　第1刷

監修者	税理士法人TOTAL
	グラディアトル法律事務所
	豊田眞弓
発行者	若松和紀
発行所	株式会社 西東社
	〒113-0034　東京都文京区湯島2-3-13
	https://www.seitosha.co.jp/
	電話　03-5800-3120（代）

※本書に記載のない内容のご質問や著者等の連絡先につきましては、お答えできかねます。

ISBN 978-4-7916-2942-8